遇见

YUJIAN

徐卫华 著

江苏大学出版社
JIANGSU UNIVERSITY PRESS

镇江

图书在版编目(CIP)数据

遇见 / 徐卫华著. -- 镇江 : 江苏大学出版社,
2024.11.-- ISBN 978-7-5684-2253-6

Ⅰ. C53

中国国家版本馆 CIP 数据核字第 20245QF120 号

遇见

Yujian

著　　者/徐卫华

责任编辑/吴小娟

出版发行/江苏大学出版社

地　　址/江苏省镇江市京口区学府路 301 号(邮编：212013)

电　　话/0511-84446464(传真)

网　　址/http：//press. ujs. edu. cn

排　　版/镇江文苑制版印刷有限责任公司

印　　刷/镇江文苑制版印刷有限责任公司

开　　本/718 mm×1 000 mm　1/16

印　　张/13.25

字　　数/330 千字

版　　次/2024 年 11 月第 1 版

印　　次/2024 年 11 月第 1 次印刷

书　　号/ISBN 978-7-5684-2253-6

定　　价/58.00 元

如有印装质量问题请与本社营销部联系(电话:0511-84440882)

情怀，叙事生活的支点

——读徐卫华散文集《遇见》札记

曹 洋

鲁迅先生笔下的旁观者似乎离我们已遥远，但文化上的一批看客一直未缺席，他们以优雅的姿态、高冷的言辞、正义的面具，吐出风轻云淡的判词，一下子上窜为所谓的文化贵族。但这个自我供养的虚像，常还是能吓唬一些人。由此我们不得不警惕消极旁观者的陈词滥调。

最近卫华兄发来的书稿《遇见》，让我仿佛从咸亨酒店走到山阴道上，感到一股怡人的山风扑面而来。咸亨酒店的小伙计才12岁，但他已活脱成超然的高冷的旁观者，他冷却的不仅仅是自己，还冷却了未来。设若卫华也做一个旁观者，这个假设令人紧张，但他的叙事文字却是松弛而愉悦的，他在其文字的背后，支撑起生活的另一面。

作为叙事主体，卫华全身心投入生活，他以不可遏制的激情讲述一个个生活的横截面——一个日常的故事、一个真实的空间。是的，他可以是一个旁观者，一个区别于看客的旁观者，他有自己的支点，那就是情怀。虽然故事的主人公不是他自己，但疏影横斜的文字倒影，是他生命真切的存在——一个有情绪的人、一个有血肉的人、一个吟唱生活的人。

此散文集的内容大都取材于他在北京挂职期间的所见所闻。写机关写同事是非常难的，写得太真，有禁忌；写得模糊，又太虚。在《初见7082》一文中，他引用马尔克斯的话总结挂职生活："人生的本质就是一个人孤独地活着。"尽管全文洋溢着四季的温暖，铺陈着机关里的温情，点缀着京城特有的风味，但在这最后的刹那间抖出人生的慌张。原来，卫华笔下的美好是他找回美的心路历程，找回的不仅是哲学思想的叙事史，也是人类情感的徒步史。社会的进步，文明的进化，把人最本质的真与美，逐渐埋葬在世俗的雷峰塔下。虽同在一个屋檐下，最近的微笑，有时却是最陌生的距离。鲁迅试图在小伙计身上找回一点点希望，然而还是在这个消极旁观者的"大约的确"中幻灭了。好在卫华坚强地将此幻灭消弭了，他把情怀作为暗生活反向的支点，去撬动沉重的世俗之门。他把自己的敞亮、激情和赞歌映射到周围的人事上，这个投射首先是回映到自己身上，你看：

> 大楼门厅入口，蓝色棉布包裹着把手；门厅里摆了沙发，每层电梯对面都放了桌椅，来办事的同志可以有个座儿。食堂门前，挂上厚实的遮风帘；水龙头里是温水，饭后刷个牙，用热水敷一敷疲惫干涩的双眼，别有一番惬意。

——《初见7082》

这样的温暖是对他自我投射行动的肯定，当然我们更期望世俗的相互映射，以期感受到社会的温度、人性的光辉。从这个行动看，他虽是叙事的旁观者，但更是生活的参与者，或者是一个积极的旁观者——作为旁观者他有自设的温暖。由此他可以去欣赏投射到心底的美丽倒影：一个把手、一个沙发、一个遮风帘、一个水龙头，以及南窗吹来的风，更何况还有穿梭于其中的来来往往的人影。世俗总是想方设法按照它的指令去执行固有的预设，预设在它的语言框架里是最理想的形式。卫华不埋怨、不妥协，以参与者、共建者、欣赏者的身份，突破世俗的藩篱，映射光明，映射自在自得：

> 大嫂扯开嗓子喊，哎哟喂，您老可慢着点儿！我离开时，大嫂和大爷还在聊着家长里短。报亭后，是一棵枝高叶茂的香樟，那蓬勃的树冠似曾相识，像极了外婆家门前那棵银杏树……

——《烟火人间报刊亭》

这是自我映射的外溢，从工作单位到家庭生活，再到熙熙攘攘的大街小巷，从现实空间到精神世界，一束光，无处不在。这束光构成了卫华真实的本我，为员工，为丈夫，为人父，为朋友，为社会人，所有身份的中心轴由这束光固定并提供动力源。卫华的可爱之处，在于他所有情怀的投射都没有期待回馈，因为他又是一个欣赏者，从来没有对美的攫取贪欲，只会随着美的倒影随风起舞。

在现代文明不可屏蔽焦虑的幻象中，传统文化的显现有助于抖落幻象里的焦虑。这样的文字，这样的图景，这样的情怀，我们不能丢弃，唯有牢牢占据，我们才能安顿好现实人生，安顿好未来。

当然，卫华兄的投射不全部在外部，否则会形成遮蔽自我的错觉，尽管他的投射通体透亮。他毫不犹豫地展示"在下"（本我在场）的那一刻，但这一刻却让你窥见他立体的背部：

我轻轻咳嗽了一声，故意制造些声响，它应该能听见。可它依然沉醉在书香里，对我视而不见，不知真睡还是假寐，这精明的猫。哦，原来，一只猫也能大隐于市。　　　　　　　——《烟火人间报刊亭》

这里，卫华采用身份置换的方式，进行自我的挖掘、自我的晾晒——好精明的猫哇，真睡假寐于闹市，做一个旁观者，一个潜伏着随时出击的旁观者，一个不需以贵族头衔粉饰的叙事者。

偶尔，卫华兄必须逃逸，现场或许太甜蜜，或许太骚腥，他能掌控自我的"在下"，而不被出卖，他必然疾步而去，因为情怀支起的未来之球才是他投射的目标所在。

（作者系国家一级美术师、南京大学兼职教授）

士大夫与漫游者

周卫彬

　　苦夏，多日不雨。那天坐在檐下饮茶，忽然下起暴雨来。看着几棵竹子在风雨中摇曳，想想这雨实在不易，堪得一个"酿"字。酿雨，酿雨，这雨与乍得的凉意，也有了时间的颜色。这也有点像读卫华的散文，在时间的发酵之下，读之酽然，似有秋之况味。

　　在这本书中，卫华着笔北京挂职锻炼的经历，背后似乎有种蓬勃的精神力量，他将北京的一年视为重铸自我、建构生命意义的机会。在繁忙的公务中，工作不是单一的循环，而是一个投射的载体，一个具有感性意味的具体事件，显示出类似被阳光晕染过后的既纯澈而又丰富的综合体。

　　由此，一如海明威之于巴黎，乔伊斯之于都柏林，北京，于卫华而言，不仅是政治和工作意义上的，也是文本意义上的。在他的心里，北京类似于《流动的盛宴》中的文化传奇，成为一种古典与现代交融而具有想象性的场域。博物馆、地铁站、报刊亭、餐馆、公园、书店……除去公务，卫华试图以漫游者的身份，与北京建立起生活与文本的双重联系，但相对于本雅明在巴黎拱廊街的漫游，他明显带有一种古代士大夫式的使命。可以想象，那一年里，他努力地辨认和翻阅着北京这部立体百科全书，"在遥远的北方，在脚步急促的城市中，我一个人做饭，一个人出行，一个人读书，我就那样一个人坚强地生活"。

　　这就是"一个人"的全部。话虽如此，一年的时间又在卫华笔下转化为意蕴丰富的空间，它使得个人有限的世界溢出了生活的表面。他写到诸多京华友人，情义拳拳，令人感怀。这些文字大致可以视为一个人精神历练的草图，就像一棵树，其内在生命之盈溢，乃是在自身之内。

　　卫华这些散文，首先是对身处异地的个体生命现实的记录，如公务、交游、饮食、观摩、阅读等。京华的一切，让一个初抵北地的人充满了好奇，曾经习焉不察的日常，成为其工作及工作之余的观察对象。饱满的情绪，对自身价值的肯定，广博的思考，还有隐隐的孤独，这些颇具士大夫气质的行状，淹没于世界被放大之后的种种回声之中。在《北京的冬天》中，"冬天"成为一个遥远的背景，目之所及，是夜阑灯下，独对远方友人往来简讯，以获得精神快慰的点滴。文章所指既非冬天，也非那首小诗及友人的点评，而是当琐屑绵延成为海浪，重要的已不是本体，而是那个轮廓与剪影。它们以外在的方式，构成了内心世界的总和。

由此可见，散文具有独特的隐喻性质，在广义的层面，文学表达应该是一种隐喻表达。它既构成作家自足而完整的现实书写，同时还面向着更为广阔、隐秘、驳杂、难以言明的"世界中的世界"，非文学的现实由此进入了文学。在这个意义上，个人史也是文化史的一部分。无论是农展南里11号繁忙的公务、风雨中的骑手，还是游园拾趣等，这些缩微的人生景观都是时代的印记，是个人精神世界的指涉，也是在熟悉的陌生中发现那些不断发生的变化。面对一个人的京城，那些颇具游吟性质的瞬间情绪落到笔端其实已是时间沉淀的产物，故而其生命的体验、现实的拷问更加沛然，是对北上生活之"异"变得淡然之后，获得的一些本然之物。

"一个人走在街头，是旅行，也是流浪。"

"偌大的京城，一切都是我的，一切又都不是我的。"

在这些时刻，我们看到，振拔与疲惫，兴奋与平静，从记忆的晕眩向诗性的深处滑落。这是一个人独自面对世界时，无声的收缩与扩展。词语将另一个世界不断推向前方，又消失在无边的现实中，在这样钟摆式的回荡中，我们发现，文学语言或许出现在突破文学的防线之时。文学并非一门对大是大非进行判定的艺术，而是从细枝末节入手，从眼耳口鼻获得真实感，然后逐渐忘却自身，进而在有限之内获得整体与无限。

或可说，居京的时日越长，卫华越能深入这段气象生动的生活内部，不断地有所领悟。他以散文的方式，回应了这种似乎压缩了的、富有弹性的现实，日常成为一个丰饶的、富有黏附性的所在。他描述一对满头银发的夫妻再寻常不过的吃早餐的场景，时间似乎停顿下来："他们很认真地吃饭。一勺粥，一口包子，几片白菜，不急不缓，每一秒都像在丈量时间。"在那一刻，他发现了自己仓促的生命状态，是一种阿甘本所谓的"姿势"缺乏的平面。"相比之下，我是吞食，他们是咀嚼；我是撑饥，他们是品尝；我是履行吃饭的程序，他们是享受生命。"此时，似乎最能诠释本书"遇见"的真正含义。因为交互的生命，日常被重新赋予了"事件"的意义。这是一个人的感知得以重启的时刻，一个人从忙碌的日常生活中真正醒来的时刻。生命被一次早餐重新提醒。这也是文学叙述展示日常生活时最微小的时刻，其意义绝非在于警示，而是它作为真正的觉醒，表现出日常生活之外的本来面目。唯此，日常生活才真正获得了显影。

当日常像一个厚重的茧房，被文学之手逐层拨开，灵魂似乎获得了适得其所的暂居地。因为从事"三农"工作，卫华陆续写下许多关于节气的手记。我不知道他是否受到苇岸的影响，他有一种对自然的本真的柔情与痴迷。在卫华的笔下，土地、云彩、波纹、露珠，这些与节气相关之物与写作者之间，不仅是一种相互吸引的关系，在某种程度上也是相互派生的关系。当他像泅过新的湿地那样，跨过每个节气的广场，所见之物与所念之物叠加，意象的复杂组合突然就出现了。这种诗性得以生发的现象，它所展现的，绝非文人的情趣（趣味有时也是写作的敌人），也不仅是知己般的审美（有时欣喜会迷惑我们的双眼），而是德勒兹所言的共同体的生成。在他这里，节气不再是外在的纯粹自然的客体，它以"物"的形象出现同时又是一种超拔的存在，其标志是推倒、丧失和复现：那个自然空间，只有写作者偶然的瞬间予以支撑，各种连续的形象，忽然以类似化学反应的方式从他那里出现了，最终，这些形象不仅是珍贵的记忆，也是让人永远沉溺其中的幻境。

北京一年在卫华的生命中，固然是重要"事件"，熟悉的经验经由异地的筛选，将自身重新裸露，仿佛怀着刚刚诞生的喜悦。这种对心灵的一次次探访，使得世界变得更加澄净，犹如光的降临。

北京并非终点，他的漫游才刚刚开启。

是为序。

（作者系泰州市艺术指导中心主任、北京师范大学创意写作导师）

交会时互放的光亮

徐茂文

2022 年夏日晨练时遇到卫华，那时他刚从北京挂职回来，非常热情地说："以后你要去北京提前跟我说，我请那边的朋友给你做导游。" 2023 年 7 月末，我带上高中的儿子去北京旅行，卫华在朋友圈里给我指点，王府井的井在一个店铺拐弯的路边，孔庙的旁边就是雍和宫。

卫华曾因工作关系两次驻京，一次是多年前在国家信访局接访中心挂职数月，再就是这次在农业农村部挂职一年。尽管是匆匆过客，但卫华对北京有着刻骨铭心的爱，他把挂职期间所行、所见、所遇、所感都凝结在《遇见》里。我想起徐志摩诗歌《偶然》里的名句，"我是天空里的一片云，偶尔投影在你的波心"，"你记得也好，最好你忘掉，在这交会时互放的光亮"。卫华与北京的交会，正是彼此照亮的交会。

《诗经》云："嘤其鸣矣，求其友声。"《论语》云："德不孤，必有邻。"真诚、谦逊而又言辞潇洒的卫华，在北京遇到许多高人、贵人和友人，与他们结下深厚的情谊，这应当是他北京之行行囊中的最大收获。知识渊博、魅力夺目的部、司领导，才华横溢、关爱体贴的各地"挂友"，身在异乡、心系桑梓的专家大咖，还有脚踏实地、眼里有光的中介小哥，都在卫华的心湖投下了清晰的影子，在卫华的笔下呈现出生动饱满的形象，让卫华身处"长安"而没有产生"居大不易"的感慨。因此，等他挂职期满返泰，已不再能够"挥一挥衣袖，不带走一片云彩"了，他的衣袖里满是留恋。

再遥远的距离，在高铁时代都已不是难题，难的是"疫情"时期的亲情守望。远在北京的卫华好像风筝，而爱人和女儿则是那"追风筝的人"。《遇见》一书中最令我动容的是那篇篇幅较长的《在路上》。他通过细致入微的细节描写，刻画出对爱人的心疼："妻穿着最漂亮的那条百褶裙，一双紫色平底鞋没踩准摩托车后蹬，却踩在了滚烫的排气管上。"他极力摹写父亲对尚是学生的女儿的不舍："我只能看着女儿消失在拥挤的人群中，心里始终焦虑着。过安检，箱子那么重，她咋拎得上去？后来女儿说箱子不怎么重，我知道她不想让我担心。我挨着检票口一个个追过去，希望看到女儿的身影……"伴随着眼眶的湿润，卫华内心深处云团般的柔软，尽现字里行间。无情未必真豪杰，卫华是尚情爱家的好男子。

北京是国家政治、经济、文化中心，深具人文情怀的卫华利用周末和节假日，用双眼和双足在这底蕴丰厚的古城尽情流连。晴朗的日子，他"遇见"了北京的桥、三联韬奋书店、温暖的报亭、中国石刻艺术博物馆、中国铁道博物馆等，在这里抚今追昔、沉吟赏叹；在暴雨如注的9月，他"遇见"了敬仰崇拜已久的李大钊先生，深切缅怀在中国革命战争年代为信仰而牺牲的年轻鲜活的生命。卫华宏阔昂扬的历史观和价值观，与北京宏富深广的旧物新事一碰撞，便造就了洋洋洒洒、激情澎湃的文章。他的文字一如其人，是纯朴的、热烈的、绚烂的，也是幸福的、充满正能量的。

卫华向来勤奋努力，笔耕不辍。这本《遇见》，始于挂职期间的日积月累，他先写下框架与片段，回泰州后再连缀成篇，经过反复雕琢打磨，直至近日方才告竣。这已是他的第4本个人著作了。至于他的文字功底，大家一看就知道，无须我赘言。

陆游客居京城时，曾在《临安春雨初霁》中写道："世味年来薄似纱，谁令骑马客京华。"在卫华的文字中，我没有看到"薄似纱"的世味，看到的是浓似酒、稠如蜜、暖似日、长如光的深情。读完《遇见》初稿，我与卫华一样，对北京充满了热爱与回望。

（作者系江苏省作家协会会员、评论家协会会员）

目 录
contents

初见 7082

朝阳区麦子店街道，农展南里 11 号，11 层小白楼，1986 年 11 月竣工，这里便是农业农村部。意杨入云霄，绿荫生风姿。走在摇曳的光影中，如同走在田野上，三月的紫玉兰，四月的月季红，充满田园诗意。

6 月 7 日，星期一，高考第一天。天蓝如海，娇云袅袅。孩子们十多年寒窗苦读迎来高考，而在综合处打拼 10 年的我来到部里，这一天也是我"进京赶考"的日子。

乡村产业发展司位于 7 楼，周业铮副司长将我带到农业产业化处，才新义处长简要交代了工作，找综合处戴露颖处长办理挂职手续。接着来到 7082。这里原是 708 会议室，因办公用房紧张，一隔为二，7081 是特色产业处，7082 则留给挂职干部。过道两侧共 10 张办公桌，并不显拥挤，戴处指着第二排右侧的空桌说："徐处，要不您先坐这儿吧。"我说行，随后与左进华、张良、包睿、陈璐维等依次打过招呼。

收拾完桌面，找刘成曦借来水盆、抹布擦桌子，忙完已是一身微汗。坐下喝口水，窗外，泰州已在千里之遥。

7082 不是代码，不是暗号，而是我们办公室的门牌号。几年来，在乡村产业发展司挂职借调的同志很多，地方市县的，部属单位的，进进出出、来来去去，流水的挂职干部成就了铁打的 7082。

羞涩的毛副县长

毛兰副县长，来自新疆塔城地区和丰县。在 7082，这个身高一米九几的新疆男人，就坐在我右侧。我们的交流并不多。就像邓紫棋唱的那样，"我坐在他左侧，却像隔着银河"。毛副县长高鼻梁，俏脸庞，很少说话，抽点小烟，喝酒也可以，脸上永远有一朵绯红的微笑。

刚到部里时，我和毛副县长还有王天宇，经常跑到文印室门前的走廊下抽一根，过个小瘾。天宇来自宁波市，也在农业产业化处。有一次在食堂，毛副县长在旁边的清真区帮我拿了根羊腿，按规定，那是维吾尔族人才能享用的美食。后来有一次，我在清真区搛了些羊肉，一位稍胖的工作人员走过来说："你是汉族人，不能在这儿选餐。"搞得我一脸羞涩。

12月底，曹宇处长陪着毛副县长来到我们办公室，说毛副县长要回去了。我说，那得春节后再来吧，毛副县长腼腆地笑道，不来啦，一年半到期了。我问他什么时候走，他说下午的飞机。自从他搬到隔壁办公室后，大家各自忙着手头的事，经常出差，见面也少了。之前，请他吃过一次饭，从头到尾不说什么，只喝酒。本来准备为他送个行的，现在看来没机会了。时间过得多快，一晃就是半年。禇巡和曹宇处长对毛副县长说："新疆挺好的，明年我们去看你。"

人生到处知何似，应似飞鸿踏雪泥。有时，人与人的遇见，可能就是那么短短的一程。在走廊，我紧握着毛副县长的大手，祝他一路顺风，步步高升，目送他推开楼道侧门，直到高大的背影消失在楼梯拐弯处……

杯中有岁月

上班第一周，饭卡还在办理。吃饭是天下第一的大事，我便跟着张良在二食堂蹭饭，两菜一汤，吃得挺饱。良哥中午多吃面条、馒头，偏向北方饮食习惯，像他的性格，爽朗、直率。

最早喊良哥的是韩萌，她经常从特产处到7082找张良请教工作，边走边说，良哥，有个事……

产业处聚会时，才处对良哥评价很高——尽心尽责，知识面宽，待人接物也不错。那晚聚会后，我们两个大男人挽着手臂，在朝阳公园边走边聊，柳枝绵延，月亮在头顶，月光在路上。在地铁14号线枣营站的长椅上，我们准备换乘，良哥说合个影吧，于是我俩几乎同时摘下口罩来了张自拍。如今再看照片，两人都挺自恋的。

"壶里乾坤大，杯中日月长。"良哥在大家为他送行时这样说道。壶中有天地，杯中有岁月，真是一句好诗。不觉想起元朝唐温如的《题龙阳县青草湖》，"醉后不知天在水，满船清梦压星河"，异曲同工。张良不拘小节，与我多有相似之处。

7月中旬，良哥挂职期满。左教授张罗着送别良哥，德豪、沈泰、包睿都依依不舍。良哥的挂职期是到 6 月底，因为新疆的龙头企业对接活动，他又顺延了一个月，直到和徐偲月顺利完成交班。回去后，张良很快被提拔为农科院加工所科研处副处长，这是组织对他的认可。

左右皆逢缘

左进华教授来自北京农科院蔬菜研究所，博士生导师，有自己的研究团队。

左教授很白，微胖，戴着眼镜，天生就是博士的样。由于 7082 都是挂职借调干部，他又坐在南窗位置，大家便尊称他"挂职干部处处长"。他每天很早出门，总是最先到，办公室的水，他打得最多。

谈到工作，左教授总是不愠不火，慢条斯理。左教授会说："就这个问题我想和你探讨一下，还有几点不成熟的建议。"谈到论文，从阐述顺序到思维逻辑，从语言的表述方式到文字的内在张力，他都能点评到位，其观点、立场、眼光，还有文字功力，那是相当了得。

一次，左教授拿了几包菊花茶给我，说解酒护肝效果特好。我不喜欢菊花茶的苦涩，但左教授的茶却有一股清香，如蜡梅含苞待放。教授每天泡茶，茶杯是搪瓷开口杯，新中国成立 70 周年的纪念杯，落款是中央电视台，很怀旧的感觉。

他每每端起酒杯必有一番精彩说辞，犹如春风拂面。当左教授被别人夸赞口才时，他总会说"惭愧、惭愧，您过奖了"，一股浓烈的京味儿卷舌音。这时的他则是一泓幸福的笑容，嘴角露出两个羞涩的酒窝。

9 月中旬，领导安排我去西藏调研，便找教授借衣裳。第二天，他带来一件夹绒外套，依然带着柜木香。在海拔 4500 米的思金拉措，在一路穿越的皑皑雪山旁，在绿荫如盖的千年核桃树下，我把左教授的外套裹在身上，抵御着高原的刺骨寒风。

最美的青春

包睿来自广州，老家在安庆。一位理科生，却经过层层选拔走进《南方周末》。

在综合处，包睿负责办文办会、宣传报道等诸多事务。有一次去国家博物馆，参观中央和国家机关党的建设成就巡礼展，包睿抓拍了一张我的背影，颇具职业敏感。在"忠诚、干净、担当"的宣传墙前，我驻足仰望各行各业 200 多位劳模的背影，在那一瞬间悄然定格。

欢送包睿的前一天，我为他写了一段话："你不仅有北方人的'包'容，还有南方人的'睿'智；不仅有犀利的笔杆子，还有敏锐的洞察力；不仅有谈笑风生的诗情画意，还有把酒言欢的层云荡胸；你在南方的艳阳天，我们在北方的寒夜里，会常想起你！祝毕业快乐，前程似锦！"

包睿很快回复："酒未饮，人已醉。微醺在深情流露，行间字里，畅快在与君同事，斩棘披荆。岁月如梭年渐长，滴水友谊日更长。此次短离为复见，再会把盏偷日闲。毕业快乐源于你，前程似锦送大家。感谢难表，唯诉衷肠，依依不舍，把酒言欢吧！"

送别宴上，包睿说，那天傍晚正在发呆，看到我的话瞬间感悟，便有了上面这段文字。席间，左教授说包睿工作敬业，为人爽快，是年轻人的榜样。璐维说，包睿在哪儿都能发光，相信在回程的飞机上也能照亮天空，映射出一片霞光。刘成曦说，第一天来上班，北京天寒地冻，包睿和德豪去接她，来自异乡的关怀，像火球一样温暖心房。韩萌细数往昔，提及包睿对自己的帮助，这位腼腆的女孩竟哽咽起来，眼角满是泪花。大家不约而同响起掌声。他们的言语中，有欢喜，有不舍，有阳光，有泪水，闪耀着青春最美的样子。

大家来自天南海北，能在北京相识，不容易。见大家情深义重，包睿再次起身深情发言。

告别，不是失去，而是得到。一年的经历，有焦急，也有等待，有收获，也有遗憾，都是一种财富。挂职期间经历了很多，无论是生活还是工作，或是情感，这都是一种力量，那就让我们保留一种初心、一份单纯，继续走好更远更长的路。

来自安庆的沈泰说，他乡遇故知是人间幸事，好在以后还能在广州相约。孟德豪，曾是中国农业大学的学生会主席，才华满满。他送给包睿一首苏轼的《南乡子·和杨元素时移守密州》："东武望余杭，云海天涯两渺茫。何日功成名遂了，还乡，醉笑陪公三万场。不用诉离觞，痛饮从来别有肠。今夜送归灯火冷，河塘，堕泪羊公却姓杨。"

包睿起身吟读，一字一句，一顿一挫，煞有天涯海角两茫茫、不思量、自难忘的万般不舍……

日暮酒醒人已远，满天风雨下西楼。7月30日，周五，包睿送给我一瓶药用漱口水，说刚买不久。我自幼牙齿不好，衷心谢过这份礼物。7月31日，他离京返穗，中午在群里发了一段话：时光飞逝，我的借调工作结束了，由衷感谢大家的指导、关照和帮助。一年耳濡目染、身体力行，让我得到全方位锻炼提升，也深刻理解了产业兴旺的要义。临别之际，依依不舍。祝往后日子里所得皆所期，所求皆如愿，所行化坦途。欢迎各位领导同事随时来广东……

吴晓玲司长说，感谢，祝福，配以笑容与抱拳。周业铮司长说，包睿这一年多，不辞辛劳，勤勤恳恳，感谢既往付出，祝福今后奋斗出彩。禤巡、露颖、曹宇、蔡力、晓军都祝福他一切顺利。对包睿的肯定，也是对挂职借调干部的肯定。在那段奋斗的时光里，我们自觉担当，团结一致，心有所向，梦有所往……

一"路"向前

露颖，东璐，璐维，裴璐，名字中都有个"路"的谐音字。

7082开门早，7点，左进华、谭子辉就到了，冲水拖地打扫卫生。下班时间到了，但仍有很多人坚守在岗位上。霍颖曾经说到，流水的7082，不变的工匠精神。

司里第一次开会，露颖处长通报了部分机关涉密案件，把保密作为政治纪律交代。涉密文件不得拍摄复印，用章须以领导签字为准，公文印发、财务管理等都要按规范程序运行，重大事项须向领导请示。顺道说说721会议室。东西四间，虽然朝北，但采光好。大家都说，宽敞明亮的会议室预示着乡村产业发展充满希望，沐浴阳光。据说350会议室也不错，但靠近一楼餐厅，油烟味儿特浓，几乎不敢开窗。

露颖是大管家，天天加班，孟德豪、刘成曦、包睿、陈璐维、韩雨珂、何东璐，一个比一个走得晚。何东璐是淮安人，一头长发，个子高挑。这个爱穿大一号衣服的女孩，经常来去匆匆，在走廊里一蹦一跳的。子辉说，东璐是风一样的女子。作为"80后""90后"，他们的责任感毫不逊色。有天晚上，露颖叮嘱我临走关好门窗，随后璐维便背着包跑过来，手扶门框说："徐处，您走的时候，记得关电关窗关门啊！"我说放心吧。他扶着门框说话的样子，总让我想起电影《我的父亲母亲》里，穿着红棉袄的招娣站在房门口，羞涩地扶着门框，对着骆长余老师傻笑的场景……

3月18日，璐维挂职结束，京城大雪。下班前，他向才新义处长、赵迪娜处长辞行，感谢领导的关心与支持。大家说，知道他要走，老天下雪挽留呢。我说："你的身影马上就要消失在雪花中了。"璐维一如既往地憨笑："就让我的足迹被大雪覆盖吧，但我的心，会一直留在这里。"

冬天的风，比刀锋还锐利。农业农村部门口的年轻哨兵，拿着测温枪，戴着棉帽、手套与口罩，不停地跺着双脚。就像裴璐说的，一出门，就会感到冷空气"嗖"地一下从两边挤过来，左右压着你，让人窒息。

外边冷，屋内却暖和，不少同事穿着衬衫短袖。大楼门厅入口，蓝色棉布包裹着把手；门厅里摆了沙发，每层电梯对面都放了桌椅，来办事的同志可以有个座儿。食堂门前，挂上厚实的遮风帘；水龙头里是温水，饭后刷个牙，用热水敷一敷疲惫干涩的双眼，别有一番惬意。

明窗一榻共秋闲

周末若没安排，便丢办公室。空荡荡的大厅很安静，食堂也没有平日的拥挤。中午不回宿舍，便看会儿书，然后在窗口棕色沙发上眯一小会儿。窗台上，兰花绿植仙人掌，还有明媚的阳光，温暖而芳香。躺下，松松腰，抬抬腿，让脑子放空。

抛得烦忧过双眼，明窗一榻共秋闲。

这时，可以静下心来写点东西，就像省农业农村厅的姜堰老乡李曼莉处长所言，不用急着赶稿子，交任务。没人打扰，没有家务，喧嚣在窗外，宁静在心里，世界只属于我一个人。

《百年孤独》里有这样一句话，直白，尖锐，却也不无道理。

"人生的本质就是一个人孤独地活着。"

从呱呱坠地，到最后走完人生历程，本质上就是一个人的旅行。家人，朋友，工作，都是路过的风景。人生只有一次，要洒脱，要勇敢，要尽兴。所以很多时候，我们要做好自己，学会爱自己，做自己喜欢的事，走自己想走的路。不要对别人存有太多期待，或许，成年人的孤独就是悲喜自渡，而这，正是我们难得的自由！

雨祭李大钊先生

9月3日，中国人民抗日战争胜利纪念日。9月4日，京城暴雨。

7月上旬挂职干部集体学习时，我领学了习近平总书记在庆祝建党100周年大会上的重要讲话，与大家分享了三个英雄故事。

第一个故事是陈独秀的两个儿子陈延年、陈乔年，惨遭砍刑，尸骨不存。第二个故事是在赶赴战场途中接受美国记者采访的战士，他说中国必胜，而胜利时，他早已血染战场。第三个故事是李大钊被捕后，屡遭酷刑，受三次绞杀而死，遗骨被反动警察用一口廉价棺材装殓。由于李大钊将在北大任职的薪酬用作党的活动经费，所以生活十分拮据。有段时间，蔡元培校长直接吩咐会计科将部分薪金直接交给李大钊的夫人赵纫兰，以接济家庭开支。

李大钊牺牲6年后，赵纫兰才在好友帮助下，将菲薄不堪的旧棺换成了新棺。棺材店老板主动降价，将棺材里外刷了五道上好油漆。用新棺安葬好李大钊后，身心交瘁、虚弱不堪的赵纫兰于次月辞世。两人均安葬于北京万安公墓。

我心里一直计划着祭拜先生。周六清晨，携伞而行。乘坐10号线到巴沟站，雨势渐大，换乘西郊线。万安公墓东望玉泉山、昆明湖，西倚香山，南至西山八大处，北临卧佛寺、植物园，众多名胜环列四周，再往前两站便是香山。公墓碑文介绍说，此地"山脉自昆仑来龙，形势无美不备，诚天成地就之大吉壤也"。

天空阴森森的，暴雨如泼，独立站台10多分钟方才出站。许是老天爷让我先行注目礼，在此整理心绪。路边水流哗哗成溪，虽撑着伞，未过马路，裤脚便湿了。路边有单车，我跨上车子，手持雨伞，顶风东行。雨水很快打湿了衣衫。骑行5分钟，看到万安公墓，门口挂着"李大钊烈士陵园"和"万安公墓"两块竖牌。我停好车，推开紧闭的铁门，向保安出示身份证，现场网上预约。步行几步，忽然觉得空空一双手，少了点什么，又折返左侧花店。挑了一个白黄相间的鲜菊花篮，扫码付款 60 元钱。一位年轻的保安在我身后大喊："沿着公墓骨灰堂右侧的路，一直向前！"

雨一直下，我踮着脚尖向前走。左右水流湍急，无处下脚，索性脱下鞋袜，将袜子塞入鞋中，左手持伞和花，右手拎鞋而行。很久没有赤脚了，积水凉凉的，裤子下半截已经湿透。前行近百米，李大钊烈士陵园出现在右前方，远远地，便能看到院内先生的汉白玉雕像巍然屹立。

我缓步走近，轻轻放下花篮，向先生三鞠躬。

先生目光刚毅睿智，一袭长衫，正义凛然，浩气长存。雕像身后，是先生和夫人赵纫兰女士的墓，周边苍松翠柏，鲜花环绕。墓后纪念碑上，镂刻着邓小平同志 1983 年题写的"共产主义运动的先驱，伟大的马克思主义者，李大钊烈士永垂不朽"。碑后为中共中央撰写的碑文，"中国最早的马克思主义者、共产主义者、中国共产党的主要创始人之一，为中国人民解放事业和共产主义运动作出了无法磨灭、永载史册的伟大功勋"。从纪念碑通往李大钊烈士革命事迹陈列室的石道，8 块金色铜牌嵌于地面，记录着先生 1889 年 10 月乐亭出生，前往天津、远赴日本、领导革命及壮烈牺牲的时间轴线。在廊檐下，将雨伞背包和湿透的鞋袜整齐地放在一边，赤脚迈入李大钊先生革命事迹陈列室。

四周静悄悄的，独我一人参观。从先生幼年到少年、青年的历史画卷，一一铺陈开来，时代的悲壮，超越脚底的寒凉。

一副对联置于中堂，"铁肩担道义，妙手著文章"，是先生的亲笔，也是先生一生的写照。对联的抬头为"子惠仁兄正之"，落款为"守常李大钊"。铁肩，妙手，是先生为人的品格和渊博的知识。道义和文章，则如同一撇一捺，共同支撑起李大钊先生这位大写的"人"。

先生 1889 年 10 月 29 日出生于河北省乐亭大黑坨村，幼年父母双亡，在祖父培养下长大成人。7 岁在家乡私塾读书，天资聪颖，胸有大志，学业优异，为老师和乡人所盛赞。1905 年，清政府取消科举制度，先生转入永平府中学堂继续学业。在这里，他常与同学议论国家大事，接触了新思想。随着日俄战争爆发，我国国土被掠夺，人民被屠杀，李大钊毅然改名（原名李耆华，字寿昌）勉励自己，为实现拯救国家的远大理想不懈奋斗。1907 年，李大钊怀着"再造中华"的志向，考入天津北洋法政学校，系统学习英语、日语，毕业后，决心赴日本寻求革命真理。1914 年，李大利进入东京早稻田大学，参加留日学生会的爱国运动，撰写文章揭露日本企图灭亡中国的"二十一条"和袁世凯的倒行逆施。

1915年，先生在《警告全国父老书》中写道："日本既发此大难，中国不敢于坐亡，日复一日，势必出于决裂。彼有强暴之陆军，我有牺牲之血肉，彼有坚巨之战舰，我有朝野之决心。蜂虿有毒，而况一国，海枯石烂，众志难移。"1916年回国后，先生积极参加反帝反封建活动，发表《青春》等文章，号召青年们"冲决历史之桎梏，荡涤历史之积秽，新造民族之生命，挽回民族之青春"。1918年，应蔡元培校长邀请，先生担任北大图书馆主任兼经济学教授。此后，创办《每周评论》，组建了少年中国学会，出版《少年中国》。

五四运动胜利后，李大钊、邓中夏在北京成立马克思主义学说研究会，与陈独秀遥相呼应，推动建立党组织。"南陈北李，相约建党"，成就了中国革命史上的佳话。

1927年4月28日，蒋介石密电反动军阀张作霖，中共北方区委书记李大钊、路友子、张挹兰、谭祖尧、邓文辉、谢伯俞、莫同荣、姚彦、杨景山、范鸿吉、谢承常、英华、李昆、吴平地、陶永立、张伯华等20位国共两党人士，被张作霖抓捕入狱，押解到西交民巷京师看守所。

在一个透明玻璃框中，我见到了1927年4月李大钊先生的《狱中自述》，当是诀别诗。先生行楷很好，工整整齐，遒劲有力。其中有几段文字如下：

近来传言党人在北京将有如何之计划如何之举动，皆属杯弓市虎之谣，望当局勿致轻信社会之纷扰，泰半由于谣传并误会，当局能行此番之逮捕……

吾党之所求，乃在谋国计民生之安康与进步，彼此间之误会，因以逐渐消除，则更幸矣……

钊自束发受书，即矢志努力于民族解放之事业，实践其所信，励行其所知，为功为罪，所不暇计。今既被捕，惟有直言，倘因此而重获罪戾，则钊实当负其全责。惟望当局对于此等爱国青年宽大处理，不事株连，则钊感且不尽矣。又有陈者，钊凤研史学，平生搜集东西书籍颇不少，如已没收，尚希保存以利文化。谨呈……

被捕后，先生遭受了22天的酷刑。为了保护年轻同志，他一个人揽下了所有"罪责"，只字未提我方机密。

为了让他供出同伙，敌人严刑逼问，将细竹签一根根插入他的手指。一个读书人，竟然遭受了如此酷刑。先生扛下的不是酷刑，而是苦难中国之希望。虽体无完肤，遍体鳞伤，先生仍咬牙向青年狱友讲解马克思主义。北方铁路工人得知他被捕，准备组织劫狱敢死队，不惜一切代价营救他。先生知道后极力反对，他说："劫狱是一种冒险行为，是不会成功的。我为革命牺牲，是光荣且应当的，同志们不能冒险，现在应当保存我们的力量。"当时，社会各界名流都为营救先生四处奔波，张学良也劝说张作霖不要对李大钊处以极刑。然而，先生最终还是被秘密处以绞刑，年仅38岁。

行刑时，先生第一个走上绞刑台。他取下眼镜，面色平静，作了此生最后一次演说。凶残的敌人先后三次对李大钊施刑，他全无惧色。后来，这座绞刑架被收藏在国家博物馆，编号0001，国家一级文物。

后来有一次，我骑车从长安街经过国家大剧院。在红井胡同，我突然看到一块李大钊先生牺牲地的指示牌，人大会堂西路2号，当时这里是戒备森严的京师看守所。我下车，原地站立，面对着人民大会堂的方向默哀。

天地英雄气，千秋尚凛然，一个有希望的民族不能没有英雄，一个有前途的国家不能没有先锋。杨靖宇牺牲时35岁，赵一曼牺牲时31岁，江姐牺牲时29岁，红34师师长陈树湘牺牲时29岁，邱少云牺牲时26岁，黄继光牺牲时21岁，刘胡兰牺牲时只有15岁。红色政权从哪里来？那正是千千万万的革命前辈用生命换来的。

五月的街头，绿荫连绵，意杨滴翠。一旁空地上，孩子们追逐打闹着，当年那段血腥历史他们还未学到。时光飞驰而去，新中国早换了人间。

与李大钊一起牺牲的20名革命志士中，张挹兰是中共领导的国共合作组织——国民党北京"特别市党部"第三届执行委员会委员和妇女部秘书、部长及"妇女之友社"主任。她最后一个受刑，也是绞刑架上唯一的女性。

张挹兰1893年出生在湖南省醴陵县，五四前夕考入北京私立补习学校，1924年从北大预科毕业。1926年"三一八"惨案后，北方区党委领导机关转入地下，张挹兰开展妇女运动，创办《妇女之友》和缦云女校，唤起在黑暗中挣扎的妇女，引导她们从沉寂中觉醒。据1927年4月29日北京《顺天时报》记载："第三辆车为女犯张挹兰及邓文辉同坐，下车时，张挹兰面现喜色，昂首挺胸……我们看到的是一个临危不惧的英雄……那样坚定刚毅，一双炯炯有神的眼睛，对敌人充满仇恨和蔑视，对革命胜利流露出无限的信心。临死前，张挹兰对着敌人怒吼咆哮道，行刑吧……"

革命，终究是要流血的。党的早期领导人蔡和森，因遭叛徒出卖而被捕。敌人把他的四肢钉在墙上，挖去双眼，割去双耳，用乱刀刺杀。他饱受摧残，英勇牺牲。至今，蔡先生的遗体都没能找到。1928年，他的爱人向警予在武汉被捕后，亦饱受酷刑，牺牲时年仅33岁。蔡和森得知向警予牺牲后悲痛不已。在《向警予同志传》中，他写道："伟大的警予，英勇的警予，你没有死，你永远没有死！你不是和森个人的爱人，你是中国无产阶级永远的爱人！"

泣血之词，痛悼彻骨，动容天地。

陈延年光明磊落，视死如归。革命者只有站着死，绝不跪着生。牺牲那年，他29岁。

陈乔年，临死前乐观地对狱友说，让我们的子孙后代享受前人披荆斩棘换来的幸福吧。牺牲那年，他27岁。

邓中夏临死前给党中央写信："同志们，我快要到雨花台去了，你们继续努力奋斗吧！最后胜利终究是我们的！"牺牲那年，他39岁。

夏明翰就义前曾给妻子赠诗，"善抚幼女继吾志，严峻考验不变心"。牺牲那年，他28岁。

方志敏在狱中写下《可爱的中国》，他说，中国一定有个可赞美的光明前途。牺牲那年，他36岁。

赵一曼牺牲前，写诗抒发坚定的抗日意志：未惜头颅新故国，甘将热血沃中华。白山黑水除敌寇，笑看旌旗红似花。牺牲那年，她31岁。

董存瑞在攻打隆化城的战斗中，危急关头，他毫不犹豫地冲向敌人的碉堡，用左手托起炸药包，右手拉燃导火索，高喊着"为了新中国，冲啊！"牺牲那年，他19岁……

1933年4月，李大钊牺牲的第6年。北平各革命团体为先生举行公葬，并制作了一块墓碑，刻着"中华革命领袖李大钊同志之墓"。时值白色恐怖，墓碑不能立在烈士的墓前，否则必被反动势力损毁，所以这块碑不得不与烈士棺木一起下葬，埋入地下50年。直到1983年，在建立李大钊墓园时，石碑方才得以面世，成为墓园最重要的革命文物。在这块墓碑两侧，依次是朱德、陈毅、李先念、林伯渠、何香凝等党和国家领导人缅怀革命先驱的题词。

石碑上有这样一段话，摘自于右任在西安追悼会上的演讲："李大钊以全时间、全精神献给革命，吾侪时时在念继李等之志而努力奋斗，如此，则李大钊精神不死!"

这便是真正的革命党人,信念如山,意志如钢,视死如归,气贯长虹,与天地共生,与日月长存。

缓步向前,我突然看到头顶那幅闪亮的文字……

人生的目的,在于发展自己的生命,可是也有为发展生命必须牺牲生命的时候。因为平凡的发展,有时不如壮烈的牺牲足以延长生命的音响和光华。绝美的风景,多在奇险的山川。绝壮的音乐,多是悲凉的韵调。高尚的生活,常在壮烈的牺牲中。

这是 1919 年 11 月 9 日,先生在《牺牲》一文中对革命的理解,对生命的彻悟,对牺牲的诠释。这段话,在五四大街的北大红楼,我也见过。我又一次认真读过,字字千钧,句句凝重。如同在黑暗中追寻明亮,沐浴阳光,让人倍感振奋,充满力量。至今我还清楚地记得,当时我是踮起脚尖,用尽力气,将手机高高举过头顶,才拍下这滚烫而绚丽的文字的。

这是生命的回响,更是悲悯的绝唱!

随着新文化运动的深入,《每周评论》成为李大钊宣传民主主义和社会主义的阵地,他曾发表多篇评论文章,如《北京的"华严"》《新自杀季节》《面包问题》《政客》《乡愿与大盗》《放弃特殊地位》《罪恶之守护者》《死动》《光明与黑暗》《新旧思潮之激战》《小国主义》《强国主义》《解放后的人人》《宰猪场式的政治》《废娼问题》《秘密外交与强盗世界》《黑暗的东方》《不要再说吉祥话》《新华门前的血泪》《改造》《哭的笑的》《赤色的世界》《最危险的东西》《真正的解放》《黑暗与光明》《万恶之原》《是谁夺走了我们的光明》《再论问题与主义》等,共计 54 篇。除了《新纪元》没有署名,其他 53 篇,常用"明明""TC 生""冥冥""守常""常"这 5 个笔名。虽未见到原文,但依然可以想象这些文章的犀利与尖锐,那些文字里一定充满了对旧社会、旧势力、旧军阀无情而勇猛的批评与揭露。

如果沉默是反抗,那文字,必然也可以是子弹。

我对"TC 生"这样的署名,有着强烈的疑问与好奇,后来终于在《吉林大学社会科学学报》刊发的一篇刘建国先生的《收在李大钊文集中署名"TC 生""T.C.L."考辨》中找到了答案。经过反复考证与辨别,少数署名为"TC 生"的文章,其实并非先生所作,而是被国内外学者误编入李大钊著作目录或选集之中的。

在李大钊烈士革命事迹陈列室的右侧厢房，有一个文化用品商店。在那里，我从众多文化创意产品中选了一个 39 元的白色小布包。选择白色，是因为洁白无瑕。不过，我更喜欢上面的文字，摘自李大钊先生的《新青年》：

拿出雄健的精神，高唱着进行的曲调，在这悲壮歌声中，走过这崎岖险阻的道路！

这几年，我一直珍藏着这个小布包。2023 年 10 月 12 日，我在泰州大剧院观看"百梅争艳"戏曲汇梅花奖精品剧目《石评梅》，石评梅就唱到了这一段台词！

离开时，雨已住，水未退，我从两侧松柏林中穿过。

泥泞中，一块块墓碑依次站立，碑垄间还有泥水，空气是潮湿的，抚慰着冷峻而神圣的碑林。林立的墓碑下，小草茵茵，野花怒放，她们世世代代遵守着为革命烈士守灵的诺言。这些先贤烈士，这些无名英雄，以血肉之躯换来当代中国之繁华安定。

历史书太小，装不下他们的伟大。这一刻，他们在此长眠。这一刻，雨水为他们拂面。这一刻，我与英雄靠得最近。他们不是沉默的墓碑，他们是一个个热血的革命者，他们是一座座挺拔的高峰。

步出陵园，雨势渐弱，再次驻足回望那苍山翠柏，并在心中深深祈愿，烈士永垂不朽，先辈九泉安息！

先生，这盛世已如你所愿，伟大的中国人民已经站起来了，富起来了，强起来了。如今，我们正在党的领导下，阔步走进新时代，昂首走在中华民族伟大复兴的征程上。

匠心妙笔著诗文

在部里挂职，有幸认识一位独具情怀、才高八斗的领导，他为人谦逊，知识渊博，出口成章，口若悬河。政策文件、领导讲话、调研文章，经他的妙笔，都能生出一朵朵莲花来。他有一颗澎湃诗心，纯美，多情，激昂，滚烫，热烈。文化的绝妙，语言的智慧，文字的精彩，他都能娓娓道来……

他就是乡村产业发展司二级巡视员陈建光先生。陈巡老家在河北邢台，毕业于北京商学院，1987 年进入农业系统，曾任贵州省威宁县副县长，哲学博导，政策文件起草高手，写诗更厉害，出版了 9 部诗集。陈巡写起文章也是一气呵成，思如泉涌，才情迸发。

第一次去陈巡办公室，不遇。后来读到他的《七律·难忘通化》《乡下之行》，方知他出差吉林。"日出东方催人飞，怎及白云知我心。风吹吉林波浪在，万载通化谁留音？""小风伴我乡下行，大雨天边自纵横。不说碧水青山好，但问蓝天白云行。"瞧这文采，犹如一股春风扑面来。于是，心里便开始默默关注着陈巡，以一种仰望的姿态。

千头万绪，千丝万缕。今天，就从陈巡那首《水调歌头·三十功名》说起吧。"三十功名尘与土，八千里路云和月，莫等闲，白了少年头，空悲切。"岳飞的这首《满江红》是我的最爱。好几次上班路上，在心中默诵。那天晨起，落叶满地，陈巡诗意翻涌，即兴创作。"长街黄叶秋，踏碎已泪流。苍茫身心孑立，诗词伴魂收。几多苦涩谁知？总有温情解愁。天音重鼓舞，青山再从头，大野苍茫游。千载下，英雄酒，铁血柔。倾国成就，十年梦起凭栏眸。指画江山人物，声犹在耳江流，风云际会来。尽瘁鞠躬侯，日月照孤愁。"

秋、流、收、愁、游、酒、柔、侯，朗朗上口，又有节奏，千古第一才女李清照最爱的韵脚，陈巡也用得得心应手。通读数十遍，长街，黄叶，孤身，大野，铁血，日月，烈酒……这不正是志在千里的大将军，不正是壮怀激烈的大英雄，不正是"男儿何不带吴钩，收取关山五十州"的铁血豪情？韩长赋先生曾在《感悟"三农"情况，做到"一懂两爱"》中说，做好新时代"三农"工作，心中要有情怀，没有点情怀还真搞不了。出差比别人都远，要到乡到村、爬坡下田，必须带着感情、饱含热情、充满激情去干工作，有时候还要有点痴情。依此来看，陈巡就是这样的人。他结缘并爱上"三农"，春蚕蜡炬，呕心沥血，服务乡村产业几十载，起草文稿数千篇。初心不改，如痴如醉，为"农"消得人憔悴，倾心"三农"大半辈，衣带渐宽终不悔。

登高使人心旷，临流使人意远。全国2800多个县，陈巡走过2100多个，历史文化、崇山峻岭、大江大河，都是他创作的不竭动力和丰厚滋养。

一次，邵司长从贵州返京，才处、斯烈都在。我与德豪、沈泰一起向陈巡讨教行文方法，陈巡说，写文章是有技巧的，形象地说就是四句话：是个什么蛋，正反两面看，机遇和挑战，然后怎么干！我等顿感醍醐灌顶，齐声道好。啥是水平，这就是，行家一出手，就知有没有。

还有一次谈到吃饭，陈巡说了句"三字经"。一是"聚"字，朋友要多聚，因为聚能生才，亦能生财。二是"缘"字，要珍惜缘分，大家坐到一张桌上吃饭的概率是九千万分之一。三是"大"字，心大了，事儿就小了。寥寥数语，道出丰富的人生哲理。对这位哲学博导，我不禁暗暗钦佩：哲学让您有维度，国学让您有礼度，科学让您有速度，诗学让您有温度，文学让您有诗度。以下，撷取陈巡的部分名句：

小时候跳高总是跳不过去。我老娘说，你心甩过去你人不就过去了。后来我每次跳高时总是尝试着把心甩过去，人噌地就过去了。

读书是一个人最好的修行，读书越多，境界越高，格局越大，胸怀越广阔。读万卷书，不行万里路，最多只是书童；行万里路，不读万卷书，最多是个邮差。

每条路都是荒径，每个人都是过客，每片记忆都是曾经。

茶叶，长在地里，采在手里，炒在锅里，闷在罐里，活在杯里，喝在口里，悟在心里，美在梦里。

让田园变公园，农房变客房，劳作变体验，空气变人气，青山变金山；让乡村文化有说头，景观有看头，休闲有玩头，市场有嚓头，效益有赚头。

挡在你面前的栏杆越高，你跳得就越高；一个人遇到的困难越大，成就往往也越大。困难是试金石、磨刀石，如果不逼自己一把，你怎知自己有多优秀。

幸福的人从一出生就醒了，不幸的人用一生来治愈童年。

作为领导者，应当迎难而上，敢于挑最重的担子、啃最硬的骨头、接最烫的山芋……

有段时间，对陈巡的诗文形成条件依赖，打开微信就想寻找他的诗，就像寻找爱河中的恋人。以下是陈巡的部分诗句：

这个世界，总有一些穿高跟鞋到不了的路，总有一些喷着香水闻不到的味，总有一些在写字楼里永远遇不见的人。

从明天起，盖一间木屋，围个野花篱笆，锄一畦菜地，播七色花苗，在青麻石茶桌旁泡一壶香茶，与心中的灰姑娘对坐，闲聊，品茗，绘画。每天喝二两空气，吟三斤负氧离子，劈柴、挑水、种菜……

当你盯着电脑时，湟水的鲑鱼正跃出水面；当你愁眉发呆时，昆仑雪山的鸟刚好站上树尖；当你挤地铁时，飞翔的云鹰已直插云霄；当你为琐事争吵时，青海的背包客已在篝火旁端起酒杯……

我要通过每一枚贝壳的诗，来说出整个潮汐，说出整片大海……

暂且将这颗心离开湖面，好久没有荡漾过了，这样的光，使我眩晕又令我着迷……我正好看见落日，像一滴哭红的眼泪落在西山当中，久久不忍入土，像黄金蹄，金鬃毛，像那匹离群之马，即将穿过黑暗。而在世界这一边，我带着我的心，摆开盛筵，迎接光明。

冬至的风，不停地吹，晨起的人中总有个我迎着风吹。我就是要风，从身体里，把自己从我心中吹出来……浊酒醒来闻吉赋，晴过冬至兆风骨。

红尘俗情多喧嚣，树静风止唯自悟。

文字之间，长风之中，陈巡一袭长衫，正手持青冥宝剑，在山间竹林，衣袂飘飘，气宇轩昂……

其实，陈巡的功夫都在诗外。八千路途三五步，十万雄兵七八人。他每天 6 点起床，当我 7 点半到班时，他诗已成行。于是，我把闹钟默默提前了 30 分钟。

南怀瑾先生说，能控制早晨的人，方可控制人生。清晨 6 点半的北京，街灯闪烁，清月如盘。沿着空旷的街道行走，月亮在屋顶，在树梢，在电线杆上。古代官员早朝，梳洗、换衣，行达皇宫，需要很长时间，所以都会早起。NBA 球星科比，每天凌晨 4 点从温暖的被窝里爬起来锻炼，退役后，依然习惯不改。曾经，我们以为的那些见不到的光影，到不了的彼岸，完不成的任务，其实就在我们的早起里，在我们的坚持里，在我们的自律里。就像科比在一次接受媒体采访时说，那些早起的时光，那些你努力工作的时光，那些你感觉太疲惫但仍然还是选择继续那样做的时光，才是梦想的力量！

早起真好，不仅思路清晰，也常有惊艳遇见。有天清晨很冷，我一路小跑，口罩里的呼吸很快模糊了镜片，眼前竟出现了一幅奇幻景象。路灯，车灯，红绿灯，被镜片的雾气折射成无数个光圈，黄色，绿色，白色……那些小圆光圈周围，星星点点的赤橙黄绿青蓝紫，璀璨绚丽，光怪陆离，在人群中忽明忽暗地闪耀，像极了《少年派的奇幻漂流》中的海底世界，美轮美奂，恍若仙境。早起带来的奇遇，让一天都变得美好了。

陈巡家有两只可爱的猫。在他笔下，俩猫都是主角。

无论贫困富贵，无论疾病健康，猫都不理你，爱咋咋地，关猫什么事……猫，为什么爱看窗外？室内每个角落都知道了，可以啃的书，可以抱着睡的鞋，但窗外那么大，窗外又都是什么……猫最爱独坐，有时自选一个角落。我喜爱猫，就像爱上孤独一样，在角落独立思考，猫儿从不讨好我，就像我从不讨好世界……我爱猫，就像热爱诗歌的人，那份无用，那份纯粹，灵性又不失美好，古老又不失典雅……

不写诗便拍照片，闲着也是闲着。上弦月，下弦月，树梢月，指头月，叶下月，竿头月，柳枝月，云追月，闲情逸致如浮云似野鹤……

2021年12月26日，毛主席诞辰128周年，陈巡激情吟词《沁园春·主席》。"昔日南湖，碧水之央，泛舟寻中。求志愿相同，几曾绝处，几逢坎坷，再还浩明。领航百年，日月光行，历程万里傲苍穹，东方起，这盛世新代，破浪乘风。常忆君领长征，算平生得意篇章清。任驰骋奔走，坐任雄狮。飞腾奏鸣，声仄声平。渐入佳境，诗家咏声。紫燕归时又芳成，历沧桑，这多少情系，岁岁年丰。"有一种精神，穿越时代云烟，历久弥新；有一种宣告，响彻中国大地，萦绕耳畔；有一种怀念，历经时代风雨，挥之不去。陈巡这首一气呵成、大气磅礴的词，缅怀了主席的丰功伟绩，也歌颂了如今这盛世人间。

有一次我问陈巡，诗咋写这么好，每天诗如泉涌。陈巡说不难，有空看看《顾随文集》，保证你会写诗。人贵有自知之明，写诗我非可雕之木，但对顾随却心生好奇。检索后得知，顾随先生是河北清河县人，北大毕业，终身执教并从事学术研究与文学创作，著有《稼轩词说》《东坡词说》《元明残剧八种》《揣籥录》《佛典翻译文学》等著作。先后在河北女师学院、燕京大学、辅仁大学、中法大学、北京师范大学等校讲授中国古代文学，四十春秋桃李不尽，叶嘉莹、周汝昌、史树青、郭预衡、颜一烟等弟子享誉海内外。据说顾先生讲诗时，古今中外，旁征博引，纵横捭阖，了无窒碍，又如羚羊挂角，无迹可寻，只觉妙不可言……

在 12 月初的一个早晨，陈巡又公布了一个写诗的秘密："本人喝茶已三十多年，喝茶使我不三高、神清气爽、思维敏捷，所以大家一定要喝茶、喝热茶、喝香茶，活个茶寿 108。"喝茶能降压、提神、强心，可喝了茶，谁能有陈巡这般感时咏史、纵横古今、融会贯通的领悟力，谁又能如他这般既能埋头赶路，又能抬头创作？动情处，惊天地、泣鬼神，伤感时，如杨柳岸晓风残月。

2022 年 1 月 9 日，是陈巡生日，这一天，他晨起作词一首——《水调歌头·多年以来》。"梦中飞万里，谁染几多霜？千年往事离愁，万里梦萦香。但见霓裳舞曲，哪闻心声飞扬！相知何处久？再举添快意，高歌盛世昌。随陶令，归真去，尽芬芳，身在天涯，豪情未减休言放，浩浩苍穹穿越，茫茫云海观光。点点远心房，别梦几追往，百十醉云苍。"随后，陈巡又道："昨天是苏轼 985 岁生日，今天我有幸跟着过生日，太荣幸了。一辈子我独服苏轼，一个灵魂有趣、灵魂共舞、同频共振的人。"

听说陈巡从小就写诗，记忆力特好，还能背诵《资本论》第三卷。12 岁那年，他发表了《雪》，稿费 19.5 元，这在 1978 年可是巨款。我特地查了社会货币总量变化，48 年间，按照广义货币 2390 倍的增幅，当时 19.5 元相当于今天 46605 元，按照狭义货币 2504 倍的增幅，当时 19.5 元相当于今天 48828 元。类比不一定合理，但知识就是财富！

很多人夸陈巡厉害，他的气质才学，来自他走过的路，也来自他读过的书。春艳处长说，他看过很多书，阅读速度极快，一目十行扫过全文后，掩书点评，都能分析透彻，切中要害。写起文章更是精彩词句层出不穷，脑子里的词汇，就像电脑满屏飘飞的弹幕，哗哗地过，而常人脑子里至多零零散散三五个字，可谓云泥之别也。

在那浩如烟海的诗文中，陈巡讲工作，谈人生，说感悟，学富五车，满腹经纶，智慧满满。我精心收藏了部分内容，我想让自己心有所向，让我的心，跟着光走。

陈巡的文字，大致可分三类。

产业类：乡村产业一纵一横一网一群；构建乡村产业"1314"高质量发展体系；三化带三农、城乡共繁荣；乡村食品产业"三赋三食"；打造5D乡村；乡村的七个未来融合；乡村产业革命八要素；开发乡村"十闲"；乡村产业的"根、本、魂"；乡村庭院经济、炕头经济、乡宿经济；乡村财富之母；重塑新乡贤；农业是网状聚集的；乡村可以使中国越过中等收入陷阱……

哲学类：何为意义；何为"跨栏定律"；为何骄傲源自浅薄；为何要三次低头；为何战略决定成败，细节保证不败；为何人生就好比熬粥；为何好的领导能把个人优秀变成团队优秀；如何将抱怨心情变为精进的动力；为何主饼再大也大不过烙饼的锅；为何说世界是孩子的书本；为何说苦难是滋养人的……

美文类：为何醉能写诗；为何要仰望天空；为何说天空有个永恒的春天；为何落叶的宣言从不朗诵；为啥说岁月是一枚美女；为何说青春是朵委屈的泪花；为何说我心自知、不假外物；为何说人生如烟；为何我总把芦花和雪花分不开；如何在井底也能拥有一片天……

这灿烂文字，如春花秋月，似碧水长空。

同为舞文弄墨之人，我深知陈巡的辛苦与付出。苦在其中，乐在其中，矢志不渝，为之癫狂。这也正如他在《七律·起草文件》中所言："匆匆五多年前事，翩翩七篇忆旧之。何处渔歌警句醒，一江凉月载文痴。除却文章无嗜好，独立精神自相思。行无愧怍心常坦，身处乐活气若诗。"好一个"除却文章无嗜好""一江凉月载文痴"！

陈巡不仅写诗，还爱摄影。犀利的眼光，独特的视野，合适的角度，堪比专业摄像师。蓝天白云，红日弯月，朝雾晚霞，细雨飞雪，树枝小鸟，芦花白鹭，林间鸟窝，屋脊落叶，彩虹顽石，高楼街道，金柿稻麦，枇杷红枫，皎皎夜空……这些美妙光影，令人心生向往，令人神怡心旷，也引领我们从他的全世界路过……

关于为何一直将诗歌写下去，陈巡说，一辈子很长，一辈子也很短，一辈子只干一件事，一辈子只干乡村产业。不管什么时候，他总是激励自己抓紧时间、克服懒惰，写下去、写下去、坚持写下去！每天6点起床、跑步、写作，他已坚持8年。光读书不思考，就会变成书的奴隶。自律、坚持、奔跑、钻研、自强不息，成就了他与众不同、光彩照人的独特人生。

日拱一卒，无有尽；功不唐捐，终入海。

在多年如一日的坚持中，陈巡笔力饱满，脚力不断，纵横捭阖，大开大合。他用如椽之笔，写尽了山河美、文化美、乡村美、自然美、生态美。在伟大壮阔的中国特色社会主义新时代，他的文字汩汩流淌，他的热情始终温暖。在我眼中，陈巡有很多身份，诗家，作家，美食家，摄影家，美学家，文学家，哲学家，"三农"专家。他如同一首永远写不完的诗歌，更如同一部卷轶浩瀚的巨著，永远值得我们去阅读、去崇拜、去探索。

然而，陈巡始终是谦虚、低调的。你若说起他那些辉煌成果，他总是爽朗地笑道："没有没有。"可是谁又会不记得呢？"民族要复兴，乡村必振兴"就是出自他之手。那些看似漫不经心的句子，可不是谁都能说出来的，那需要独特的见解与深厚的积累。

还有一句，是陈巡在阐述乡村振兴和产业发展时谈到的，据说是他途经某个高铁站时想到的。"在离城不近不远的地方，住着不高不矮的房子，吃着不咸不淡的饭菜，干着不轻不重的农活，泡着不冷不热的温泉，过着不紧不慢的日子。"几句朗朗上口、通俗易懂的话，高度概括了乡村的美好幸福生活。

陈巡说，农产品和人一样，一定得有个响亮的好名字。就像武侠小说中，闯荡江湖总要有一个响亮的名字，比如令狐冲、风火连城。那玉米、山芋、土豆、核桃树下的鸡蛋怎么取名？可以叫"你好棒""芋见你""乐思薯""核小蛋"等，满眼都是创意和智慧。

水因善下终归海，山不争高自成峰。这一语道出陈巡的虚怀若谷与大将风度。《菜根谭·概论》里有一句话：文章做到极处，无有他奇，只是恰好；人品做到极处，无有他异，只是本然。对此，陈巡也曾说过，有骨文章淡若仙，无瑕人品清如玉。文如其人，言为心声。无须赘言，一直以来，陈巡就是这样的人。

2022年7月9日，我挂职结束，离开北京。国庆假期第5天，看到陈巡的诗《看见过落叶，你还有什么不能放下》，颇受感动。诗中这样写道：

我喊一朵花。它抱紧了身体
寒风一点点剥离，直到花瓣伸展，所有的
相逢都是久别重逢，

你是我之所来，是我心之所归。
世间所有路都将与你相逢。
我将爱你所爱的人间，
愿你所愿的笑颜。

请原谅　我依然写诗
依然在这个尘世上忙碌与热爱
就像雪花的飘落，来自生命的天空
热爱，这样的舞蹈与洁白，
不管我们走到生命的哪一个阶段，
都应该喜欢那一段时光，
完成那一阶段该完成的职责
不深迷过去，不狂热地期待未来
生命这样就好。
多少个想你的季节
在我的记忆里攀爬
走过我的思念，在我等你的路口融化……

2023 年 6 月 18 日，为筹备长三角预制食品交易大会，我随丁春华局长一起，与李祥、周宝梅二位处长进京，拜访了由陈巡介绍的中国食品工业协会、中农智慧、中国轻工业食品联合会。下午，陈巡给我们系统讲述了预制菜的概念和发展方向，提供了交易会建议方案。晚餐是中农智慧的美女负责人王维女士安排的，就在她们单位食堂，任曼还下厨房炒了菜。席间，陈巡提到了一些城市预制菜宣传的经典故事：

以"德"为先，以"德"为鲜，德材兼备；
吃蓝莓、听黄梅，怀宁这里有戏；
吃生态饭，过牛日子；
那山，那水，那云，那雾，那西茶；
……

2023 年 12 月 31 日，农历冬月十九，2023 年最后一天，陈巡发表《七律·年末》，并加注道：

光阴似箭，从不为谁停歇；季节如风，年复一年地轮转。在这个世界上，没有永恒的时光，没有永远的快乐。然而，正是这无常的时光，让我们更加珍惜当下，去追求那些简单而美好的事物。让我们在这光阴似箭的时光里，把握住每一个瞬间，让生活更加充实和有意义。让我们在季节的轮回中，感受到生活的美好和丰富多彩。让我们在这简简单单的人生里，安安稳稳地生活，去领略幸福，感悟快乐。2023，那些温暖和美好，念念不忘；2024，迎着光亮，勇敢出发！愿您晨起有微笑，笑里有幸福！

在这纷繁复杂的世界里，我们要学会简单。放下该放下的，珍惜当下，轻装前行。我们的日子，应该被喜欢的人和喜欢的事充满，每天开开心心，晨起有微笑，笑里有幸福，心里有阳光。我给陈巡留言说："时光知味，岁月沉香，您的诗意人生潇潇洒洒。"他说是的，人生仅有此生此世是不够的，还要有诗意的人生。

现在回想起来，每次与陈巡一起，总能学到很多，邵国昱局长也有同感。离京许久，突然很想念陈巡，便在他的诗后留言：

在我想你的最中央
记忆早已经穿过时间的长廊
怀念你霍霍的诗行
和你仰天畅饮的好酒量
还有那浓郁浑厚的神采京腔
以及笔耕不辍的天天向上
多想和你举杯，来一坛美酒芬芳
不管夜色阑珊、天亮不亮
任凭风吹往哪个方向
你在京华饮着一片晴朗
我在泰州守着一城稻香
有一天，当你来到我美丽的家乡
那也是你阔别已久的故乡
我的泪水不是凄凉
而是再见你的欣喜若狂
……

游园拾趣

　　帝都的千万繁华，不仅在高楼大厦，更在大小园林。颐和园、圆明园、中山公园、北海公园、景山公园、朝阳公园、玉渊潭公园、陶然亭公园、奥林匹克公园……

　　北京人爱逛园子，如同我们爱吃烫干丝、鱼汤面一样。茶余饭后、周末双休，公园是必去之地。跑跑步、蹓个弯儿，约三五好友唠唠嗑儿，已是生活必需。玩是人的天性，在园子里，你会遇到各种快乐痴情的"角儿"。

　　第一次去团结湖公园，偶遇"七一"前空军飞行大队排练，在天空拉出绚丽而惊艳的色带。西门广场上，老年广场舞跳得正酣。一位老太向我招手，哎哟喂，我可不敢哈。听到一段手风琴，便沿湖走过去，柳荫长椅上的大爷正专注演奏，蝉鸣和热浪并未打扰他的闲情逸致。儿时，音乐老师抱着硕大的手风琴，在漏风的教室里教我们唱歌。那琴声飘过安静的乡村，穿透贫瘠的岁月，流进少年的心灵。在北海公园，也遇到一位手风琴演奏者。大爷戴着帽子口罩，演奏着《喀秋莎》，旋律悠扬美妙，一双棕色大头皮鞋格外显眼。旁边有位大爷坐在小凳上作画，地上散落着彩笔和墨盒，他画的正是手风琴大爷，很多游客称赞、鼓掌。两位大爷全神贯注，旁若无人，那一刻他俩是仙家。

　　这天，陈宁来北海公园找我，谁知走错了门，绕了大半个北海来找我。出园时遇到交通管制，便找自行车，走了三里路才在疲惫不堪中找到一辆车，刹车还是坏的。唉，将就着骑吧，总比没车强。我说，有车的感觉，比金榜题名、洞房花烛幸福吧。陈宁一阵大笑。

　　在景山公园，穿过观妙亭、辑芳亭，站上最高点万春亭，气势恢宏的故宫尽收眼底。万春亭是三重檐构造，属于皇家建筑，与天坛祈年殿结构相同。从周赏亭、富览亭下山，穿过牡丹园，去寻找永恩殿山门西侧的千年老槐。此树胸围 6 米有余，冠高 20 米，远看高耸挺拔，枝繁叶茂。老槐主干已经空朽，依靠五六根木柱撑着，可不知何时，树干中又长出一株小槐，迎着风雨蓬勃长出来，成为景山公园里神奇的怀中槐。东面广场上，大爷们正踢着毽子，一只金羽长毽在众人脚下飞来飞去。大爷们身姿矫健，短衫短裤，热汗腾腾，鞋面、脚弓、脚背、脚后跟儿轮流上阵，几十回合毽子也不落地。不管毽子来自哪里，只见大爷们迅速移步，瞄准，脚下稍一发力，那毽子便又飞蹿出去。也有"失足之恨"，"哎哟喂，这回没瞅准"，"哎哟喂，这回劲儿使大喽"……

一次去江苏大厦开会，路过月坛公园。南北大道上，踢毽子，打太极，舞彩绸，那叫一个热闹。忽听得一阵快板声传来，那凉亭里已是人山人海。一个音箱，两支落地话筒，老者站在亭中，一对快板儿都打出花喽。

大家好，今天来给大家说一段快板儿。说什么，就说些抨击社会不良的，激发人们情感的，启迪大家思想的，还得让您听着好玩的。我要说那，专说那大伙儿爱听的，听完了让你解气的，幽默的，还能引发各位回味的。看当今，咱们国家发展可了不得，欣欣向荣是可观的，取得的成绩是辉煌的，人们的生活提高的水平是够快的，是党的政策带来的，也是我们党英明领导的。香港回归是可喜的，澳门回归是可贺的，举办奥运是成功的。加入世贸是自豪的，与世界接轨是自然的，首都北京繁花似锦、到处是多姿多彩的，老百姓是善良的，中国人民是友好的。

我们的党，是强大的，是代表人民利益的。咱们的国家是法治的，党的国法是严明的，前进的道路是光明的，今天的生活是美好的，党的阳光是温暖的，人民是顶天立地的，我们要一心一意听党话，人间是绚丽多彩的，人——间——是——绚——丽——多——彩——的！

一打一唱之间，这抑扬顿挫、精彩绝伦的快板儿，让游客免费接受了一次社会主义核心价值观教育。之后，两位少年登台，口齿伶俐，口吐珠玑，十几分钟的说唱如行云流水，让人喜欢，让人惊艳，让人折服。

说实话，这些"角儿"玩得投入，玩得优雅，玩得高大上。爱一行钻一行，越爱越钻，越钻越专。玩儿，成就了北京人的气质，也在举手投足间滋养了首都文化。

一天傍晚，漫步什刹海，疏影映夕阳。京杭运河积水潭港的小广场上，一阵铿锵的手鼓，打破了初冬的宁静。《当那一天来临》，英勇壮烈。《小宝贝》，欢快俏皮。领队坐在当头，其余七八人对坐，清脆悦耳的鼓点中，一位红衣女士优雅起舞。他们的手鼓各有特色，座鼓、小腰鼓、巴西长鼓、新疆手鼓，鼓身有红有黄，很是绚丽。帽子也炫，旅行帽、鸭舌帽、小毡帽、渔夫帽、毛线帽。口罩呢，白的，黑的，浅蓝、深蓝，还有一抹橘红。年龄不一，岗位不同，爱好却一致，真好。

5月的北京很美，风吹浓荫，绿意葳蕤。朝阳公园内，长长的滑索可带你飞越湖面；丛林主题公园能让你在意杨林中挑战自我；儿童乐园各种设施能让孩子嗨上一整天；健身步道上，男男女女正挥洒着淋漓汗水……

端午假期，骑车前往东四环红领巾公园。跳舞，跑步，钓鱼，拍鸟，大爷大妈们都很忙。园子东北角，东四环凌空跨过公园，双新立交桥直扎湖底。东南角的栅栏小道旁，老人吹着小号，老伴唱着《草原恋歌》；一对老夫妇演奏葫芦丝，中年男人深情唱响《军港的夜》《洪湖水浪打浪》。在北京各大公园，永远都有一群深藏不露、身怀绝技的人才，他们指间弹着高山，胸中抱着湖海……

公园西南角红领巾广场，矗立着一块长征石碑，落款为北京国际青年营、朝阳区红领巾公园：

1934年10月至1936年10月，红军先后辗转14个省，突破几十万敌军的围堵封锁，缔造了人类史上的不朽奇迹。长征是人类近现代战争史上，凡人谱写的英雄史诗。时至今日，战争硝烟已经散去，曾刀枪相见的地方已恢复安宁。当前辈们的浴血奋战化作今天的富足安康时，我们又该怎样面对这段历史？公园两千五百米的健康步道，对应着两万五千里长征路，希望世人能够永远铭记那段苦难辉煌。

广场两侧，塑有八位少年英雄大理石雕像，王二小（王朴）、刘胡兰、小萝卜头（宋振中）、雷锋、卓娅、张锦辉、罗志群、邓金娣。8座雕像中，宋绮云和徐林侠的幼子小萝卜头最让人心痛。牢房中，小孩露出半张脸，手握铁窗，凝望远方，那是对自由的渴望。这个一生从未走出牢房的孩子，在新中国成立前24天，于重庆白公馆在母亲面前被敌人刺死，牺牲时不到9岁。小萝卜头的遗骸被发现时，他的两只小手死死握在胸前，紧紧攥着狱友老师送给他的一小截红色铅笔……石碑上是张润垲的一首小诗："蝴蝶啊我送你出铁窗，心儿啊与你一起飞翔，当你在阳光下起舞的时候，可别忘了，小萝卜头在这黑暗的牢房！"

这些为民族为国家牺牲的少年英雄，这些没有享过一天福的孩子，是我们这个时代应该牢记并尊崇的。

三千军马踏雪泥

2021年7月，第29届中国天马国际旅游节，在辽阔的天山脚下揭开序幕。彩旗猎猎，骏马疾驰，演员们身着七色盛装，以一曲曲热歌曼舞，迎接远方宾朋。

歌舞暂息，主持人请出30位七旬老人，面向观众站在一排。他们身后，国旗迎风飘扬，七只彩色气球下，10个殷红大字绚丽而醒目，"永远跟党走，策马新时代!"远方，是连绵起伏的群山。

这些胸佩红花、脸庞黝黑的老人是谁？隆重热烈的天马节与他们有什么渊源？一段尘封的故事浮出水面……

时间回到1976年7月28日凌晨，河北唐山突发7.8级大地震。

抢险救援结束后，急需灾后重建。可当年物资匮乏，百业待兴，连运输工具也很缺乏。10月，解放军总后勤部要求新疆部队无偿支援唐山灾区4550匹军马，其中，昭苏军马场承担3000匹军马的运送任务。由于没有运输工具，3000匹军马只能通过人工赶送到乌鲁木齐，再乘火车到唐山。昭苏县随即选派90多名年轻的牧工，他们的任务就是将3000匹膘肥、体壮、口轻的天马送往唐山。为完成护送任务，解放军将士与牧工们并肩战斗，共同护送军马。一路上，他们护着马群，风餐露宿，历尽千辛万苦。

由于沿途草场和随行保障能力有限，昭苏、特克斯、泥勒克3个马场干部牧工分批出发，爬天山，过沼泽，翻雪山。一路上，地形复杂，群山起伏，沼泽连片，狼群出没。每到一处站点，牧工们顾不上吃饭喝水，首先给军马加水添草，心中记挂的永远是军马的平安。一天，马群翻过一座高山，在沼泽地附近安营扎寨。深夜，惊现狼群，马匹受吓四处逃散。几十匹军马误入沼泽，越陷越深，紧急时刻，值班牧工霍查纵身跳入沼泽，在齐胸深的泥浆里抢救军马。在战友们的配合下，大家冲进泥泞，用手抱、用绳子拉，一匹一匹地救，奋战一个多小时，才将军马全部救上来。

从昭苏到特克斯，再到新源县，翻越雪山到乌鲁木齐，一路坎坷惊险。

翻越胜利达坂时，正值天寒地冻，冰天雪地。山路崎岖难行，原本狭窄的小路被风雪掩埋，3000匹骏马挤在山腰间，前后绵延几十千米。路太滑，军马不愿向前，好多马摔倒，前后挤促在一起，情形非常危险。

时间在风雪中凝固，时间也在风雪中飞扬。这时，牧工们一起高唱着"红军不怕远征难，万水千山只等闲"，以不怕牺牲的大无畏精神，硬是用铁锹、铁铲在冰天雪地间凿出了一条一米宽的小道。大家顶着暴风雪，牵着马匹，喝着雪水，啃着干粮，在海拔3600米、只有雄鹰才能飞过的地方，一步一步踏过脚下的冰雪，身旁就是万丈悬崖。就这样一路豪歌一路雪花，这群人用赴死的决心和必胜的信心，踏过悬崖百丈冰……

经过40多天长途跋涉，翻过近10座雪山，行程2600多千米，历经重重艰辛，他们终于把战马送到乌鲁木齐。

七月骄阳似火，大家将马匹运上火车，与马匹一起吃住在车厢。气温很高，粪便刺鼻，马粪常沾到大家身上，但牧民们没有一个介意，依然像照顾孩子一样照料着马匹。当时有匹烈马，不习惯车厢，三天三夜没饮水。17岁的小牧工哈拉太看在眼里，急在心头。为了让马儿喝水，他跨过栏杆跳进马群，一手抓住马鬃，一手托着马的下巴，使劲向外拉。烈马怒了，一口咬住他的手臂，顿时鲜血直流，疼痛锥心。但哈拉太没松手，他咬紧牙关，忍住疼痛，硬是将马强行拉到栏杆前，按住马头，让马饮上了水。还有一匹马在车厢里生下了小马驹，指导员杨贵喜上眉梢，从战士手中接过小马，用白毛巾擦去小马身上的脏物。有一匹马生了疮，随行兽医、新疆军区后勤部军区检验所副所长韩志国，小心翼翼把疮口里的蛆虫一个个拣出来，又在疮口上敷上药物，精心治疗，日夜守护……

16岁的哈萨克族小牧工托哈塔尔巴义，第一次参加赶马。他年小志高，斗志旺盛，与同伴们一起克服了重重困难。蒙古族牧工卡克卡在送马途中摔断了腿，打着夹板坚持送马。一位50多岁的牧工行至巴音布鲁克时，犯了腰病，但他咬着牙、撑着腰，在门诊进行了简单治疗扎针后，一直坚持走到乌鲁木齐，后来又跟着队伍到了唐山。

在火车上，经过6个昼夜的颠簸，他们抵达唐山。三千军马一匹没丢，还多了七匹小马，同时还有带来的10万斤精饲料。8月底，当地政府和群众为送马队伍举行了盛大的欢迎仪式，给每人赠送了一只陶瓷杯，杯子上印着"万里送军马　军民情谊深"。从昭苏运来的军马，很快被分配到灾区各县各村拉运物资、耕作田地，为唐山震后重建做出了巨大贡献。

1977年8月29日和9月27日，《唐山劳动日报》刊发《万里送军马军民情谊深》《征程万里军马来》两篇报道。7月21日，《伊犁日报》第二版刊发《骏马寄深情》。

在早已泛黄的报纸上，牧工们这样说："灾区人民的困难，就是我们的困难"；"想到灾区人民，浑身是力量"；"送给灾区的马，一匹不能损失"。我还发现一张黑白照片，是70多名送马牧工在周恩来总理题写的"穷棒子"牌匾前合影，牧工们都很瘦。穷棒子，是旧社会对穷苦农民的蔑称，但在这里，"穷棒子"却代表着一群纯朴、可爱、无私、善良又让人倍加敬重的乡亲们！

这些珍贵的历史纪录，是前几年昭苏县在天马文化博物馆布展时无意间发现的。穿越时间隧道，再次回望这些文字图片，我们依然充满感慨，充满敬意。最美丽的鲜花、最热烈的掌声，都属于他们。

2022年12月10日，从昭苏镇党委书记擢升为昭苏景区党工委书记、县林草局党组书记的陈炯，发来文章《遇见昭苏，预见未来》，告知正在规划建设亚洲第一的国际滑雪场，让我帮忙修改旅游招商脚本。第二天在办公室，我通读文章后，建议从回顾历史、畅谈今天、展望未来三个维度进行讲述，三段标题分别为"昨天，文明的古迹熠熠生辉""今天，天马的故乡风景独好""明天，奋进的昭苏扬帆远航"。第二部分讲三点，"心的家园""马的乐园""冰的天堂"。陈炯书记很是感谢，说我有画龙点睛之功。

我告诉陈书记，手头有一个唐山大地震时昭苏县无偿支持唐山市3000匹军马的故事，再加上昭苏知青精神，这篇旅游招商文章就完美了。经我这么一说，陈书记甚是开心。

中华民族，有着五千年光辉历史。中华民族，也有着感天动地的人间大爱。一方有难，八方驰援，众志成城；青山一道同云雨，明月何曾是两乡；56个民族，永远像石榴籽一样紧紧抱在一起！

即便时间已过去40多年，但岁月长河里，总有些历史永远不能被遗忘。跨入中国特色社会主义新时代，这些故事应当让更多人知晓、铭记、传颂，这种精神更值得我们学习、弘扬、传承，它激励着我们在促进中华民族伟大复兴的征途上团结一致、凝心聚力、奋勇向前！

风雨骑手

　　京城有这样一群人，他们戴着头盔，骑行的车后有只储物箱。时间就是生命线，为了准点到达，他们在城市里风驰电掣，疾行在车道上。他们就是身轻如燕的骑手，风里雨里都得向前。

　　都市生活节奏快且高效，只要动动手指，线下便会有素不相识的陌生人为你奔跑。北京 2000 多万人，每天仅外卖订单就有 40 多万，这还不包括商场、超市、药店。无论哪个角落，只要有定位，骑手就会穿越忙碌的都市，将快餐、食品、药品在最短时间内送达。北京的非机动车道大多一米左右，还有单车、行人，骑手们的电动车、摩托车穿插其中，或加速或急刹，左摇右摆，蛇行一般。眼睛稍一眨，他们便会从身边挤插过去，迅速消失在视野中。记得，我买过红景天，还有一次雪后摔伤买过红花油。下单后，预计送达和骑手实际送达时间，确实是分毫不差。

　　突然想起一部纪录片里的布隆迪骑手。在这个非洲国家，香蕉是大多数人赖以生存的作物。从田间到卡扬扎交易市场，很长一段是山路。下山，骑手迎风而下，眯起双眼，顺风顺意，如同俯冲觅食的鹰。一辆早已被国内淘汰的二八大杠，驮着三四百斤香蕉，不带刹车，沿山路俯冲，时速最高可达 70 千米。这足足为"中国造"炫了一把。上坡就没那么容易了，只能拼尽全力，不进则退，一慢就倒。骑手们要么使出吃奶的劲，要么花点小费请人帮忙，路边满是可雇的推手，只要给钱就行。运气好的话，骑手们能搭上卡车的后挡板，一群人游戏接龙一样跟着，就跟我们小时候扒拖拉机一样。但危险极大，因为你不知道卡车什么时候加速、刹车。一旦出现突发情况，轻则摔倒，重则被车撵伤甚至送命。据说，这些骑手辛苦一趟能赚 2 欧元，相当于 15 元人民币。虽然收入不高，但为了生活，他们根本顾不上自身安危。

　　关于外卖骑手的工资，我请教过其中一位年轻人。报酬主要由准时率、出勤率、好评率、送货次数等因素构成。每送一单大概能挣 8 元，夜间送货有 2 至 3 元加班补助，最高一单能达到十几元。按每天平均 40 单估算，每天收入 300 多元，月薪万元左右。如果每单按 15 分钟计算，就是 600 分钟，至少 10 个小时在路上。尽管这份工作门槛低，收入尚可，但骑手必须风雨无阻，每一分钱里都饱含汗水。压力来自平台，也来自投诉，两边都是逼仄空间。平台考核严，客户要求高，骑手成了风箱里两头受气的老鼠。

此前，××市曾发生骑手杀人案，两条人命，毁了三个家庭。犯罪者得到严惩，教训极其深刻。但换个角度，第三方平台对骑手的要求是否过于严苛，考核内容是否精准客观，考核方式是否简单粗暴，值得深思。除了好评、差评，是否可以增设"中评、中上评、中下评"呢？处罚力度与扣款金额是否应该适当降低，是否应以教育引导为主呢？这血淋淋的命案，能否推动外卖行业环境改善，能否更好地保护骑手和消费者呢？

偌大的城市，骑手随处可见。午饭或晚饭时分，三五辆电动车停在路边，一字排开。骑手们站在车旁，时刻关注着手机订单信息，又不时看向店里，这一刻他们是起跑线上的运动员，订单就是发令枪。几乎每天的早 6 点、中午 12 点、晚 6 点，餐馆、商超门前，都有骑手蹲点守候。他们大多来自外省，文化水平不高，不一定有稳定的劳务关系，不一定有能力维权。他们衣着朴素，生活节俭，可能五六个人挤一间宿舍。

骑手多为男性，也有少数女性。有一位女骑手便帮我送过快餐。她全副武装，戴着头盔口罩手套，几乎看不清面容。她在门外对我说，您的快餐，有些菜可能有调整。在把快餐递给我的一瞬间，她转身急匆匆直奔二楼。也是够赶的。我若住 6 楼，她也只能一步步爬上去。我若买上 50 斤米，她只要接了单，也只能靠肩膀扛上去。在起早贪黑、辛勤奔波的骑手行业，女性也是够难的。

每天下午上班，都要经过京麦隆超市团结湖店。这时是骑手的空闲期，太阳照着大街，寒风也停了，一切都是温暖的。三五辆车，停在路边，一字排开。有人坐在车上抽烟，有人边打游戏边吃花生米，有人蹲着打牌。也有午休的，电动车便是行军床，两只脚交叉搁在电动车龙头上，后背靠着储物箱，帽子压过眼帘，戴着头盔的脑袋斜在一边，储物箱的绑带上塞着一瓶矿泉水。即便是睡着了，双手依然把手机拢在胸前，像是随时准备接单出发……

西北风刮起来的时候，北京开始供暖，室内很惬意，但室外是很冷的。圣诞节那天，北京零下 9 度，据说体感温度零下 17 度。那晚回宿舍，脚踝冻得生疼，脖子上的围巾几乎僵硬了。但还能看到骑手。只要有单，冷算什么？黑头盔，冲锋衣，厚手套，油门一加，跑呗。突然想起大学毕业刚工作时的我，骑着山东济南产的轻骑野马，行驶在冰天雪地中，以为有了头盔手套，寒冷便与我无关。

"五一"假期，奥密克戎疫情又起，五六个区实行居家办公，与生活无关的营业场所全面关停，所有饭店关闭堂食，公交、地铁对管控区域实行甩站，市民"非必要不出区"。我们捡了一个月假期，不能去部食堂吃饭，不能去朝阳、丰台、海淀、房山区。有一天傍晚去散步，意杨近在咫尺，车流飞驰而过。上天桥时，遇到一位骑手。只见他放慢车速，紧挨着右侧栏杆，左脚蹬着楼梯，右脚踩到踏板上，车子向左边倾斜，恰好将轮胎压在15公分的斜坡上，小心翼翼地往下滑行。也有方向力度把握不准的，车子便会在楼梯上"咯噔、咯噔"直往下窜，硌了屁股的肉不说，还极有可能翻车。东西摔碎是小，人摔坏可就亏大了。还有一次，也是在天桥。一位骑手蹲在车旁，我以为他在修车，走近才看到他正手捧塑料盒扒饭，当时是8点半。从旁边走过，没看清他吃啥。辛苦的小哥，生活不易，请照顾好自己，且行且珍惜。为他们提笔时，眼前又闪现出他们的身影。

我曾在微亮的晨曦中见过他们，起得比常人早，因为他们心中有任务；

我曾在炎热的晌午时见过他们，晒得比常人黑，因为他们头顶是烈日；

我曾在呼啸的寒风中见过他们，穿得比常人多，因为他们面前是寒风；

我曾在空荡的深夜里见过他们，睡得比常人晚，因为他们肩上是责任……

这些风雨骑手，起早贪黑，不辞辛苦。他们怎么可能不知道有风雨？他们又何尝畏惧过风雨？有时候，爱人的一句关心，亲人的一个电话，孩子的一声呼喊，便是他们的铠甲。

2023年春晚，平淡无奇。不过，我觉得有一首歌非常不错，那就是黄渤演唱的《小哥》。这首由"80后"音乐制作人、歌手高进先生作词作曲的《小哥》，文字写实，曲调悠扬，朗朗上口，积极向上。在影视圈，黄渤人气爆棚，凭借他的演唱，这首歌很快登上热搜。

奔忙在城市之中，车水马龙，

那里有我的梦，

曾有一道光照在我心中，它的名字叫笑容。

即刻即刻快点出发，我的梦想总会到达，

爸妈健康孩子长大，奔跑的小哥在路上。
那风吹不走我的愿望，马路就像我的家乡，
那雨浇不灭我的心中，燃烧的那颗太阳。
啦啦啦，啦，啦啦，啦啦啦，啦啦，啦啦
……

歌曲唱出了快递小哥的心声。一个个看似坚强的小哥背后，其实也是芸芸众生。

灯火诗书如梦寐

2021 年 11 月 6 日，立冬前日，北京小雪。

由中国艺术研究院书法院、江苏省书法家协会、南京市文化和旅游局主办的"灯火诗书——曹洋书法作品展"在中国美术馆开展。曹洋先生是姜堰人，钻研书法 30 余年，先后师从张锡庚、管峻先生，现为南京书画院专职书法家，江苏省 333 高层次人才培养工程培养对象，江苏紫金文化英才，国家一级美术师，中国书法家协会会员，中国文艺评论家协会会员，有《高二适研究》《高二适书法的格调》《天下一高》等著作。作为全省知名书法家，曹洋先生的书法追求古气与书卷气，他主攻行草书与隶书，形成了取法经典、风格鲜明、文气浓郁的书风，作品多次入选全国"兰亭奖"佳作奖、行草书展最高奖、国际书画艺术节优秀奖等，并被多家博物馆收藏。

三天前，刘月梅问我是否熟悉姜堰书法家曹洋，我说老朋友啦。次日晚，在前门大街上的老根山庄，终于等到阔别四年的曹洋老师。大家纷纷预祝书法展览圆满成功，推辞再三，曹老师只小酌一杯。席间，他电话不断，一直在与北京书法界和媒体、报社的领导嘉宾朋友沟通联系。

7 日上午，雨夹雪，吃完午饭便赶往中国美术馆。不巧的是，前晚下雪，把左脚摔伤了，红花油使劲儿抹了一遍又一遍，一瘸一拐赶往美术馆。徐友金、俞学义、刘月梅等人已到，泰州市原政协主席王守法也来到现场。准备工作紧张有序，安排会场，发放书画集，准备签名簿，联系嘉宾，我坐在迎宾台旁照应。嘉宾陆续到达，曹洋老师笑脸相迎，请至大厅。趁着不忙的间隙，曹洋老师拿出纸和笔，伏案准备着发言稿，一句一句，停顿思索片刻后又继续往下写。

临近开幕式，突然下起雨来，一个个水花啪啪摔到地面。又有几位领导到达美术馆，曹洋老师一手接着电话，一手抓起名单，连伞都没得及拿，便冲进雨幕接人。我也急啊，腿不能动，哪怕替他打个伞也好。滂沱大雨中，嘉宾们先后被接至大厅，依次签名留下墨宝，各自入席。

3点稍过，曹洋书法作品展拉开帷幕，中国美术馆展览部负责人邵晓峰主持开幕仪式。

在热烈的掌声中，全国政协常委、中国美术馆馆长、中国美协副主席吴为山先生发表了热情洋溢的致辞。吴馆长一头长发，身着一身西服，胸前系着一条紫色方巾，侃侃而谈，风度翩翩。吴馆长谈及，曹洋秉持江西诗派"活法为诗"的创作理念，从经典碑帖入手，广泛撷取，临池不辍，出入晋唐，盘桓明清，风标自远，自得书卷清韵。其后，吴馆长又谈到曹洋老师创作的酸甜苦辣、低调谦逊的为人，以及几十年如一日的孜孜不倦。一段温暖真挚的言语，让我们看到了一位亲和、丰满、真实、立体的人民书法家形象。

中国艺术研究院书法院副院长戴幼楠，代表书法院院长管峻宣读了贺信。管院长高度评价曹洋老师的书法，起步隶书，源于章草，落笔于"二王"行书，始终充满书卷气，融入了篆隶笔法和章草技法，使之避免落入舔滑俗态，使作品彰显出高雅格调。中国书协篆刻委员会副主任、西泠印社副社长李刚田说，这次展览笔墨与技法并重，充分呈现了"江西诗派"及其代表人物的艺术魅力和精神力量，既可视，更可读。南京市文旅局副局长、书画院党委书记尤荣喜，充分肯定了曹洋老师在书法创作和研究方面取得的杰出成绩。

最后，曹洋老师在热烈持久的掌声中致答谢词。没有西装革履，没有精心打扮，也没穿锃亮的皮鞋，依然是圆领羊毛衫，浅蓝色牛仔裤。如果不是在中国美术馆，如果不是站在舞台中央，如果不是站在聚光灯下，你可能不敢想象这位著名书法家是如此素朴自然。

站在话筒前，手里拿着红色稿纸，曹洋老师有些激动。他说，昨天还和老婆通了电话，谈及来北京办展览，说自己最初不过是乡野一位中学老师，一路走来，受到很多师友帮助，说自己何德何能，能够走到"中国艺术的最高殿堂"中国美术馆举办个人书法展。听得出来，曹洋老师的声音有些颤抖，中途几度停顿，忆昔哽咽，不能自已，台下掌声雷动，响起一阵又一阵鼓励。这一路付出，个中辛酸，孤灯独影，旁人又怎能体会。讲话最后，曹洋老师已是热泪涌流，他感谢了很多人，领导、前辈、师友、学生。结束讲话前，曹洋老师向台下深深地鞠了一躬，在那一瞬间，我看到了曹洋老师的鬓发如雪……

随后，吴为山馆长等领导嘉宾参观了展览，江苏省委宣传部副部长徐宁、省文联党组书记水家跃、省文旅厅副厅长常胜梅也专程前来观展，《中国美术报》、央视网、学习强国网、北京卫视、雅昌网、北京杏坛美术馆进行了密集宣传报道。江苏省作协签约作家、泰州地方文化学者、海陵区文联主席徐同华，也从千里之外给曹洋老师发来祝贺。

曹洋老师的作品，书卷翰墨，妙趣横生，我很喜欢。入帖如神，出帖若化，游刃有余，从容不迫，让人赏心悦目。作品之中，犹爱两句。"读书多节概，养气在吟哦"，意即多读书，读好书，便能修身养性，平心静气。"灯火诗书如梦寐，麒麟图画属浮云"，出自宋黄庭坚《次韵外舅谢师厚喜王正仲三丈奉诏祷南岳回至襄阳舍驿马就舟见过三首》，极具意境。明月如水，夜阑人静，向晚无眠，在一盏灯光中饱读诗文，吹灭读书灯，满身都是月，不正是历代中国文人的孜孜追求，不正是曹洋老师数十年钟爱书法、挥笔泼毫的真实写照吗？

高山安可仰，徒此揖清芬。

在我心中，曹洋老师如同一座巍峨的大山，书法造诣登峰造极，学术建树高山仰止，而我不过是山腰间不识庐山真面目的行者。评价他，我是谨慎而胆怯的，我深知自己既无山峰之高度，亦无全域之视野。尤其在读完卢俊的几篇书评，以及早年郁建中先生的《魏晋风骨，庙堂之气》之后，更觉难以下笔。一方面，我与曹洋老师属于君子之交，谋面交流不多；另一方面，我是书法界的门外汉，故不敢妄言。好几次，我都是鼓起勇气，鼓励自己继续往下写的。

在60多件作品、书稿、教案手稿长卷中，曹洋老师用行云流水的笔法，诠释了书法的诗性美与人文美。中国艺术研究院研究员、博士生导师陆明君，对曹洋老师大为赞赏，认为他大字小字皆擅，大字雅正而浑厚，小字自然而轻松娴雅。北京未来之音董事长、知名书评人卢俊这样说，艺术的本质，其实还是哲学，就是你用艺术手法表达认知世界的方式，表达我们对自我、世界和复杂关系的思辨。但大部分艺术家只在技术层面努力，在哲学层面毫无建树，有态度、有思想的艺术，才是好的艺术。这，无疑是对曹洋老师书法功力、文学造诣及人文情怀的最高评价。这些年，曹洋老师的书法展与毕加索大师手工陶瓷作品展一起在江苏画院举办；完成《美哉江苏，咏苏诗词百首》106件扇面创作；在南京大学举办讲座"汉字，让我们诗意地栖息于家"。尤其值得一说的是，曹洋老师的著作《永远的高二适》收录于中国美术馆出版的《高二适书法格调》……

关于办展的用意与初心，我曾经与曹洋老师聊过。

他说，展览以"灯火诗书"为主题，所书作品内容绝大部分是江西诗派的诗歌、诗论、诗话，主要有三层考虑。一是向高二适先生致敬，因为高先生一生致力重振江西诗派，曹洋老师研究高老，感受最多的就是高先生对文化的守护精神。二是向江西诗派致敬。江西诗派是中国文学史上第一个有正式名称的诗文派别。宋徽宗初年，吕本中作《江西诗社宗派图》，把以黄庭坚创作理论为中心而形成的诗歌流派取名为"江西诗派"。杜甫被称为"江西诗派之祖"，黄庭坚、陈师道、陈与义三人被称为"江西诗派之宗"。诗派成员多受黄庭坚影响，创作以吟咏书斋生活为主，重视文字的切磋推敲。后来，江西诗派成为对中国古代诗歌影响十分深远的流派。三是呈现诗性美与书法美相融合的中国文化美。在古代，诗歌和书法是完美结合的，现代的展览则显得苍白、空泛。什么是好书法？那就是所有的学术和文化应尽在其中，而不仅仅是瞬间的视觉行为。曹老师的话让我茅塞顿开，也更深切体会他的用心良苦。

关于曹洋老师，有几件事一直记得。

2016 年 11 月 4 日，曹洋老师完成了"九畹讲坛"《天下一高——高二适的书法生活》书稿，八米多长，并感谢张天翼先生给予其再次走进高老的机会。我一幅幅看过，字字端庄，句句清秀。欣赏数遍，甚觉美妙。这是一份沾满汗水的长卷，笔墨所指，心力所至。观之，若山顶流云，抑或山间翠竹，汇聚了一位书家的执着与矜持。曹师笔下，洋洋洒洒，用尽洪荒之力。一笔笔，随手拈来，一行行，如诗如画。八米长卷，八面玲珑，八面威风，八斗之才。为曹洋老师点赞！

曹洋老师赠我三首毛主席的诗，并将装在信封中的诗稿亲手交给我。《水调歌头·重上井冈山》："久有凌云志，重上井冈山。千里来寻故地，旧貌变新颜。到处莺歌燕舞，更有潺潺流水，高路入云端。过了黄洋界，险处不须看。风雷动，旌旗奋，是人寰。三十八年过去，弹指一挥间。可上九天揽月，可下五洋捉鳖，谈笑凯歌还。世上无难事，只要肯登攀。"《清平乐·六盘山》："天高云淡，望断南飞雁。不到长城非好汉，屈指行程两万。六盘山上高峰，红旗漫卷西风。今日长缨在手，何时缚住苍龙？"《七律·人民解放军占领南京》："钟山风雨起苍黄，百万雄师过大江。虎踞龙盘今胜昔，天翻地覆慨而慷。宜将剩勇追穷寇，不可沽名学霸王。天若有情天亦老，人间正道是沧桑。"

人间正道定是沧桑之路。日拱一卒，几十年如一日，曹洋老师在书法长河中自律奋发，吾辈更当学习致敬。

女儿在姜堰中学读书期间，不太擅长作文，曹洋老师知道后，主动介绍语文教研组组长帮助指导。事虽过去多年，但对曹洋老师的这份古道心肠，我久存感激。

曹洋老师老家是兴泰镇，与高二适先生同村，高二适、黄宾虹、白蕉、李志敏被称为"20世纪文人书法四大家"。我去过姜中附近的高二适纪念馆。这么多年，曹洋老师一直以高先生为学习榜样和精神导师，沿着他走过的道路坚定前行。正如他自己所言，从乡村中学走到南京书画院，再走向中国美术馆，这有多少不容易，中间要经历几多坎坷。在追寻艺术的道路上，有人止步，有人放弃，有人驻足。没有九九归一，又何来正果大业。曹洋老师的成功，更多是靠一种内生动力，勤勉笃行，向阳而生，日登月攀，孜孜以求，朝着自己的书法学术梦想一步步攀行，一点点掘进。那不仅是艺术的坚持，更是生命的绽放。

书法展举办期间，数千人慕名前往参观。因为疫情，加之其女即将成婚，曹洋老师在书法展开始几日后，便匆匆返泰。曹洋老师的女儿是才女，临摹过王铎的书法，龙飞凤舞，笔走龙蛇，令人赏心悦目。曹洋老师说，女儿自幼喜欢涂鸦，工作后也常以此为乐打发闲时，令他甚为欣慰。有一次，他女儿还花费2000多元购买了一本英国人编写的《艺术博物馆》，据说有10多斤重。父母是孩子最好的榜样，曹洋老师的言行，堪称女儿人生最好的教程。

现在回想起来，能在挂职期间，在疫情不定的日子里，与曹洋老师相遇北京，参加他的"灯火诗书"书法作品展，并为之鼓掌欢呼，我深感荣幸。对于灯火诗书，我有三层理解。

首先是一份初心，不忘初衷，义无反顾地热爱。

其次是一种坚持，经年累月，持之以恒地付出。

最后是一种指引，微火之光，独自明亮，生生不息。

有一次，曹洋老师谈到年轻时练字的经历。20世纪80年代，乡村中学校舍简陋，西北风经常穿越并不严密的墙缝。清寒之夜，曹洋老师在宿舍专注于一行行一卷卷书稿，全身微汗。窗外的寒风一阵阵蹿进来，他没有停歇，然而笔尖却逐渐凝滞难以下笔，原来墨碗中的墨汁已然凝固。在凄清的寒夜中，在独明的灯光下，在没人注意的角落里，坚持着自己的坚持，孤独着自己的孤独，奋斗着自己的奋斗，这便是灯火诗书最生动的解释了。

见说前头山更好，且留好句未须吟。经多方努力，曹洋老师在中国美术馆的个人书法作品展取得圆满成功。在此，也祝愿曹洋老师生活之路美满，艺术之路常青。

三联书店的时光

周末闲来无事，便去三联韬奋书店。

三里屯太古里，京畿繁华之地，时尚街店鳞次栉比，人流如潮。没想到，闹哄哄的商业街区里竟然还有个书店，闹中取静，独自芬芳。书店的创造人邹韬奋，1926 年担任《生活周刊》编辑，1930 年在全国有 60 多处分店，最高发行量 15.5 万，创造了中国期刊发行的纪录。邹先生是我国近代著名的记者、出版家和革命活动家，曾流亡国外并入狱，影响力非同一般，对中国新闻出版业产生了深远影响。

第一次去，便排队，有点意外。在自媒体时代，实体书店早已门可罗雀、风光不再。泰州茂业天地地下一层的蓝亭书城，规模居泰州之首。负责人倪春涛是靖江生祠人。我去过几次，书香浓浓，却人迹罕至。书店一角，学习用品倒常有学生光顾。倪总说，人们现在都是手机快餐阅读，书店越来越难做，看书的不多，买书的更是凤毛麟角。

这些年，我进过不少书店，还是第一次遇到限流。如果没有疫情因素，倒是希望多几个限流书店。只有读书的人多了，家庭才能兴旺，民族才能自信，国家才能强大。

等候时间不长，10 分钟。一楼东面是茶吧，出售咖啡、奶茶，临窗位置早已满座。中间吧台两侧不少读者捧着饮料。西半面是书架，上下两层木栅格，码放着各种书籍。屋顶的光，照着五颜六色的书脊，蓝白红黄，富丽堂皇，美感十足。如果知识有模样，兴许就是这样吧。

楼梯是实木旋转型，10 多级台阶，坐满了大人小孩。大家戴着口罩，捧着书本，靠右侧书架坐着，左边让出一条通道。没人讲话，唯有翻书声，这是世上最美的声音。缓步走上二层，木板吱吱嘎嘎，右侧是 6 层图书。明亮的灯光旁，垂下一排煤油灯，铜盖子，葫芦形玻璃樽，灯芯如同燃烧着的小火苗。虽是旧物，也曾陪伴过许多读书人，这退出历史舞台的煤油灯，依然温暖着当代人的读书时光。

拐角处，一个小男孩席地而坐在看书。几位女中学生从我旁边走过，齐耳短发，运动鞋，穿着套裙。前面不远，三位年轻人盘着双腿，背包搁在一旁，一手捧书，一手对着笔记本记录。从二楼俯瞰，九成座位都满了，有人面前一杯茶，有人手中一本书。恬静的光影在这里重叠，历史的烟云于这里交汇，浩瀚的世界从这里铺陈……

　　手指，沿着书脊慢慢平滑过去，是陈华胜先生的《一起去看宋朝的活色生香》。

　　"这是一场通往精致、富庶生活的探索之旅，书卷气、烟火气、乾坤浩然气跃然纸上。现代人的许多生活方式、审美价值观，都可以在宋朝找到根源。"提及宋朝，赵匡胤杯酒释兵权、王安石变法、岳飞抗金、靖康之耻、文天祥的"人生自古谁无死，留取丹心照汗青"，都家喻户晓，还有崖山亡国海战中，背着8岁南宋少帝赵昺投海自尽的丞相陆秀夫，投海而亡的十万余军民……政治腐败，昏君奸相，积贫积弱，人们心中的宋朝多是悲壮。但在陈先生笔下，宋朝却是明亮的。赵匡胤以玉斧画大渡河道，"此外非吾有也"；在太庙前竖立誓碑，告诫子孙后代，皇帝不可擅杀读书人和劝谏者；选拔人才，不注重地域、阶级和出身，而是注重真才实学；"四大发明"中的三个（活字印刷、罗盘、火药）出现在宋朝；宋朝时经济发达，商业繁荣。一个生动、真实的宋朝栩栩如生……

　　读过余秋雨先生《文化苦旅》中一篇关于印度的文章。这之前，断断续续看过一些余老师关于埃及、罗马的文章。

　　傍晚时分，浑浊不堪的恒河边，露天尸体焚烧场，浓烟在燃烧的木柴堆上飘荡，火光随夜色忽高忽低地闪耀。亚洲人模样的女子呆滞地坐在河边。不知道怎么帮她，只能远远地看着。印度规定，在恒河边死去的人可以免费焚烧，不少病入膏肓或对生活无望的人，便提前来到恒河边等待死亡。想起一部印度电影《Masaan》，意即火葬场，中文译名是《死生契阔》。从事火葬行业的男主，与高种姓的女主相爱，因为种姓制度不能在一起。后来女主突发车祸身亡，恰好送到了男主所在的焚烧场，而男主又无意间认出了女主的戒指，悲痛欲绝。最后，他含泪焚烧了心爱的女人。生死离别，死生契阔，直击观众心灵。电影海报如此写道："还没来得及相爱，就已经阴阳两隔。你是我的爱人，而我是你的焚尸人。让我敲碎你的头骨，将你的灵魂释放。让苦痛和悲伤，都随恒河的波浪流淌……"

　　电影《入殓师》中，当逝者被推入炉膛的那一刻，亲人与逝者阴阳两隔，后会无期。很多观众泪流满面。

有人说："人生是一场有去无回的旅程，不妨大胆去爱一个人，攀一座山，追一个梦。"我们来到世上，最终都将离开，悲观者认为人生其实没有意义。话题虽然沉重，却也无须回避。时间不会回头，人生没有如果，想做的事，就全力以赴，想爱的人，就大胆表达。做好自己，爱你所爱之人，乐你所乐之事，珍惜生命中的每一天，把每一天都当作生命中的最后一天，即便某一天突然离去，亦了然无憾。

又读到崔岱远先生的《京味儿》。

讲北京的文化，故宫，胡同，四合院，三山五园，吃喝玩乐，各大名胜古迹。崔先生说，地道的京范儿到底是什么，一两句话还说不清。在很多人心中，那种风格，那种气质，那种神采，大概形成于清末至民国时期，一直延续到 20 世纪 80 年代初。那时候，人们还到副食品店去打芝麻酱；煤球炉上的水壶还会呱啦呱啦地响；登上钟楼，还能看到结构清晰的胡同群落；筒子河畔还能听到清亮透彻的胡琴……

生活的气息已远，风干成岁月的记忆，然后在夜深人静中反刍。于是，这种怀念，浸入骨子里，挥之不去。

北京芝麻酱也称二八酱，吃火锅必上此酱。兄弟陈宁觉得口味不错，吃得津津有味，常会亮出洪亮的嗓门儿，"服务员，再来点麻酱"。我却不太喜欢，总感觉有股芝麻的焦味，与蒜蓉香菜细葱酱还是有点距离。萝卜青菜，各有所爱吧。

之前看过一篇文章，说国人如今开始怀念 80 年代。因为 80 年代是一个烟火与诗情进发的年代，一个开放包容、思想奔放的年代，一个百花争艳、充满理性批判的年代。当时正值改革开放，百废待兴。那时候，人们穿开司米毛衣、的确良衬衫、拖地喇叭裤、疙瘩底球鞋；听张德兰的《春光美》、郑绪岚的《牧羊曲》、邓丽君的《我只在乎你》；读海子的《面朝大海，春暖花开》、席慕蓉的《一棵开花的树》、汪国真的《热爱生命》；看周润发、赵雅芝主演的《上海滩》，金庸先生的《射雕英雄传》；品北岛的"卑鄙是卑鄙者的通行证，高尚是高尚者的墓志铭"、顾城的"黑夜给了我黑色的眼睛，我却用它寻找光明"、汪国真的"我不去想是否能够成功，既然选择了远方，便只顾风雨兼程"……

在物质水平不断提高、高效率受到推尚的当下，人们开始怀旧。时代在发展，科技在进步，我们有足够的空间去追求自由。岱远先生怀念京味儿，我们怀念曾经，其根本一脉同源，我们都还是曾经的那个少年。

故事有喜有悲，古今中外，各放光彩。我们有时是看故事的人，有时是故事中的人。其他书也翻了几本，有些文字晦涩，有的不感兴趣，但确是认真看了。夜幕降临时离去，一脚又迈进拥挤的都市。华灯初上的北京，依然是接踵而来的喧嚣人潮……

暂别喧嚣，走进书籍，便可跟随多情而可爱的文字，一一领略生命的精彩纷呈。

有时，忙碌与宁静，只是一步之遥。

有一种蓝，叫赛里木湖蓝

有人说她是天空之湖，有人说她是大西洋的"最后一滴眼泪"，也有人说，她是能够让人看见神明的地方。

不错，她就是"西域净海"赛里木湖，位于新疆西北边陲博尔塔拉蒙古自治州博乐市境内，地处北天山山脉中，丝绸之路北道，紧邻伊犁哈萨克自治州霍尔果斯县城，向西不远就是哈萨克斯坦了。

2021年暑假，我和女儿从伊宁出发，驾驶着邓婷处长的车欣然出城，历经3小时路程，翻越崇山峻岭，遇见了绝美胜地赛里木湖。

去往赛里木湖，要经过著名的果子沟大桥。以前听说过这座大桥的名字，却没想到会在这儿与她偶遇。

果子沟大桥位于伊犁州霍尔果斯县，全长4.4千米，桥长700米，桥面距谷底180米，有60层楼高。这也是一座改变伊犁发展历史的大桥。远远地，便能望见它凌空跨越的空中倩影，似一条蛟龙在山川峡谷间游走蜿蜒，也如绸带在青山绿荫中飘飞旋舞。这座桥无数次出现在新闻及各种纪录片中，无论春夏秋冬，她每一次出现都会让人惊讶。尤其在高空的视角下，她扎根于奇峰峭壁，隐约于崇山峻岭，盘旋于云霭雾岚，让人心驰神往、叹为观止。

沿着弯曲的道路，行驶10多分钟才驶上桥面。身在高处，四周青山连绵，车如一叶轻舟漂浮于水面，出没在风浪里。在群山间穿行，山路九转十八弯，山谷间弥漫着野花的芳香，如同登临庐山，一桥飞峙群山边，跃上葱茏四百旋。作为中国第一座公路钢桁梁斜拉桥，果子沟大桥为双向四车道，设计时速80千米，耗资23.9亿元，每米造价约340万元。作为连云港至霍尔果斯G30高速的重要组成部分，果子沟大桥是新疆西北部的重要交通枢纽和地标建筑，更是欧亚大陆桥和"一带一路"交通运输必经之地。在很多人心里，震撼雄伟、炫目低调、整个桥身架于悬崖峭壁上的果子沟大桥，已不啻人间奇迹。

车出隧道，一条狭长的蓝绸出现在左前方，像绸缎倚着群山，又似云彩照着深潭。我知道，那便是赛里木湖。走了那么远的路，今天终于遇见你。继续前行10多千米，方才抵达收费站。看山跑死马，一点都不假。酷热中，收费站前早已排成长龙。买票时发现身份证不见了，猜想可能清晨在酒店做核酸时丢了，赶紧打电话过去，工作人员答复没有。再着急也无济于事。好在手机里有身份证照片，方才购了票。后来，在返程路上经过收费站时，在一堆票据中突然发现被压在最下面的身份证，失而复得，还好是一场虚惊。

进得湖来，驱车缓行，顿时茅塞顿开。整个环湖风光游览区域，是那种一望无垠的开阔，带给你极为强烈的视觉冲击。至今回想起来，那依然是一场灿烂而惊艳的遇见！

六车道的主路，中间是绿岛小花，两边是红色步道。触目可及的远方，白云歇在山上，青山泡在湖里，湖水装着蓝天。步行百米走到湖边，站在岸边的巨石上，只见水中挤挤挨挨的石粒，随粼粼波光荡漾，摇曳着整个天空的云彩，哄她入睡一般。

赛里木湖古称"净海"，海拔2071米，东西长约30千米，南北宽约25千米，面积约458平方千米，蓄水量达210亿立方米，湖水清澈透底，透明度很高。之前，赛里木湖里没有鱼，1998年从俄罗斯引进高白鲑、凹目白鲑等冷水鱼，养殖成功后结束了赛里木湖不产鱼的历史。如今的赛里木湖，已成为新疆重要的冷水鱼生产基地。

赛里木湖入选第五批国家级风景名胜区，是新疆大西洋暖湿气流最后眷顾的地方。所以，说赛里木湖是大西洋的最后一滴眼泪，绝对是最浪漫最诗意的赞美。

天地有大美而不言，赛里木湖就是。从任何方向望去，赛里木湖都是蓝色的，四周群山环绕，景色如画，让人流连忘返。在这片辽阔悠远的大美之中，人类与自然，天空与大地，眼前与远方，神学与哲学，林林总总世间万物，都可以融为一体，化作大同。在这一瞬间，所有喜怒哀乐、悲欢情绪、功名利禄，都不名一钱，你唯一要做的，就是去欣赏、去拥抱、去陶醉、去沉淀、去参悟、去感谢。后来与广银谈到赛里木湖，他说去过，那水真是太清了，恨不得把心掏出来放到湖里洗一洗。

在湖边，我拍了些照片发给老同学王生方。他说湖水澄净，像人间仙境，让我带点水回去。虽知是一句戏言，但我还是爽快地答应下来。于是，我将空矿泉水瓶装满湖水，又在湖边找了十只小石块，黄褐色，松绿色，暗红色，一起放入瓶中。后来，这瓶水跟着我来到伊宁，飞往北京，在首都停留60天，又随高铁驶向泰州，总行程超过5000千米。当我把这瓶水连同西藏林芝易贡茶场的茶树种子一起送到他家时，他正因在河边摔伤了腰而躺在空调呼呼作响的房间里养伤。那瓶赛里木湖的湖水，与我一起穿过当空烈日，踏过那条野草足有半人高的土路。

在西部，湖常被称为"海子"。因为距离大海太过遥远，人们便把湖喊作海子，海子海子，海的儿子，缩小版的大海嘛。赛里木湖，可以说是名副其实的海，干净，洁净，明净，澄明如镜。湖边，"西域净海赛里木湖"8个金色大字闪耀着阳光的色泽，近20米的石碑高耸入云。那块耸立的青石碑，如同一柱高高站立的"1"。这个"1"是一湖碧水，是一片净海、一方圣土，也是一个强大的祖国！

在醉人的湖光山色里，请一对情侣帮我和女儿拍了照。印象中，我们已经五六年没合影了，高中三年像急行军，大学两年也如春光转瞬即逝。经过光阴的洗涤，曾经的短发小女孩如今已是落落大方的姑娘，担任团支部书记，下半年就上大三了。未来，她将是小徐医生，真的从心里为她高兴，为她加油，更为她自豪。回想起来，这些年她一直忙于学业，我陪她的时间也越来越少。时光如梭，同样的时光只能拥抱我们一次。这张合影将是我一生中最重要、最宝贵的珍藏。

在一处湖边空地，十几辆白色房车整齐地停放在开阔的草地上，身后就是山坡。这些不紧不慢的房车，有的是"驴友"，有的是博主，都是为这绿水青山而来。他们是真正的旅行者，旅行，暂住，享受，体会，记录，不像我们，匆匆而来，蜻蜓点水，打卡而已。赛里木湖是极好的露营地，一抹巍峨的山岭，一片无垠的湖泊。李白《夜宿山寺》中说，"危楼高百尺，手可摘星辰，不敢高声语，恐惊天上人"。据说，在赛里木湖边露营，可以看到近在咫尺的满天星星。当然，看就行了，声音小点，可别惊了天上人哦！

沿着湖边起起伏伏的弯道，我们一直向前。车流渐渐散去，鲜花和草地中间，是酣畅淋漓的一马平川。我把方向盘交给女儿，这样的路况，这样的天气，这样的湖边，也让她亲身感受一番随风翱翔的自由。右青山，左碧湖，没有红绿灯，没有禁行道，一直向前，想怎么走就怎么走。女儿穿着那件粉红色外套，戴着墨镜，酷酷的样子，邓婷处长的丰田卡罗拉载着我们一直向前！

云彩如画，云岫成诗。

天空的云儿也不甘寂寞。一丝丝，一片片，一簇簇，扭动着妖娆的身姿，选美一般兴奋。看看她们，也是美得不像话了。像烟雾，像花朵；是半圆，是细线；如长矛，如飞碟；似李凤，似蛟龙……

这一刻，她们可爱、顽皮，她们嬉笑、嗔怒，她们鲜活、动人，她们争奇斗艳、争风吃醋，她们姿态万千、变幻莫测，她们长袖起舞、纠缠不休。此时此刻，普天之下，谁敢与她们一比高下？

时光总是过得很快，转眼已近下午5点，准备返程。

沿着路标，走着走着，有个路口竟拐错了，便调转车头。向窗外看了一眼，弯弯曲曲的道路与路中央的黄绸，飘飘然延向远山，路牙右侧的白色路标挨着青草，路牙左侧的路标挨着步道，黑色的半月形湖栏与火焰红步道，沿湖划出一条长长的波浪，一湖净水里装满了宝石蓝。心里很是不想离开，情愿就这么错下去，就这么一直走下去。

"十里长街市井连，月明桥上看神仙。人生只合扬州死，禅智山光好墓田。"张祜先生曾在《纵游淮南》中这样写道。假如他来过这里，看到绝美的河山、如诗的画卷、深邃的湖水、多情的四季，他会不会想葬在这西域高原人间净土呢？

回程，是长长的下山路，不踩油门，车子照样呼呼地往前蹿。一些路在维修，醒目的提示牌就搁在路边山石上。很多弯道处设有缓冲区，一条上坡的沙石匝道，上面一片平缓地，山体挂着数十条轮胎，专为重型卡车刹车失灵准备的应急避险区。沿路经过三座安检站，所有车辆停车接受检查。安检人员在路边指挥，黑帽，黑衣，黑护袖，长时间的路面值勤，风吹日晒，他们个个皮肤黢黑。为了新疆和平，为了人民安宁，这群辛苦的警卫人员虽然黑黑的、瘦瘦的，心里却亮堂着呢！

抵达市区，在小区门口与邓婷处长会合，又接上她的师友，一起去察布察尔县一家新疆风情浓郁的餐厅。

说来也巧，那天正是 7 月 18 日，恰逢小贤 20 岁生日。进入餐厅，邓处长安排我们靠着大厅中央的鱼池坐下，木凳木桌颇显古朴，旁边一池碧水，一群鱼儿正嬉戏追逐。邓处长端上生日蛋糕，蓝色的奶油如同新疆的天空，上面写着"美丽的小公主生日快乐"。那天，小贤穿着白色蕾丝衬衫，外套是那件昨天刚在伊犁商场购买的粉红色冲锋衣，领口袖口边以黑条相缀，红黑白搭配得当，甚是好看。粉扑扑的小脸满是笑容，飘飘然一头长发，正是人生最好的年华。我们一起为小贤点燃生日蜡烛，为她唱生日快乐歌，祝愿她一生平安、幸福。女儿戴上金色的生日皇冠，帽檐上写着"爱的礼物"，看上去金光闪耀，庄严美观。在我们的歌声中，女儿轻轻吹灭了蜡烛，悄然露出甜美的笑容。

美丽的赛里木湖，芳草山川，碧海玉珠，宿鸟高飞，云卷云舒，如诗如画。未能抛得博州去，多半勾留在此湖。那是一片难忘的净海，一块迷人的土地。

京城老男孩

7月中旬，女儿实习回泰州前，陈宁和蒋明青教授为她送行。蒋教授来自北京交大，是一个潇洒温暖的老男孩。

下午，陪女儿去史家胡同、东交民巷，感受中国近代史的荣辱。无风，闷热，一身湿汗。今年的北京像南方，雨水多，空气也湿漉漉的。搭乘9路公交回宿舍，坐在上层。在团结湖公园对面小店买了水果，快5点了，又匆匆赶往呼家楼地铁站，目的地是西城黑土黑麦餐厅。女儿拎着水果苦笑，累死宝宝了。

包厢很干净，一幅冰雪画，十张实木座椅，东北风味浓郁。人齐走菜，红烧老鹅，松花江的江虾，山野菜炒鸡蛋，白菜肉片杀猪菜，让人食欲顿生。端起酒盅，抿上两口，话匣子便打开了。戴宗坐在小贤旁边，像大哥哥一样照应着她。

教授坐在主位，他说，坐在主位有点惶恐。虽年近六旬，但声音洪亮，为人风趣，知识渊博，思路清晰，酷爱骑马。教授说他是研究管理学的，最近在学习中医，悟出不少心得，传统文化五行八卦都蕴藏在中医里。席间，陈宁专程感谢女儿为他母亲把脉。朱冰说他父亲也是中医，在生祠卫生医院工作。

谈到教育，教授说咱们孩子太辛苦了，从小就要上补习班，中考、高考都要拼，毕业还得自己找工作。婚后还要抚养孩子，根本忙不过来，压力太大了。可不像我们那时候，都是国家管着，分配工作还分房子。共饮一杯后，教授谈到，咱们现在要做的，就是把自己管好，少给国家添麻烦，没病没痛就行。国家也难，大家都难，年轻人的社保要供给老人，省与省之间还要调剂。更不能给孩子添乱，他们事已经够多了，有工作，有家庭，做父母的可得摆正位置。我们连连点头。

教授的女儿在西雅图工作。前几年，去帮着带孙女儿，教授说自己的位置就摆得很正。带孩子，有责任，也辛苦，但不能像在家里一样，抽烟喝酒都要注意。于是内心给自己定位，就当去坐两个月"牢"。我说这个定位让人耳目一新。到了西雅图，他心甘情愿、任劳任怨地搞后勤，与女儿女婿相处愉快。不得不说，这种精准定位很好地协调了长辈与晚辈的关系，既是一种方法，也是一门艺术。大家纷纷鼓掌举杯。

之后提到五福，教授说人这一生最难的就是"善终"。五福来自《尚书·洪范》，一曰寿，二曰富，三曰康宁，四曰攸好德，五曰考终命。现代人称之"长寿福、富贵福、康宁福、好德福、善终福"，也就是春联上常见的"五福临门"。善终福也叫"考终命"，就是人生一世最难修来的"好死"。我们都是凡胎肉身，谁也无法逃脱死亡。人到中年，应该让自己静下来，修身养性，行善积德。

一周后，蒋教授如约宴请我们，在新疆巴州金丝特餐厅。后来，我请教授品尝淮扬菜，教授准点抵达，春风拂面。教授又邀我去吃驴肉，在10号线知春里、2号线大钟寺附近，骑行5分钟便是四道口利桥顺酒楼。我和陈宁、沈忧先后到达，教授已等候多时。很快起菜，一盘盘驴肉、驴肝、驴肠、驴腰端了上来。驴肉切得很薄，八分瘦二分肥，蛋白质的光芒让人垂涎欲滴。教授带了两瓶酱香老酒，让我们多吃肉，少喝酒，还说天上龙肉地下驴肉，这可是人间美味。先动筷，慢品酒，唯独陈宁对内脏忌口。席间，教授提及在坝上草原骑马，几个小时骑下来，很累，也冷，晚上就喝红酒。不多喝，一杯，慢酌，再来点肉，那样解乏，睡觉也香，说得我都动心了。

教授拿出宝贝烟斗儿，抽了两口，一圈烟雾缭绕在胡子周围，特有感觉。抽罢，便敲出烟草，收起来，再擦拭一下烟斗的烟渍。用餐巾纸沿斗钵边沿侧壁慢慢擦几圈，大拇指贴着烟膛壁，另一只手快速旋转斗柄，动作娴熟，像卸螺丝。教授说他不抽烟，烟呛人。烟斗不同，抽一口，屋里都是烟香，也不熏眼睛。

散席出门，深夜有风，教授戴上帽子，笑呵呵地与我们挥别，说住得不远，步行1000米到家。只是昨夜回程，让陈宁兜了个大圈子。沈忧上车便睡了，我在联系工作，加之有雾，谁都没注意路。直到导航提醒到了东三环，陈宁才惊叫"糟了"，坐过了。从西三环的四道口到东三环的三里屯，陈宁送了我们28里路。

后来，看到教授朋友圈的视频，很有范儿。

阳光饱满的午后，一顶黄色牛仔帽，一件黑衬衫，一副墨镜，几缕轻烟从微笑的嘴角吐出，像西部牛仔，又似孤傲不羁的枭雄。教授有才，独白也有诗意，享受孤独。教授爱烟，向大家展示装烟丝绝活，还配上字幕：品三，雪茄、威士忌、烟斗，还将老子《道德经》中宇宙生成论的文字随手拈来："三生万物"。在河北承德，教授骑上骏马，跟着马队，驰骋在蓝天下。六月已热，风也大，教授说："天还是那个天，马也是这些马，地不答应！""山西八路"留言说："蹄子受不了，太热。"在陵水黎族自治县友马镇，教授坐在水边，一杯香茗，一支烟斗，低头喝茶，抬头望见飞机，好不惬意。教授用略带沙哑的嗓音告诉大家，前面虽是松花，我却看到碧绿的棕榈和群山。又去清水湾遛一圈马，再去享受美食，鲜虾、香蟹、鲳鳊鱼、白斩鸡、烤茄子、木耳蛋……

教授是个有趣的人，爱玩，有情怀，懂得小浪漫，偶尔小自恋，还有点小嘚瑟。很喜欢这种性格，可能我也是这样的人吧。

2022年正月初三，教授从朋友圈得知我在北京过年，晚上11点多发来信息，要请我们吃饭，找个驴肉店或新疆菜馆，顺便聊聊学中医的体会。我说时间较紧，教授说反正要吃饭，在我宿舍附近也行。我说多谢，以后机会多，教授才勉强答应后会有期。为这事，教授一直"耿耿于怀"。

一天下午，又收到教授微信，约吃饭了。"想吃什么，你定时间，我订餐馆！"我说太破费了，他说吃饭不叫破费，主要是不知道你喜欢吃什么。我说陈宁已返京，约上他一起。教授说去吃驴肉，他带酒。晚上，我和谭子辉赶到禧顺阁时，教授和陈宁都在了。倒茶，上菜，斟酒，教授说各人自取，喝酒随意。我有点馋酒，但又怕喝多误事。喜欢这样的氛围，不拼酒，不滥喝，小酌尽兴。不得不说，驴肉火烧确实美味，教授说得趁热吃。火烧很酥，薄薄脆脆的，夹层的碎驴肉特香，还有清新爽口的香焖。驴肉火烧的香焖，是用烹制驴肉的汤，加上驴油和淀粉调制而成，与驴肉味道相同。热乎乎的火烧里放入软糯的驴肉，再加上鲜凉的香焖，老祖宗的创意简直绝了。

教授说，他从2012年开始就在做一个课题——告别人生。父母在泰州，女儿在美国，自己已实现财务自由，又是闲云野鹤、天马行空的性情。一日三餐，好好吃饭，看天空，看大地，看人间，看四季。过好每一天，感受每一瞬，从日复一日的柴米油盐中找欣喜，从千千万万的平淡无奇中找快意，热爱生活、拥抱生活、快乐生活。人啊，就过一辈子，要把自己的日子过得像诗一样。

教授爱摄影，拍蓝天白云树影，也拍打牌的人群。"树端看云，此一时，彼一时。树下围观，你也乐，我亦欢。"一花一世界，一叶一菩提，一片云中有清泉，一棵树下有清欢，静观世界，草木乾坤。

印象中，教授总是在路上，在四面八方，他怕辜负这人间风景。一路所得，心生莲花。

春在枝头，得仰首。境由心造，需涤生。

停下来，觉知便开。不用力，花香自来。

步步皆是风景，停下就是故事。

前三十年养成的习惯，就是为了后三十年。骨子坚强，言行干净，内心善良。

学习，让智商提升；学医，使健商渐加。

最值钱的财富，不是存款，更不是细软，而是你一天天养成的生活态度。用足够有弹性的态度去面对生活，你就具备了不被打垮的实力。

不能左右他人，用心对待自己。

天时地利人和，一般而言是最理想状态。不如意事常八九，故在逆境下，不埋怨，不发火。

很喜欢这些文字，整齐，干净，清澈，就像他的笑声充满阳光。

有一次，教授说到他父母，年纪大了，有点小毛病，但一定要好好吃饭，饭就是最好的药。这话特有道理，毛主席也说过，吃饭是天底下最重要的事。来点营养美食，鸡汤、鲜虾、海鲜、烤鸭、烤肉、水果沙拉，再来一点小酒，那不是炫耀，也不是奢侈，那是对生活的敬意，对生命的尊重。

初春傍晚，北京西山的轮廓映着高楼，山顶有云，细细长长，落日衬云霞，金光千万丈。教授的诗情又来了，整两句诗释放一下饱满的情感："三更挑水，担回两轮明月。傍晚洗衣，弄碎一片彩霞。"生活的恬静，简朴的意境，让身处红尘的我们眼馋。

如今想来，每次与蒋教授见面，总有所得。关于幸福，教授说没有固定模式，适合你的就是幸福，与金钱没关系，与心态有关系。关于缘分，教授说人这一生会有很多缘，有些要结，有些要攀，但恶缘来了就要躲。

关于耳顺，教授说了四点：一是失去情绪，活成静音；二是失去锋芒，学会妥协；三是失去朋友，习惯孤独；四是失去依靠，自己撑伞……

提到孩子，教授在女儿结婚前对女婿说自己女儿优点很多，就不说了，请女婿把女儿的缺点说出来。我问，要是说不出来或者说不全呢。教授说，那必须得说，老爸老妈都能包容女儿，结了婚，万一哪天吵个架，你可别怪老丈人没提醒你。你都不知道未来老婆的缺点，那你结什么婚，头昏了吧！听得出来，这是一位父亲深爱女儿的心。

4月中旬，气温回升。不觉春风换柳条，新绿羞把桃红照，京城已繁花绽放。和教授约了12点见面，加完班，从办公室欣然前往。上次见面还是两个月前。

乘10号线至双井，换7号线到九龙山，蒋教授和陈宁从城西穿越到城东。合生汇B1咖啡厅门口，教授身穿一件淡黄夹克、蓝红条纹衬衫。"今天不带你们吃，我一说，你们就跟我走了。所以你们先看，喜欢什么就吃什么。"说话间，教授带我们穿过商场时尚小店，径直走向"深夜食堂"。头顶的文字，也是很有意思：

所有的乡愁，都是因为馋；人生百味，你是回味，我是甜味；你的吃相，就是最美的模样；如果在意体重，那就对不起食物了；隔着腾腾热气看你，我好像发烧了；伤心还好，伤胃，就不好了；谁不眷念一茶一饭的光辉；有人爱，有肉吃，有所期待；不吃饱，怎么有力气减肥；在夜里想吃一点美味的时候，我没打烊；虽然我年纪轻，但我体重不轻；能吃的不是吃货，会吃的才是；填饱肚子，才能不做"饿"梦……

教授说，这里南北方小吃都有，甜食多，年轻人都喜欢。一路走过，糯米蛋糕"粑粑坊"、煲煲现做有锅巴、"么鸡碰六条"成都老串串、贝儿多爸爸的泡芙工房、成都苕皮豆干、长沙臭豆腐，还有大骨头面、酱卤牦牛肋排，等等，各式小吃竞相媲美，令人目不暇接。

那天，我们吃了鳕鱼牛排炒饭、小"蹄"大作、长沙臭干。鳕鱼牛排鲜美丰腴，猪脚爪韧糯肥腻，黑臭干松酥微辣，竟有点吃撑了。三道小菜，热乎乎的猪脚爪最香，特筋道，要是再来两只，我还能吃下去。教授背着包边走边笑，说别吃太饱，好吃的多呢，想吃什么尽管吃，他只负责埋单。记得，我和女儿也说过这同样的话。教授的这句话，突然让我好感动，心生温暖，如沐春风。

走出合生汇，左拐沿大望路向南，过潮州饭店左拐，大片的紫红，大片的雪白，海棠正艳。进小区，来到雪茄老店品草堂，小主人陈超笑着将我们引上二楼雅室。楼梯走廊里，各式烟斗美丽而精致。教授照例从包里取出他的宝贝烟斗，装上烟叶儿。

一口，两口，三口，我小心翼翼地抽着，清淡的烟香飘散开来。说话间，金良来了，一顶西部牛仔帽，黑衬衫，胸口一条挂件，运动裤，翘头鞋，酷得很。教授亲切地称他"金爷"。抽着烟，聊着天，约半小时后，陈宁先感觉不舒服，我也感到头晕，全身发冷。陈超说抽雪茄会引起低血糖，让我赶紧吃东西。于是，我赶紧吃了爆米花，又去厕所，并到室外晒了太阳吹了风，才恢复正常。而金爷则是慢慢悠悠地抽着，脸上挂着饱经风霜的微笑，夹雪茄、弹烟灰的手姿专业而老道。

教授说，古巴、巴西、洪都拉斯盛产烟草，其文化传承已有百年，国内仅山东、海南等地种植。雪茄的制作全凭手感，里外三层，有经验的工人一天也卷不了多少。雪茄精贵，保存也讲究，温度、湿度、雪茄盒都很关键，否则就会生出虫来啃食烟丝。储存得好，茄衣里的油性促使烟叶醇化成熟，茄衣会生出一层白色绒毛，这便是一支"活着的"雪茄。

金爷跑的地方多，天南地北，海阔天空，见识也多。金爷品尝着威士忌，慢条斯理开了口，一口京味儿。要说这酒嘛，是用粮食酿制的，历经采摘、晾干、发酵、蒸馏等工序，再放到特制香桶里储存，然后漂洋过海，不远万里，经过几十年的沉淀。这可都是"活物"啊，所以一定要珍惜它。当然，这也是一种文化，一种源自农耕时代的特色文化。

谈到美食，金爷说不能太赶，要找一个安静处，把时间都给忘了。带上电池和电磁炉，接上电，铺层锡纸，弄点油，把鲜美的肉搁上去，那"滋滋滋"的声音，就是人间美味啊。还有那汤汁儿，鲜美得你都不舍得咽下去。又说起巴音布鲁克草原七个月的小羊羔，盐池滩上鲜嫩肥美的战斧牛排，一脸陶醉神往的幸福模样……

有一次，金爷跟随专家走完了从丹东牡丹江最东端的虎山长城到嘉峪关长城，横跨9省。在中朝边境，跨过一条干涸的小沟，便是朝鲜。跟专家一起考证烧稻草把的扎草习惯，由此判断南方人与北方人的生活习性。教授说，一般人是学中干，金爷是干中学，也就是行动学。课堂上书本上学不到，这个最厉害。确实如此，实践出真知，只要不是自己悟到的，别人就算给你，你也拿不住。

于我们而言，万卷书要读，万里路更要走。

2020年，金爷去新疆、青海、甘肃，驶过绝美的独库公路。二月，雪还没化，星星点点的，行驶在盘山公路上，瞟一眼悬崖，扶方向盘的手都会颤抖。在甘肃境内，他一个人带足补给，驾驶三菱越野车，孤胆英雄般地独自穿越罗布泊无人区。他因恶劣天气迷过路，见过废弃的洗矿坝，经历了各种未知的风险，紧张、焦虑、误判，让人肾上腺飙升，极大地消耗了体能和精力。金爷说，结束行程的那晚在酒馆喝酒时，手还一直抖呢。但这是一个男人的信念，是儿时的梦想，就像斗蟋蟀、玩摩托、搞越野，忘不了，必须去实现它。这一段，金爷说得云淡风轻。我在脑海里幻想着他这一路的经历，春风里的嘉峪雄关，狭长的河西走廊、丝绸古道，长河落日，大漠孤烟……

接着聊到马。教授说，他有一次从马背上摔下来，把人家院墙撞倒了，好在有头盔，不然就玩完了。金爷说，中国三大马种，内蒙古三河马，新疆伊犁马，还有产地在黄河上游青、甘、川三省交界第一弯曲处的"河曲马"。伊犁马我知道，唐山大地震时，曾从昭苏调运三千匹马支援灾后重建。还有一种小众马，生长在新疆巴音郭楞蒙古州、博斯腾湖畔的和硕县查汗诺一带，叫焉耆马。金爷说，过去传达圣旨，都选用上等好马，一口气能跑90千米，到达驿站继续换马，歇马不歇人。但这马要遛，不能直接停下来，不然马就废了。继而，又谈到美味的"狗鱼"，一种北方鲑鱼，肉质特鲜美，也称黑斑狗鱼，应该就是北极熊守在瀑布边等来的美餐吧。

谈到知行合一，教授说，现实生活中，你知道的不一定会那样做，你正在做的，不一定知道为什么。真正做到知行合一，很难。所以，人首先要让自己静下来，要悟。教授和金爷都说，喜欢独处，一个人安安静静地待着。读史百年，不外乎四个字，功名利禄。人真的静下来，是很难的。金爷说自己不合群，教授说自己也不合群，我说真正有思想的人都不合群。教授说，他有时就像《射雕英雄传》里的周伯通，自己和自己玩，左手和右手玩。有意思吧，真正有思想有学识的人，才能这么玩。

偷得浮生半日闲。大家天南海北地聊着，闲庭信步，信马由缰，嗑着瓜子，抽着小烟。

这般明媚的四月天，这注定被铭记的好时光。

楼下，金爷的白色边三轮特抢眼，本田纯进口发动机，电喷，脉冲点火，油刹，水冷，手动通风空调，还有永远倒不下来的防撞装置，拉风得很，乐得陈宁开出去转了一圈。金爷一直乐呵，俩字，开心。在春雨轩，陈超点了菜，黑椒拌皮蛋，冷盘黄瓜，臭鳜鱼，毛氏红烧肉，湖南小炒肉，青椒炒鸡蛋，干煸茄子条，都是徽湘菜系的经典。

第二天，我和教授说头晕，昨天抽猛了。教授说，经历就是财富，人生中还有很多事需要我们去经历。

马未都先生曾经说过，一个人最好的状态，是眼睛里写满了故事，但脸上却不见风霜。教授和金爷的人生，就是一本厚重的书，一坛陈年的酒，眼里写满故事，脸上却不见风霜。

四天后，谷雨，金爷如约在十里河附近的弘燕路山水文园 106 餐厅等候。出地铁向北，见到农机试验鉴定总站、农机技术开发推广总站、农机协会、农机安全报社。作为农机化处处长，一种亲切感油然而生。沿街东行，梧桐葱葱，香樟如盖，春风绿意，恍然觉得走在南京的街头。

在古色古香的包厢里，教授、金爷、陈宁、陈超已围坐茶叙。金爷问候新朋故友，欢乐举杯。碎蒜肥肠，柠檬大虾，青蒜腰片，烤羊腿，还有煎、蒸两种带鱼卷饼，都是地道的北京菜。

酒到兴处，金爷高兴地哼起小曲，一首老歌《三套车》，边唱边打着节拍。"你看吧那匹可怜的老马，它跟我走遍天涯，可恨那财主要把他买了去，今后苦难在等着他……"什么是情怀，这就是。那嗓音，那动作，那陶醉的表情，搞得像在自己的个人演唱会上。我说，我会把你写进我的书里，京城老男孩。他特别开心，笑得像个孩子。

临近收杯，金爷高高地举起酒杯，大声说道："现在是四月，谷雨季节，雨润万物，谷物生长。金九银十红五月，北京马上就要迎来最好的季节。我在此祝大家身体健康，祝我们友谊长存。"送完祝福，还向大家深深鞠了一躬，以表谢意！

忘了时间，不拘礼数，吵吵闹闹，聊天说笑，多可爱的一群老男孩。幽默的语言，调侃的逗梗，玩儿的心态，在酒桌间潺潺流淌，也让人倍感温暖，真就把时间给忘了。

教授长我一轮，他善于独立思考，从不人云亦云，能说会道，风趣诙谐，为人豪爽，爱憎分明，爱美食，爱美酒，爱美景，爱人世间的一切美好。很多时候，我喜欢静静听他讲话，就像 20 多年前在白马镇乡下的袁家村卫生室，我坐在笑眯眯的周宜发医生身边……

后来教授来泰州，他弟弟也在，一位乒乓高手，还用左手帮我写下"食全酒美"。谈笑间，轻松自在，似在京城。

当年还有一个小遗憾。冬奥会闭幕不久，教授请我去听他的哲学课，因与王军去首钢园，没能成行。人生就是这样，总有各种错过，无数的错过便成了人生。人生匆匆，有幸认识教授、金爷、陈超，确是一份美好的收获。

最近听陈宁说，蒋教授独自去了西藏，在阿里和日喀则地区"转山"，还经过了冈仁波齐。恶劣的气候条件，不确定的各种风险，在蒋教授看来却能让人心潮澎湃。我说，他这是勇敢者的游戏。在决定出发启程的那一刻，我们便是勇士，不走出去，哪会有遇见呢？在人生的旅途中，我们需要不断地见天地，见众生，见自己。每一次经历都是成长，每一次告别都是蜕变，只有不断地探索、复盘和反思，才能真正领悟人生的真谛，活出不一样的精彩人生。

感谢陈宁，感谢北京，感谢遇见。

地铁也疯狂

北京有两座城，一座在地上，一座在地下。

发展规划司宋杨处长说，这句话有鲁迅的味道。鲁迅在《秋夜》中写道，"在我的后园，可以看见墙外有两株树，一株是枣树，还有一株也是枣树"，和你这个差不多嘛。我受宠若惊，说见笑了，我哪能与鲁迅先生相提并论，您才是大才子呢。他也笑了。虽是调侃，但北京地下城绝对是一个繁华世界。24条地铁线，700公里里程，400多个车站，每天运送1200多万人次。这座地铁工程规模之巨、耗资之多，令世人惊叹。

20世纪50年代，毛主席从战备与民用的角度倡导北京发展地下铁道。随后，数千学生赴苏联学习，但三年困难时期导致地铁筹建中断。1965年，我国决定修建北京地铁，毛主席亲自批示"精心设计、精心施工"。同年7月1日，北京地铁一期工程开工，邓小平、朱德、北京市市长彭真参加开工典礼。1969年一期工程竣工，喜迎新中国成立20周年大庆。

随着奥运会的举办，北京市累计投入数千亿元发展交通，地铁建设进程提速。通过四通八达的地铁，京城各交通节点被高效串联。平民价格，方便快捷，风雨无阻，准点到达。春夏秋冬，阴晴圆缺，每天都有几百辆地铁飞驰不息。

在京出行，首选是地铁。

每条地铁都有自己的颜色。1号线，新中国第一条地铁，标志色是红色。1号线东至环球度假区，西至石景山古城，与长安街平行，沿途站点有天安门东、天安门西、王府井、东单、西单、建国门、复兴门、木樨地、公主坟、国贸、五棵松等。来首都不坐1号线，等于没来过北京。长安街两边居民区不多，所以1号线不挤，常有空座，列车车厢之间均有舱门。

2号线是第一条环形线，标志色是蓝色。2号线途经西直门、阜成门、复兴门、宣武门、和平门、前门、崇文门、建国门、朝阳门、东直门、安定门，走向与北京老城墙基本重合。雍和宫位于2号线沿线，每年10月，雍和宫前的银杏开始黄叶纷飞，景区任其堆积，石道变黄毯。踩上去，软软的，厚厚的，京城历史便淹没于银杏秋色之中了。

早高峰、晚高峰，几十排队伍，每排十几个人，能挤进车厢就算幸运了。车管员挥动着小红旗、扯着大嗓门：往里走点儿，再往里点儿。到站时，乘客们只能从铁桶般的人墙里扒出一条缝，连挤带撞"滑出"车门。电梯上，人挨人、人接人、人叠人，几百米的甬道，人们健步如飞，这时你才知道什么叫人潮汹涌。

地铁上年轻人多，帅的酷的美的，张扬的豪放的婉约的，时尚的性感的妩媚的。有一次在6号线，才处看看四周笑着说，我们都成老年人了。我说是啊，岁月是把杀猪刀。

10号线是大环线，客流量最大，标志色为天蓝色。凌晨4点53分发车，45个站点，东到朝阳，南到丰台，西到海淀，一个循环是俩小时。农业农村部西侧是团结湖站，呼家楼站离宿舍不远。在京一年，10号线我坐得最多。2021年秋天，我深夜从林芝返京，第二天去南京。5点40分，已有很多赶路人，背着行囊、拉着包箱。因为是循环线，10号线没有终点，像贪吃蛇。在其他线的地铁上，广播会提醒你，终点站到了，请所有旅客带好随身物品，从右侧车门下车。而在10号线上，你听到的永远是循环报站名……

站点最少的是两条机场线，10号线都能换乘。首都机场线全程19公里，只有东直门、三元桥、3号航站楼、2号航站楼4个站点，线路呈现"Y"形，全程20多分钟，25元。从草桥站到大兴机场，票价35元。从性价比看，还是大兴机场线更棒，因为那是头等舱享受，全程160公里达速运行。与首都机场线不同，大兴机场线分商务、普通两种，多数人会选择普通型。列车出大兴新城站，在地面，与京雄城际铁路大兴机场高速并行，20多分钟即可到达。大兴机场很炫很靓，通透宽敞，明亮感、开阔感、时尚感十足。这里的每个图案、每处细节，都能让你感受到祖国的蒸蒸日上。

最美地铁线当属西郊香山线，全长9.4公里，共有巴沟、颐和园西、茶棚、万安、植物园、香山6个站。这是一条敞开有轨电车，白色为主，辅以朱红，从车头的一团火渐变至车尾一条线，如同书法家笔下的"一撇"。车顶两根大辫，车厢装点着红枫，外形很萌。站台设计可圈可点，匠心独具，万字纹、华表、灯笼，简约不简单，不失现代感。沿线绿化层次分明，渐次铺陈、乔木、灌木、草地。春夏时分，草长莺飞，百花盛开；秋冬季节，层林尽染，大气磅礴。西郊线穿过"三山五园"，香山、万寿山、玉泉山、静宜园、颐和园、静明园、畅春园和圆明园，春夏秋冬，各美其美。青山蓝天下，朦胧云霭间，游人尽可沉醉于大美河山。

地铁出行常需换乘，有时拐个弯就到，有时却要兜个大圈子。从5号线惠新西街南口，转10号线去安贞门就很方便，上电梯转角便到，不过50米，这简直是太近啦。还有更近的，10米。有一天我从珠市口去白石桥南，7号线到北京西站换乘9号线，下车左顾右盼没找到9号线。就在纳闷时，猛一抬头，9号线就在眼前。原来7号线终点，正是9号线起点，内心顿生一阵惊喜……

从6号线东四站换乘5号线，就费事了。先走过几百米通道，顺箭头攀两层电梯，再下一层楼才能到。有一次，遇到安保人员查验身份证，乘客们脚步一停，人群立即挤成一团。在换乘站找出口也费劲，八九个出口，走错一个，到地面可就"差之千里"了。我就曾被绕晕过，几次折返、上上下下找不着路，只能询问工作人员。

地铁驾驶员往往会被人们忽视。到站时，他们会走出驾驶室休息几十秒，短短拥抱一下地铁站的光明。有一次从建国门站下，右拐走上二楼去C出口，一辆地铁恰好到达。女司机打开车门，迅速按下站台边的控制开关，地铁门便开了，护栏旁的玻璃上写着"注意开关门状态及车屏间隙"。20秒，大家迅速进出。这时，她与站在车厢中部的协管员比画了一个手势，在确认安全后，她关闭车门，转身走进驾驶室，奔向黑暗中的下一个站台。

有一次我和王军去中国科技馆，返程时手机没电了。还有一小时才能到宿舍，肯定坚持不了。从G口进入奥林匹克公园站，告知服务人员这一情况。一位女同志从控制室拿出充电宝给我，又搬了张椅子给我，让我十分感动。充电20分钟，向她深表感谢，询问贵姓时，她说姓"Wěi"。我说是韦小宝的韦吧，她说左边一个耳、右边一个鬼，还是第一次听说这个姓，隗。百度了才知道，这个姓来自古帝大隗氏，主要分布在中原北部。

地铁站不仅有攒动的人流，也有灿烂的文化。作为城市窗口，从革命先烈到仁人志士，从"时代楷模"到白衣天使，从优秀党员到先锋模范，每一个动人的故事都弘扬着中国特色社会主义新时代的主旋律和正能量。在历史文化名城北京，展示地域文化的宣传画也很醒目，关于老北京街头的各种游戏、杂耍、农事、饮食、美丽乡村、历史古镇等内容应有尽有。

在9号线国家图书馆站，宽阔的走道，璀璨的灯光，让人宛如置身于五星级大酒店。头顶明灯上写着很多诗歌。其中一首是唐代李颀的《听安万善吹觱篥歌》：南山截竹为觱篥，此乐本自龟兹出。流传汉地曲转奇，凉州胡人为我吹……乘电梯下行，抬头便是一幅"书山有路勤为径"，猜想对面山墙上，一定写着"学海无涯苦作舟"吧。下至站台，一边开往北安河，一边开往玉渊潭，身旁玻璃上写着"博学之、审问之、慎思之、明辨之、笃行之"，此句出自《中庸》。

在6号线车公庄站，生、旦、净、末、丑，美丽精致的京剧脸谱让人眼前一亮。出站便是梅兰芳剧场。梅兰芳祖籍泰州，是一位令国人敬重的京剧艺术大师。提到梅先生，就不得不提他亲笔题写店名的"峨嵋酒家"。作为北京川菜老字号，峨嵋酒家创建于1950年。虽然门脸不大，各界名人却纷至沓来，最荣耀的事就是承办了抗美援朝将士庆功宴。梅兰芳先生独爱峨嵋川菜，1960年5月峨嵋酒家开业10年之际，梅先生畅饮之后，意犹未尽，提笔赋诗相赠："峨嵋灵秀落杯盏，醉饱人人意未阑。应时识清培育广，良庖能事也千般。"至今，这首诗还挂在饭店大厅的醒目位置。当年，郭沫若、老舍、赵朴初、马连良、齐白石都曾光顾这里。

在2号线雍和宫站，雕栏玉砌，游龙戏凤，让你瞬间进入雍和宫威严庄重的宫殿之中。

2023年6月，因筹办预制菜交易会，赴京出差。中途应人社局刘军处长之邀，前往扬子江办事处，途经西直门2号线。从酒家到商场，从楼梯到走廊，两三里的路走得晕晕乎乎。人潮之中，上上下下，七绕八拐，地下的风，带着我们穿越山和大海。中农智慧的任曼说，在这儿要是走错了，至少半小时才出得来。接我们那天，是周一早高峰，任曼开着车，在暴雨和车流中穿行了两个多小时。

在1号线建国门站，有袁运甫先生的《中国天文史》等壁画，伏羲女娲、神农制药、女娲补天、后羿射日、钟馗施法、罗盘司南、八卦图、火药、印刷术、郑和下西洋、农人耕作等，琳琅满目。壁画还介绍了毕昇的活字印刷术。

地铁站也有商业广告，"璀璨赋能，奋楫者先"，背景是玫瑰红、天空蓝、金菊黄变幻组合成盛开的鲜花，让人感受到奋勇向前的争先力量。

也有心灵鸡汤，《路过》，可以让心停靠一下。

巴金：没有人因为多活几年几岁而变老，人变老，只是由于他抛弃了理想！

康德：世界上有两件东西能震撼人们的心灵，一件是我心中崇高的道德标准，另一件是我们头顶灿烂的星空。

老舍：生活是种律动，须有光有影，有左有右，有晴有雨，滋味就含在这变而不猛的曲折里。

冰心：心灵的灯，在寂寞中光明，在喧闹中熄灭。

尼采：那些听不见音乐的人，认为跳舞的人疯了。

季羡林：只有做到尽人事而听天命，一个人才能永远保持心情的平衡。

钱钟书：猫是理智、情感、勇敢三德全备的动物：扑灭老鼠，它们是除暴安良的侠客；静坐念佛，它们是沉思悟道的哲学家；叫春求偶，它们又是抒情歌唱的诗人。

王尔德：做你自己，因为别人都有人做了。

萧红：人生激越之处，在于永不停息地向前，背负悲凉，仍有勇气迎接朝阳。

尚福尔：快乐可依靠幻想，幸福却要依靠实际。

叶圣陶：一个人总得对世间做一点事，世间固然像大海，可是每个人应该给大海添上自己的一勺水。

……

地铁国贸站的地面，也有很多生动的文字，看上一眼，便能让人如沐春风。

贤哥：2022 年期待快乐相伴，万事胜意。

辣么卤力：2022 年期待你坚定走自己的方向。

N12：2022 年期待三餐四季，温暖有趣。

鼎白：2022 年期待你阳光满路，温暖如初。

应物白：2022 年期待年丰物稳，应物随心。

治光师：2022 年期待生活充满香气，心旷神怡。

铁枫堂：2022 年期待玩遍大江南北，吃遍人间美味。

卡士：2022 年期待你减掉不必要的负担，加满高浓度的快乐。

蝴蝶牌茶叶：2022 年期待所遇人皆良善，所到处皆热土。

烹烹袋：2022 年期待万物更新，旧疾当愈，幸福满人间。

璞浪：2022 年期待你洒下的汗水，都能换成庆祝的酒水。

高大师：2022 年期待你每一次畅饮，都有好友相伴。

林德曼：2022 年期待你满怀希望，举杯敬梦想。

……

综观京城 400 多个地铁站名，那些让人目不暇接的站点，可谓古今纵横、城乡融合，浑然一体。

体现历史文化的：圆明园、燕山、雍和宫、颐和园、苏州街、万泉河、什刹海、平西府、十三陵、万寿寺、分钟寺、成寿寺、中国美术馆、国家图书馆、军事博物馆……

充满现代气息的：国贸、中关村、奥体中心、生物医药基地、生命科学园、环球度假区、奥林匹克公园……

彰显乡村风情的：茶棚、稻田、篱笆房、田村、上地、小园、梨园、果园、枣园、苹果园、泥洼、高米店、稻香湖……

这就是首都，伟大的北京，我们的政治文化中心。无须走遍每个角落，即便在地下，你亦能领略她的繁华。

岁月里的北京蓝

翻开时间的手掌，回忆信马由缰。在北京的一年，我们迎着朝阳，怀揣希望，身披风霜，顶着月光，一路向前。时光知味，岁月沉香，今拾掇点滴，汇成奔跑的诗行。

我们的李组长

市科技局李国平局长是我们的组长，尽心做好挂职科技部的分内工作，经常加班加点。第一次在江苏大厦开会，他从成都赶回来，凌晨一点才下飞机。

国平与我同龄。在他的带领下，我们每月开展活动，编发简报《挂职信息》，风雨无阻。简报如同一扇窗，部委信息、泰州经验、他山之石、心得体会，内容丰富精彩。第一期简报得到市领导的批示，组织部领导也给予了高度评价。这是第 17 批赴京挂职干部的一份殊荣。2021 年，泰州市高质量发展获评全省第五，这得益于市委、市政府的坚强领导，我们也贡献了微薄之力。功成不必在我，功成必定有我。国平说，这些简报上有我们奋斗的足迹。在京一年，农业农村部各司局宣传泰州工作十多次。其中，泰州市金融支农、农业园区建设的经验做法，都得到张桃林部长的亲笔批示，乡村产业发展、农业农村重大项目建设等，都得到宣传推广。至今，那些简报我都珍藏着。

在国平的组织下，我们参观博物馆，学习习近平总书记系列重要讲话和市相关会议精神，即便远在北京，也时刻心系泰州。疫情最严重时，大家通过腾讯视频学习。那晚我说，来京挂职不容易，大家要认认真真干工作，大大方方交朋友，开开心心走四方。

国平当过办公室主任，很有才情。我们离乡千里，他说是"从凤城到京城，从海陵到海淀"。他希望大家珍惜缘分，说"京城一阵子，凤城一辈子"。有一次广银编简报，我帮忙修改严雁的心得体会，广银说我是大师，国平也说经过修改后大刀阔斧、大不一样。我说在综合处待了十年，就这点本事。国平说干文字工作很辛苦，十年综合处，一身真功夫。这句话鼓励了我。

工作之余，国平步履不停，游览四方。中国共产党历史纪念馆、国博、首博、军博、园博、印博、北大红楼、香山纪念馆、周口店北京人遗址、郭沫若故居、李大钊故居……他始终行走着自己的"万里长征路"。有一次去香山，他来回骑行四个多小时，爬山两小时。看他这身体，这毅力。

四月底，我们同往顺义区焦庄户地道战遗址纪念馆。那天阳光明媚，蓝天白云，紫色的二月兰一路绽放。国平一身休闲装，戴着帽子，很显瘦。进馆参观时，看到华北抗日战争作战地图上的"乐亭"，见多识广的国平说，乐亭是李大钊的家乡。对，我瞬间想起李大钊纪念馆前的地碑上，清晰地写着李大钊的出生地"乐亭"。

国平说，疫情前，每年五一、国庆和春节假期，他都会带家人游览大好河山。除了台湾、西藏，所有省份都跑遍了，还去了很多小众景点，开销也不少。相比之下，大好河山于我，总是隔着遥远的万水千山。羡慕国平，他真正做到了带着梦想，背着行囊，走向诗和远方。

午餐时，聊到游行趣事。山城重庆的高铁北站，从南广场到北广场，隔着好几里地，非得坐公交车。新疆吐鲁番站与北站之间有 70 多公里，要是没车接可就麻烦了。在火焰山景区，他说玩一个小时就出来，导游呵呵直笑。进入景区后，一开始感觉不错，但气温很快飙升，汗直淌，金箍棒显示 70 度，结果他十几分钟就跑出来，算是领教了火焰山的厉害。

回城地铁人不多，国平坐我对面，我们都有些累了。他还打了会儿瞌睡。挂职其实就是跟班学习，多是科级以下年轻人。如今国平已晋升至县处职，却依然与我们同甘共苦，这份精神难能可贵。

在南锣鼓巷分手后，我骑车去了钟鼓楼，这是北京中轴线北起点。鼓楼原名齐政楼，建于元朝，后毁于火。元成宗大德元年、明永乐十八年鼓楼重建，均毁于火。一座钟楼竟三次遇火。乾隆十年再建，高 49 米，重檐歇山顶，灰筒瓦绿琉璃剪边，全砖石梁拱券式结构。元、明、清三代，击鼓定更，撞钟报时，晨钟暮鼓，文武百官循律上朝，百姓生息劳作。如今的钟鼓楼，树木葱茏，群鸟高飞，人们在这里打球、下棋、散步、游玩。时间真是神奇，仿佛溥仪刚离开紫禁城，人们便三三两两聚拢过来，从

1924年至今，转眼已是百年。

景山公园内，牡丹正艳，千般红紫，交相辉映。流苏花挂在树梢，团簇如雪，晶亮透白，一排排小牡丹形如灯笼，甚是惹人喜爱。在寿皇殿门前，阳光灿灿的，我闭上眼，任由阳光穿过老槐的树丛洒在脸上。冥想，放空，忘却人生喜忧……

挂职这一年，疫情此起彼伏。挂职群里，国平经常发布疫情防控政策，我知道他也想家，只是没说。那年，他女儿正读高二，老婆一个人操持家务。有一次听他说，回家后看到老婆家里家外、忙这忙那，还要照顾女儿，心里很是不舍。工作如战场，家是大后方。对挂职干部而言，如果获得了军功章，那另一半无疑属于家庭。

当年春风拂

戴宗兄弟在财政部挂职，他为人谦逊，笑容可掬，颇有才情。第一次见面，他提醒我北京自来水水质偏硬，建议我买桶装水，并教我安装NFC无接触感应刷卡系统。

7月上旬第一次集体学习，参观国家军事博物馆，得知我没预约上，戴宗主动帮我约了首都博物馆。那天恰逢陈宁姐夫过生日，接到通知，他第一时间飞到北京。参观结束，戴宗带我俩来到一家奶茶店，买了点心、西柚奶茶。软糯的点心入口即化。奶茶分量大，我说喝不完，戴宗说尝试一下，喝不完就搁下。见他这般热心，我最终将奶茶喝完，权当干杯了。虽距首都博物馆不远，他还打了车，免去我们在烈日下的奔波。

暑假期间，我计划周末带女儿去遥桥古堡、云岫谷等文化古迹游玩。戴宗得知，随即发来行程，安排得井井有条。周六恰是七夕，我们从京密高速欣然出城，视野开阔，两边青山相对而出，一阵小雨绕窗檐，景色宜人，夏若仲春，行程甚是轻快。

青砖古堡，芥草盈盈，时间的痕迹轻如针脚。遥桥古堡建于明代，位于密云区新城子镇云岫谷，隐于深山之中，除四角放哨角楼不复存在，总体保存完好。古堡所在地叫遥桥峪村，是北京最早的民俗旅游村，60户村民多为边关将士的后裔。依托云岫谷山羊精楼，古堡与司马台以东长城敌楼遥相呼应，遇到敌情，燃点狼烟，部队可迅速支援。站在砖台上，四顾青山，只见山林郁葱，仿若置身世外桃源。

午餐品尝了当地的草鱼，很是可口。回程路过古北水镇，晌午，太阳暴烈，女儿留在车内休息，我们则徒步前行。一路走过古驿站，青石小街，曲径通幽，参天绿植，百年牌楼，令人目不暇接。

栽培心上地，涵养性中天。一座青砖小院的对联告诫我们，要注重经营内心天地，提升性情涵养，见天见地见自己，知敬畏，懂怜悯，明归途。小镇北倚雄伟巍峨的司马台长城，怀抱明清及民国风格小院，尤其是那司马台长城夜景堪称一绝，篝火之中，坐看满天星，手可摘星辰。两处均为网红打卡胜地。因行程原因，只得下次造访。回程时车流拥挤，来回三百公里，都是戴宗与酒泉同事舒志健轮流开车。

10月的一次晚餐，李局举杯欢迎广银，不知怎的便提到戴宗还有两个月挂职到期。宿夜，陈宁说，想到戴宗回去就剩他和老徐了，多有伤感。

我说，人生本就是一场遇见，有分有合，有聚有散。珍惜在一起奋斗的时光，于道各努力，千里自同风。

腊月十八晚9点多，戴宗在群里发了一条信息，与大家道别。其时，他已登上返乡列车。国平说他阳光、热情、真诚，祝新年新进步。广银祝他凯旋。戴宗谦虚地回复，感谢厚爱，服务不到之处请多包涵，回泰州常聚。

想起他在第一期《挂职信息》上刊发的心得体会。来挂职那天是零下16℃，天寒地冻，滴水成冰。今天是大寒，我说，你是在最冷的严冬那一天来的，飘雪的大寒这一天你走的。挂职一年，付出了很多，披星戴月，辛苦勤奋，成绩非凡。

戴宗很快回复：来时，至寒至冷的夜。别时，满天飞舞的雪。匆匆一年，铭刻一生，结下的缘，修来的福，终生的情。

曹登基说，有缘同来，一生值得回忆。沈忱献上一首诗："寒风冰雪夜回乡，兄弟相逢情谊深。凤城亲友如相问，一片冰心在玉壶。"居家隔离的李秋妍说，来时我没有接你，走时我也送不了你。从明天开始，开一瓶红酒，每天品一点。隔离在家，好在还有点唱机，一个人卡拉OK，一个人的奢华。李秋妍来自环保局，写得一手好字，唱得一首好歌，拍得一手靓照，打得一手好球，还能喝点小酒，即兴来上一段黄梅戏。大家都说，秋妍同志为人豪爽，性格外向，待人真诚，不拘小节，巾帼不让须眉。挂职结束前，她还专程为我钱行，由衷感谢。

几分钟后，戴宗写了一首《腊十八·别京》："只身赴京透骨寒，恍惚昨夜。别时，漫天飞雪似留客。不晓归期已定，心似箭。匆匆十数月，草木一春秋矣。万缕缘分天注定，铭刻在心。展前程，祈安康，享太平盛世。至耄耋，忆当年春风拂，长安花，挂友情，仍那般模样。"戴宗大学期间写过诗歌散文，搁笔多年，如今功力不减。

我说：才子归来，风度翩翩，十五人中最少年！黄恺说请戴宗吃鸭血粉丝接风。这黄恺独爱鸭血粉丝，我送他四句话："鸭知春江水暖时，血气方刚少年志。粉身碎骨爱美食，丝丝缕缕为其痴。"黄恺读罢捂脸而笑。

海阔天空

6月4日清晨进京，天蓝得不见一片云，三里屯的高楼，个个站在深海中。下午，从三里屯坐4路车直达西城老店百年冶春，市残联的陈宁部长与我相约见面。席间一位领导说，挂职一年听着很长，其实很短，大家一定要多走走，多交些朋友。

宁兄长我一岁，为人仗义，是个性情中人。他经常与俩女儿打视频电话，嘚瑟得很。一次在大观园，他在暴雪中与女儿视频，丝毫不惧严寒。二姑娘会背诗。烽火城西百尺楼，黄昏独上海风秋。更吹羌笛关山月，无那金闺万里愁。王昌龄的《从军行》背得滚瓜烂熟。与李秋妍一样，陈宁也有一副好歌喉，不像我，嗓子如同被猪啃过。《海阔天空》《一场游戏一场梦》，他张口就来。有一次，王军说周末去唱歌，我说陈宁是麦霸，不去。王军说，那就开俩包厢，让他一个人唱，唱到天荒地老也没人管。

10月的一个周末，陈宁邀我去八大处。由于着急赶公交，单车没停到指定位置，被扣了10元挪车费。长安寺、灵光寺、三山庵、大悲寺、龙泉庵、香界寺、宝珠洞、证果寺八座古刹，统称八大处公园，镇园之宝便是灵光寺供奉的释迦牟尼灵牙舍利。公园由西山余脉翠微山、虎头山、卢师山环抱，八座古刹星罗棋布于三山之中。香山之美在于人工雕琢，而八大处之美在于天然。

与陈宁、戴宗、薛飞会面后，沿石道上山，坡度平缓，阳光和煦，秋日登高，惬意美妙。中途，在路边小憩，阳光从叶缝中挤出来，斑驳地洒在身上。水利部的女同事买来烤肠，我和戴宗不约而同地将烤肠递给陈宁，三根红肠捏在他指间，像极了海王波塞冬手中的那把"三叉戟"。

攀上虎头山顶，下山有缆车、滑道两种选择。缆车常有，而滑道不常有。票价八十，美团购买，便宜两块。

一块滑板，四只滑轮，中间一根手杆，前推加速，后拉刹车，简单易学。不锈钢滑道又称富斯特滑道，于1994年建成，全长1700米，50个弯道，高低落差240米。滑道也被称作旱地雪橇，顺山而下，缓速约35千米，疾速可达80千米，可享贴地飞行的刺激。薛飞和我推杆前行，两岸是奇松怪石、名花异草还有跨山索桥，偶尔还能远眺京城秋色。一路欢笑，相互拍照，欢乐乘风而起，像是回到童年……

回程时，我们挤上公交，去戴宗宿舍掼蛋，然后打车前往君太百货的凑凑火锅店。

拐过高楼，穿过人海。下车时，陈宁喊了声"看天上"，戴宗笑着说，火烧云真是漂亮，好看，只有神奇的大自然才拥有这鬼斧神工。

循声望去，只见傍晚时分的落日与玫瑰色的云，半天朱红，粲然如焚。京城傍晚啊，晚霞尽染，瑰丽的天空，多彩的飞云，映衬着楼宇间的万家灯火。突然便发现，一生好短，那一瞬好长……

农历十月十八，小雪，陈宁生日，先我一天。陈宁说一起过。在车公庄紫光园店，戴宗、王军、广银、沈忱、严雁、黄恺、朱冰、徐浩、郭昭华，驻京办尹海祥主任都到了。生日蛋糕上的字写得好，"不管几岁，快乐万岁"。极少端杯的国平喝了两杯白酒，李秋妍则喝的红酒。虽远离家乡，但有兄弟还有烈酒，一顿饭吃得酣畅淋漓，个个脸上洋溢着欢笑。

寒冬时节，老婆至京，陈宁约在四世同堂见面。从什刹海骑车过去，在一个路口遇见群鸟盘旋、振翅飞翔，甚是壮观。那天很冷，零下9度，耳朵冻得生疼，围巾也挡不住戳人的风。

"五一"假期，去陈宁宿舍。从呼家楼出发，经过朝外大街、五四大街、景山前街、阜成门大街、南礼士路，在故宫西北角楼停车小驻。角楼是一座凸字形多角建筑，三层歇山顶，由两坡流水的悬山顶与四面坡的庑殿组合而成，亦称九脊殿。中间采用勾、连、搭的手法，以四面抱厦的歇山顶环拱中心屋顶，犹如众星拱月。下檐为一环半坡顶的腰檐，使上两层五个屋顶形成一个造型别致、精巧的复合体。漫步护城河边，一边人潮汹涌，一边柳瀑浮动，凉风习习，岁月静好。古城远殿，碧柳蓝天，所谓大隐隐于市，便是在这绿荫碧水间了……

一路向西，汗湿衣背，却很惬意。绿荫绵绵，蓝天似海，景致如画，正应了那句"金九银十红五月"。

陈宁买了菜，泡上金骏眉。薛飞点了香辣鸡腿。王军带来茶叶蛋和肉坨子。广银将蘑菇摊于锅底小火炙烤，稍后翻烤，咬上一口，外酥里嫩，鲜汁盈盈。我和王军制做蒜泥，倒半小碗麻油，加盐、生抽提鲜，味道美爆。大家举杯迎凌晔、送薛飞、祝贺小贤入党……

5月20日，为陈宁送行，提前一天备了菜单。下午收拾北间，搬床挪箱，拼桌借凳。买来龙虾、烤鸭、手撕鸡、盐水花生、青菜、牛肉，再炒个猪耳朵。王军说西红柿炒鸡蛋不错，但分量不多，没好意思多吃。广银说吃得很饱，今晚的夜一定是彩色的。凌晔翻出我的散文集让我签名。酒到酣处，我在扉页上即兴龙飞凤舞地写了一段文字，却不记得签了啥。沈忱醉倒在我床上，鞋也没脱，以为他是帅哥我就不嫌弃。最后，当我悄悄从冰箱里取出珍藏的蟹黄包时，有人说漂亮，有人说太帅，有人一把抓起热腾腾的包子说，没得命，快拿醋来……

在蒋医生那里拔完牙，医生说最好吃根冰激凌止血。晚上，王军约了去吃涮羊肉，陈宁踢着大头皮鞋走向超市。我刚坐下，陈宁便递来一支冰激凌，虽是冷饮，却让人明显感受到一股暖流。

这世上那么多人

金秋九月，广银方才抵京。在"京城鲜"为他接风，约了俞学义兄长和陈宁陪同。可能水土不服，广银一直咳，他还在厨房里把水烧开模拟淋浴房的蒸气，自制加湿神器，不容易。酒过三巡，品尝过羊蝎子后，广银谈起在姜堰二中读书的儿子，满是自豪。我说女儿在姜中求学时，泰州、姜堰，我们也跑了三年。

在住建局，广银负责住房保障工作，对宏观政策和房地产走向有着精准的判断。赴京不久，他便梳理了一条关于推进棚户区改造的信息，建议加快医药园区青年公寓三期租赁房建设步伐，以缓解住房保障压力，争取国家财政支持，信息很快被采用。后来，经过上争，泰州的保障性租赁住房建设获得了中央补助资金。

10月底的周末，我在北京规划展览馆参观，三山五园，历代名城，蓟国、蓟城、涿郡、幽州、南京、燕京、中都、大都、北平、京师，古老的城脉让人沉醉。10点半，陈宁约我同往潭柘寺。提前结束参观，匆匆赶往广银宿舍。大蒜炒肉片，红烧鲫鱼，爆炒南瓜头，西红柿蛋汤。就着可口的家常菜，我扒了两碗饭，只是饭不多，陈宁喝了碗米粥。广银不仅自己烧菜，还喜欢传道解惑。在西单大悦城锦府盐帮，教厨师烧青菜汤；在成都小厨，教厨师炒青椒百叶；在徽香名匠，教厨师烧鸡蛋豆瓣汤……誓要将淮扬菜传遍世界。都说男人会做饭，生活很浪漫；男人会炒菜，胜过高富帅。感觉，说的就是他和王军。

一路艳阳高照，流金铄银。在潭柘寺，邂逅了京城最美的秋色，明媚、灿烂、多彩、深沉。遇到堵车，下车步行百米，微汗，细细缓缓渗出来，如同锅镶边的温热。

潭柘寺建于西晋永嘉元年，距今已有 1700 多年历史。入寺，瞻仰天王殿千年铁锅，专程拜过供奉于神龛的"二龙"——大青、二青，这是乾隆赐名的护法龙王。穿过大雄宝殿，遇见两棵千年银杏高耸入云，银叶如山，时间瞬间停息下来。金妆玉砌，金枝玉叶，金碧辉煌，金光四射，那雄浑壮美如金昭玉粹遮天蔽日，挤满碧落长空……

晨钟初起茶溢香，暮鼓已毕味正浓。龙泉茶社茶客不息，香茗浮动。穿行寺内，古树僧舍，松木参天，午后的阳光从蔚蓝处流淌下来，随石阶起伏，四处蔓延。一簇簇枝影映于红墙，如剪纸，像素描，绘就出绚烂的光影流年。

春节后，百万庄出现确诊病例，广银闭门谢客。一份生蚝半盘虾，朝沐阳光暮看霞，日子倒也小有情调。正月十五是广银生日，我和王建华处长坐 4 路车前往大鸭梨饭店，那是他第一次在北京坐公交。

王建华处长是省农业农村厅文彩飞扬、有情有义的大才子，老家在兴化。在农业农村部挂职期间，我们同在 7 楼，他的办公室就在隔壁。工作上，他帮助、点拨我不少。有一次，我们同往南四环的奥特莱斯买衬衫，一路单车骑行，从城市间呼啸而过，像极了追风少年。

生日蛋糕上场，我领唱生日歌，"跟所有的烦恼说 bye-bye，跟所有的快乐说嗨嗨，亲爱的亲爱的生日快乐，每一天都精彩"。广银在歌声中许愿，大家顶着寒风，扛着醉意，尽兴而归。

3 月的黄花城水长城，山桃红，杏花白，连翘黄，还有连绵的二月兰。广银说喜欢莫文蔚的《这世上那么多人》，还有辛晓琪的《遗忘》、陈慧娴的《千千阙歌》。这何尝不是我们的记忆。在扬州大学工学院 107 宿舍，在无数个深夜，骚动的青春，便在这歌声中跌宕浮沉。

回城的路上，一路桃红柳绿。广银提到老家村口一棵 40 多年的老槐树被锯了，心里很难受。我说是的，槐树也是我们故乡的亲人，树倒了，童年也没了，我们只剩一个记忆里的故乡。

很多时候，那伫立在村口的大树，并不只是一棵树。在游子心里，她是我们归航的灯塔，是心灵的归宿，是自己的母亲，是另一种意义上的海。

沧海一声笑

第一次遇见沈忱是在 7 月，在农业农村部南侧百米之遥的小巷里的小吊梨汤店。远远地看到他坐在候餐凳上，戴着眼镜，身穿一身运动服。沈忱起身笑问，你是徐处吧，我说是。那天中午还有薛飞，初到京城，彼此格外亲切。

在挂职干部中，沈忱最小。在单位，他是全媒体新闻中心时政采访部副主任，不少重要活动会议的采访都是他挑重担。泰州早茶北京店开业那几天，他忙于宣传报道，与诸多在京人士对接，电话打得嗓子都哑了。沈忱的父母都是劳模，他多年来耳濡目染，一直以父母为榜样奋力前行。

相处一年，印象最深的便是沈忱的笑，清脆、干净，有磁性，有自信。正如他的性格，阳光、大方、豪爽……他的开怀一笑，神似沧海之笑。如果金庸先生见到沈忱，定会说，这不就是我笔下那个不拘小节、生性潇洒、爽朗豁达的令狐冲嘛！

11 月初，小雪。经古北水镇，过雁栖湖，几片淡云远山，风却刺骨钻髓。长堤尽头，一湖蓝镜。帮沈忱拍照，他脱了外套，只剩一件羊毛衫，还说不冷。我让他看向左边，他转过脸，一脸忧郁模样，酷得很。这形象气质，不去拍个电影可惜喽。回城时，暴风漫卷，叶满长街，我们一路狂奔。进了宿舍，沈忱烧水泡茶。在香鼎坊，我们尝过江西菜，小饮两杯，身子暖和不少。分别时，风依然凌厉，我叮嘱他买条棉毛裤，别冻坏了。

腊月十三，年前最后一次集体活动。国平传达了于顺华部长的鼓励和要求。那晚，黄恺值班，沈忱与他视频碰杯。王军加班没来。朱冰感冒了，依然穿着标志性的短袖。散席后，我独自骑车去车公庄地铁站。无风，清寒，明月如盘。离家两个多月了，月又圆，露已白……

5 月初来京时，疫情又起，发车前 20 分钟，沈忱急中生智，改签至天津再转北京。在陈宁宿舍，沈忱拿出家乡的菜，陈宁买来蛏子和满恒记的羊肉。凌晔说，来京后忙着办手续找宿舍，快一周没吃米饭了，捧起碗扒几口饭，连连说香。中途我去厨房，发现沈忱竟然用煎饼的平底锅在炒菜。

铲子一动，菜就往外蹦，沈忧一次次把菜"揪"回锅里。都说巧妇难为无米之炊，今天的沈忧，玩起了无锅之炊。

主餐是面条，沈忧从包里倒腾出一瓶酱，将油和酱盛入碗中，说来个灵魂干拌面。来来来拌一下，看看味道怎么样。大伙说，好吃得不得了。沈忧开心，说："明天我来做卤肉饭。你们早上吃粥，中午弄根黄瓜，一定要把肚量留到晚上。如果不好吃，我就剁指头。"大家都笑了，说让他做一锅让薛飞带回泰州，留着在隔离期吃。第二天，因司里有事我没去沈忧那儿。据说，一锅卤肉饭被他们吃得精光，一粒没剩。

一直很安静

初遇王军，是在甘家口的大鸭梨饭店，他将口罩套在胳膊上，一脸深沉样。得知他在铁路办工作，我便问起他们局长坐在铁路总公司台阶上的那张照片。王军笑着说就是他抓拍的。嗯，有才。

8月盛夏，钱苏平来京，王军约在奥林匹克公园附近的庭院人家见面。听说王军每天早晚跑步，在微信运动排行榜上经常占据榜首。风里雨里，他奔跑着一个人的马拉松。他说当过兵，习惯了。

立冬，雪至。如约前往广银宿舍，透过西窗，远远看到王军系着一条大红围巾信步而来。我说围巾不错，王军说是老婆送的。我说我有一条烟灰色的，但没有你这条妖艳。王军大笑，帅不帅，请叫我靓仔。

一天中午，他发来一张京酱肉丝的照片，说开发成功。蓝花细瓣四方盘中，八只金黄的百叶卷，油光闪亮的炒肉丝，青翠欲滴的小嫩葱，让人看了口齿生津。我问他咋会烧菜的，他说天生就喜欢。一般早上阳春面，中午蛋炒饭，减肥就搞点百叶、黄瓜蘸酱。小时候家里都是他妈烧菜，后来是他妹妹，他是饭来张口，直到结婚后，才学会做点简餐。

有段时间，他经常下班后约饭，不按套路出牌。要知道，下班高峰期，从团结湖到双榆树至少一个小时。他说得倒好，想吃饭就约，提前约有什么意思。有一次，王军说等我们回去后，哪天喝个酒唱个歌，就唱陈明的《我要找到你》。这歌我也喜欢。当时正在打字，由于没及时切换输入法，王军一眼认出五笔字根，问我是不是用小霸王学习机学的，结果我们都是。广银说，80年代有小霸王学习机的，都是牛人。

腊月，疫情散发，王军说要在京过年，咸肉都腌好了，四根肋条肉挂在防盗窗上。我说，这点肉不够啊，再去买只蹄髈，王军说没问题。本来是句玩笑，结果谁知我们最终都是在北京过的年。正月十五，陈宁、广银终于抵京。我和王军欢天喜地，兴奋不已，像漂泊在外的孩子见到家人一般。

冬奥会闭幕，我们前往首钢园，一起向未来。纯洁的冰雪，激情的约会，冬奥氛围依旧浓烈。

当年，石景山区在首钢里，首钢何等荣光，高炉昼夜不息，厂区热火朝天。如今，首钢成了工业遗址公园，过去与现代，工业与人文，古老与时尚，激烈交织碰撞。首钢代表了一个时代的辉煌，承载着一座城和几辈人的记忆。一路走过，大烟囱，群明湖，凉水塔，焦炭炉，工业历史的厚重感扑面而来。铁水奔流，钢花飞溅，曾经的火红年代就在眼前。如今首钢喧嚣不再，秀丽壮美的首钢园晋升为北京新地标。天很蓝，风很大，园区也很大。中午吃的是鸭腿比萨。

回到王军宿舍已近4点，有些累了。王军递来毛巾和新袜，并泡好龙井。待我出浴坐下，一碗干拌面便递过来，还有煎鸡蛋。肚子早已饿瘪，三两口吃完，葱蒜都扒得一干二净。王军说，面里加了青椒末、麻油、猪油。以前见他发过照片，今天一尝，方知鲜美之极，这碗干拌面令我终生难忘。

我问王军，咋买了这么多桶装水，他说北京自来水水质偏硬，只能买矿泉水，花了两千多。2013年他来挂职，不知什么原因，得了胆结石。有天夜里疼得厉害，跑到医院，急诊室人如长龙。又赶往另一家医院，人家只看精神病，不看泌尿科。熬到天亮，去买矿泉水，拼命喝，症状才缓解了些。从那以后，王军喝的多是矿泉水。一个大男人，在外不容易。

饭后回宿舍，地铁轰鸣，人不多。想起2003年冬天第一次来京信访值班，出差包干费每月6500元，买火车票，交完小贤的幼托费，留1000元家里零用，所剩不足4000元。北京见证了我的青春，她看着我蹦着跳着第一次走下地铁。在芬芳的过往中，我见过一座座美艳的宫殿，与她们共同成为这座城市的风景；在过往的岁月里，我背着行囊，阔别故乡，独自一人，淹没于京城的车水马龙……

人生能有几个二十年？人这一生，光阴如箭，无来去处。想到大觉寺大雄宝殿乾隆亲笔题写的那块匾额。一次，乾隆在黑龙潭谢雨后再至大觉寺，睹物如斯，作诗感慨。53岁的乾隆在《游大觉寺·杂咏》中写道：苍止花宫驻福田，禅枝忍草总依然。了知调御无来去，瞥眼流光却五年。

一次在车上，王军用手机播放《一直很安静》。"空荡的街景，想找个人放感情，做这种决定，是寂寞与我为邻……"这歌我特别喜欢，每次听到，总会自然地安静下来，只叹阿桑34岁便香消玉殒。王军说，他放的这首是他唱的，吉他也是他弹的。歌声青涩、干净、空灵，可以发专辑了。3月初，疫情形势稍缓，我与他坐硬卧同回泰州。早上，他送来一个食品袋，装着火烧、牛肉、香瓜和牛奶。多好的暖男。4月初，去黄花城水长城，我带酒，他买油条做粢饭，还带了烤鸭、夫妻肺片，解决了4个男人的午饭。

谷雨后的周末，去王军宿舍，他依然是围裙拖鞋小背心，嘴上哼着小曲，手机里吼着《都选C》。接过茶，我到房间看《航拍中国》：伊犁河谷的杏花、薰衣草，石河子的棉花，以及那些不甘心被吃掉的辣椒，后来被做成了口红……王军做了豆腐油渣，大蒜腊肉，韭菜鸡蛋，还有红烧肉。陈宁、薛飞都说，很久没吃过这么好吃的五花肉了。我也有同感，吃撑了。

302公交很挤，便站着。车过四通桥，字节跳动，万家灯火，首都的繁华在眼前飞驰。在农业农村部附近的长虹桥下车，风很大，有尘沙，那晚十点多竟然还跳了闸，好在不久便恢复供电。

从农业农村部向南，熟悉的小巷，小吊梨汤，左拐路过京城鲜，耳机里正是《一直很安静》。悠扬的小提琴响起，杨树叶在枝头跳舞，明亮的街灯穿过夜色，顺手拍下一段视频。我说，多好的风，多美的夜。广银说，风的语，花的香，不负山水一程。陈宁说，坐地铁都坐出情怀了，地下有水无山，有风无花，弄了点酒，一个个都成才子啦。后来虽换过手机，但这段视频一直珍藏着，并反反复复看过无数遍，它是小欢喜，是小春风，是小青春，还有破防的小确幸……

端午节下午去颐和园，36度的高温。裤兜里只有一张餐巾纸，擦汗，晾干，再用。在昆明湖云辉玉宇东侧游廊，我临湖而坐，小憩片刻，任汗珠飞滚。长廊始建于乾隆十五年，后被英法联军烧毁，光绪十二年重建。东起邀月门，西至石丈亭，273间728米，枋梁上绘有人物、山水、花鸟14000多幅，居古典园林之最。廊中，以排云殿为中心，建有留佳、寄澜、秋水、清遥四座檐亭，依山临水，与万寿山完美连接。走过十七孔桥，在湖心岛接到电话时，我早已饥肠辘辘。6点出园，赶到平安里C站，同行至新街口，店铺都已闭门。只能回宿舍，我和王军两人一前一后蹬着车，傻乎乎的。王军说，菜马上到，已经在手机上点了水煮鱼、雪菜回锅肉、辣子鸡、炒肥肠，买了啤酒，说还要炒个蛋。

我说哪吃得掉，他露出一排大白牙，笑眯眯地说，几分钟就好，这样才有烟火味。

若到江南赶上春

薛飞是市委宣传部新闻处副处长，在中宣部新闻局政法新闻处挂职。一年任劳任怨的辛勤工作，既增长了见识才干，更磨炼了意志品格。

薛飞为人谦逊，办事低调，稳重朴实。办简报，我与他 AB 角，组稿、校阅，相互配合，后来郭昭华也加入进来。挂职期间，薛飞在中央平台讲述泰州故事、发出泰州声音，党史学习教育多次得到专题推介。

郭昭华是 5 月赴京的，作为水利局的小才女，她的加入让简报编辑和挂职学习活动更加丰富多彩。9 月，她考上中央党校的博士，却因为工作原因放弃了。后来，她又以优异成绩考入国家税务总局上海特派办，完成了一个让人刮目相看、难以企及的华丽转身。

小郭是个很有心的人。

在北京挂职期间，我曾发表过部分散文。忙碌之余，小郭特地抽空朗诵我的文章，清甜的声音，舒缓的节奏，一段段，一篇篇，颇有专业主持人的才气，也为枯燥的日子送来一曲曲温柔的旋律。

平日里，小郭总是满面笑容，充满了活力与热情，一副乐天派的样子。其实，小郭的先生在京工作，她赴京后，小孩只能留在泰州。迢迢千里，来去不易，孩子便成了城市中为数不多的"留守儿童"。疫情时期，经常回不了家，只能视频见面。她作为母亲的无奈与辛酸，只能埋藏心底，化作片片相思情。

关于到上海工作，小郭说也是有惊无险，一波三折，差一点便到了南京。我说她有能力，有才干，有勇气，她说只是运气好而已。是的，一直努力的人，阳光总会照到她身上。这一点，特别像我办公室曾经的得力助手竺小敏，一个聪明伶俐、努力上进，有时也古灵精怪的"90 后"女孩，一个理性客观、干净利落、执行力极强的年轻人。她的微信名便是"努力努力再努力"。

腊月二十一，京城大雪，我和薛飞同往故宫，同行的还有他在交通部工作的同学倪鸣。雪后故宫美不胜收，银装素裹，蓝匾金殿，白雪红墙。

在太和殿广场，我们踩着滑溜溜的积雪，找了一处青石地面合影。在保和殿后，遇见那块覆雪的云龙大石雕，200多吨，产自房山区大石窝。据说当年运送巨石动用民夫两万、骡马千匹，运输途中，每一里凿一井，趁寒冬泼水成冰，沿百里冰道一个月方才运至紫禁城。尔后，经乾清宫、坤宁宫，穿宫墙深院，松柏连连，银松簇簇。

在钟表馆，1500多件钟表光芒依旧，其造作之精美，设计之前卫，装饰之华贵，技艺之卓越，让人叹为观止，古人的智慧让人折服。钟表馆引言写道：钟表可以回到终点，但人们永远回不到昨天。一寸光阴一寸金，寸金难买寸光阴。权德舆曾在《放歌行》中告诫人们：夕阳不驻东流急，荣名贵在当年立。青春虚度无所成，白发衔悲亦何及！

阅览完故宫珍宝馆，已近1点，从东华门出，饥寒乏累。路上说到羊肉，薛飞说青海盐碱地上的滩羊不错，没有羊膻味，味道鲜美，一方水土养一方羊。我提及客家菜很有特色。倪鸣领我们穿过几条胡同找到什刹海的一家粤菜馆，在二楼入座。椒盐乳鸽，鸡鸭拼盘，青鱼肉圆，水晶虾饺，中华鲟鱼，香肠虾仁炒饭，顿感食欲满满，颊齿生津。有些味道是刻在骨子里的，美食唤醒了故园记忆，温暖了离乡的肠胃，感谢薛飞、感谢大倪的热情款待。

时间过得很快，转眼便是春分。三天前，薛飞说挂职要到期了，约在宜宾招待所小聚。11公里的骑行，中途出汗，在北京站小憩，前门大街柳树萌芽，一路春花，美不胜收。

宜宾招待所是川菜的天花板，也是京城川渝人的精神家园。有人说，所有的乡愁，都是因为美食。一点不假。一块白底黑字招牌"北京宜宾招待所"倚着落水管，早在风雨中剥落掉色，迎宾牌匾写着"宜人宜宾"，一块展板提示：餐位紧张，取号等位，到齐入座，谢谢配合。马威、张鹏、倪鸣几位兄弟到店后，随即开饭。李庄白肉、回锅肉、毛血旺、干炒牛肉丝、爆炒肥肠等，均是四川美食。李庄白肉很薄，肥瘦各半，肥而不腻，肉也不柴。毛血旺，主料少，配料多，锅面一层红辣椒。那肥肠，香若肉松，脆如薄饼，酥脆如玉。最后来碗宜宾燃面，四色佐料泼在面条上，葱花、辣椒、芽菜、花生、肉沫，颜色炸裂，口味暴辣。这燃面油多，面条能像火绳一样点着。三月初春，北京依旧春寒料峭，但就着美酒梅兰春，却吃出了盛夏的温暖。

清明假期，一路向北。居庸关长城建于山谷，绵延十五公里，山峦重叠，树木葱郁，山花烂漫，景色瑰丽，"居庸叠翠"，名副其实。此地乃北方入关之门户，气势雄浑，地势险要，一夫当关，万夫莫开。停好车，大家先去西侧最陡的 14 号烽火台，但见杏花纷绽。

石阶盘旋而上，最陡处接近 50 厘米，我们倍感吃力。王军双腿发软。我们喊着号子往上爬，休息数次，到达烽火台已大汗淋漓。广银和我一屁股坐下，大口喝水。看着头顶的雄险，王军说算了吧，不能太拼命，来过就行啦。我说那就去对面，坡度稍缓些。下坡只能蹲下身子握紧栏杆，手脚并用往下走，心是揪着的，腿是飘着的，汗是斗大的。后来，腿疼了几天，"天下第一雄关"果然名不虚传！

对面长城稍稍平缓，脚下才轻松些。王军说，事实证明所有的决定都是正确的。我和薛飞拿出面包、肉脯分给大家充饥，王军则一心想着九转肥肠。在"不到长城非好汉"的石碑旁，我们拍照留念，我们都是好汉。突然，山下一阵轰鸣，山谷春花里，一辆列车沿着弯道呼啸而来。这辆开往春天的列车，瞬间让人们欢呼雀跃起来。又走过一段平道，城边杏花绚烂，下坡上坡，高高低低。我边走边说，黄河远上白云间，居庸关上难飞雁啊。一大早出门到现在，肚子早已咕咕叫了，大家在路边小店买了方便面、火腿肠、榨菜。广银笑着说，人间四月天，最美不过一碗方便面。

下午在十三陵，在 30 米深的地宫定陵，感受了皇陵的深邃神秘。定陵前是明楼，玉石砌成，却如同实木，栩栩如生，让人拍案叫绝。返程顺道慰问陈宁。发信息给他，"牛蛙牛蛙白如花，味道鲜美顶呱呱，小油一炸，盐花一洒，陈宁陈宁，你在哪"。陈宁说要来，可下楼却发现小区封了，电梯也在消毒。天啦，不会出现阳性病例了吧。陈宁急如锅边蚁，过几天他要参加冬奥会庆祝大会，习近平总书记将出席。前几天，陈宁的西装领带可都备好了。慌啊，急啊！好在只是一场虚惊。

一天往返，薛飞开车最多，很是辛苦。

春节前，细心的他还托人给我送了一盒包子，肉馅、秧草馅、蟹黄馅都有。离京前，我们与驻京办领导一起，在北京站附近的泰州早茶给薛飞送行。5 月初，薛飞踏上归途，说在京时间虽短，但感情永在，祝我们在京一切顺利。我说，画图恰是归家梦，千里山河寸许长，看到你回去，我们也想家了。薛飞说，归期有期，我在泰州等候诸君。

雨别长安街

来京挂职，大家懵懂而来，欣欣然。离京时，又都心存不舍，匆匆然。6月初，朱冰为严雁送行。

下午阴天，云雨密布，早早出门。从宿舍骑行90分钟，穿过朝阳门，沿五四大街向南，过故宫东侧北池子大街，邂逅普济寺、长安街、天安门。新华门是一座二层明楼，古典风格，琉璃瓦顶，雕梁画栋，一层楼檐下有蓝底金字牌匾上书"新华门"，照壁上是毛主席的字"为人民服务"，门前五星红旗高高飘扬。两侧墙上写着"伟大的中国共产党万岁，战无不胜的毛泽东思想万岁"。西单向西，银行保险金融行业区域，一片富丽高楼，散发着盖世擎天的财大气粗。

向西骑行20分钟，来到中华全国总工会和中国职工之家，严雁笑着说我来视察工作了。向北不远，便是太婆食府。山珍如云，清新诱人。来自山野的鲜美气味，从锅中散发出来。品过山珍，尝了美酒，大家热情高涨，畅别一年时光，感谢朱冰盛情款待。晚餐结束时已过9点，初夏之夜，门外正下着滂沱大雨。

广银与陈宁、凌晔同路向北，我住东城。我们互相告别后，我迅速冲进雨幕扫了辆单车。严雁让我从长安街向东，到木樨地乘1号线。我说，此地一为别，孤蓬万里征。严雁回复，京城别，万分不舍，期待凤城聚首，共赴前程。疫情期间，严雁坚守岗位，4个月没回家。这期间，耿小利主席与严雁共同起草撰写的关于泰州出租车司机的调研报告，曾得到全国总工会领导关注批示。

一路向东，多有积水，雨水不断，镜片也模糊了。我和朱冰一起蹬着车，任凭雨水打湿衣衫。到达地铁站时，我对朱冰说："北京好久不下雨了，去年下得多。"朱冰说："是的，这雨酝酿了一阵了。"雨中，我们笑着挥手，依依作别。

进入地铁，雨声渐止，鞋已尽湿。突如其来的雨，像是一场留客雨，让人有种壮志少年的错觉。夜雨寄"北"，不是齐秦的三月小雨，不是张学友的壮志骄阳，也不是壮年听雨客舟上，江阔云低，断雁叫西风。

恰逢雨夜，有不舍，有留念，更有无数感怀。

这一年，走了最远的路，出了最远的差，开阔了眼界视野，见识了缤纷世界，注定终生难忘。

这一年，我们在驻京办的带领下，团结一致，众志成城，攻坚克难，硕果累累。尤其是尹海祥主任，这位见人一脸笑的"80后"帅哥主任，与我们并肩作战，给予我们莫大的关心与支持。作为驻京办党支部的一员，我有幸与他一起参加了不少活动。有几次在江苏饭店，江苏特色的工作餐依然令我记忆犹新。在我看来，海祥既是领导，又是兄弟；既要负责驻京办很多工作，又要照顾当时正读初中的儿子，甚是辛苦辛劳。很多时候，他和我们一样，也是来京学习的"挂职干部"。他的付出，比我们更多。

日子看似很慢，又很快，转眼就到了说再见的时候。心有千千结，五味在心头。就像看一场好戏，初入梨园似朦胧，情到深处醉其中，剧到高潮已是终。朱冰说："进京赶考即将交卷，有离别京城的慨叹，也有对未来的憧憬，这段时间大家做到了不负家人、不负单位，即便回去，也是未来可期。"我认真点点头。

偌大的京城，我们有缘相遇、相识、相知，都是命中注定，这样的友情当倍加珍惜。

一个人的五月天

4月下旬，疫情形势趋紧，我们开始实行弹性上班制度。一个人回到宿舍，洗把脸，面对空荡荡的5月，时间突然宽裕起来。

一个人的生活平静如水，波澜不惊。清晨5点不到，天蒙蒙亮，窗外鸟就叫了。6点半起床，去小区北侧的清真小店吃早餐。先买单，后吃饭，一碗小米粥，一个茶叶蛋，一只牛肉包子，老醋熘白菜免费供应，捞好几碟也没事。店里还有羊杂汤，配上大蒜、辣椒，我觉得太荤。也有豆腐脑儿，厚厚一碗，像没拌匀的焦屑，我从未尝试过。

常遇到一对老夫妻，他们面目慈祥，满头银发，已至耄耋之年。他们很认真地吃饭，一勺粥，一口包子，几片白菜，不急不缓，每一秒都像在丈量时间。相比之下，我是吞食，他们是咀嚼；我是撑饥，他们是品尝；我是履行吃饭的程序，他们是享受生命。有一瞬间忽然在想，哪天我老了，也这么白发苍苍，我会在哪个小店，与谁在哪张桌上吃饭。不敢想，没想过，生命无常，谁知道以后怎样。但我知道这一天不远，生命一场，几十年时光，就是弹指一挥间的事。

用完早餐，戴上口罩，捏着身份证去做核酸检测。这个时段不忙，朝阳大妈们正在菜场审核着果蔬的售价。医务人员技艺娴熟，取棒、蘸液、掐头、拧盖，三两分钟便能搞定。高大的意杨树下，光影斑驳，向西不远便是东三环。在天桥上看南来北往的车流，追逐着摇曳的花海。左拐向南，穿过团结湖公园，闲庭信步。街边小店关了堂食，厨师们蹲在门口打游戏，美食陈列在门口，明码标价，亏本出售。

回小区便民点买点蔬菜，扫个码，然后侧身挤出大妈们的包围圈。回宿舍完成"学习强国"试题，看会儿新闻，11点做饭。一个人的生活好打发，青菜牛肉，西红柿炒鸡蛋，吃到晚上。我不善烧菜，家中饮食都是母亲操持，即便在1991年特大洪水时期，母亲也能用咸菜老豆腐烧出一锅美味的汤。大学时，我才学会蛋炒饭。只要不让自己饿着，就算及格了。曾到北平食府买过卤煮，外表鲜美，口味一般，半食半弃。在紫光园买过熟菜。坐在塑料椅上，就着二两小酒，独自品尝着"北漂"的咸辣。

下午出门，有时在东三环的桥上看风景，这一刻我也是风景。有时去三联书店，倚着书柜翻翻书。有时就是走街串巷，漫无目的。还有一次骑车去南三环外的供电所交电费，来回两个多小时，屁股上差点磨出老茧。有时会经过人民日报社，或穿过央视总部大楼"大裤衩"，或到国贸商场闲逛，满目琳琅间尽是虚无。

一个人走在街头，是旅行，也是流浪。一栋一栋的高楼，一捧一捧的蓝天，一片一片的绿色，一簇一簇的鲜花，一阵一阵的车流，一座又一座地铁站。偌大的京城，一切都是我的，一切又都不是我的。

5月13日，阴历十三。月上树梢，走上呼家楼桥，天空堆集着云朵，夜色生动而妩媚。广银恰好也在散步，拍下霓虹闪耀的电视塔。他问我是不是在三里屯，他还没来过，我说随时来，他说疫情平稳就过来。月又将圆，夏风狠狠地摇着意杨，有点想家了。

东三环的车流滚滚向前，南有中国樽和国贸，北有三元桥经贸圈。可这繁华与我无关。广银说，北京再好，终是灵魂无处安放的地方。随手将许巍的《故乡》转发到群里，王军说有点伤感，我说没有，只是在对的时间恰好听到对的歌。王军说，许巍的歌要听小众的，比如《情人》。后来我听了，柔软的歌，像丛林深处的溪流，符合王军的小资情怀。

若是不想出去，便在楼下小坐。宿舍在一楼，搬张椅子出去就行。坐在浓密的树荫间，泡杯茶放在地砖上，拿本书，初夏的风从头顶掠过……

认真读过《摆脱贫困》《之江新语》，是习近平总书记在福建和浙江工作期间的调研活动谈话和短评文章，文字素朴，平语近人，受益匪浅，至今依然记得。

那段时间，手上有篇金融支持农业农村项目建设的稿子。这是蒋向荣局长倡导推动的"泰惠农"金融支农活动，为乡村振兴注入了源头活水，解决了农业农村发展融资难、融资贵的问题。在计财司王胜处长指点下，我几易其稿。天热，我只穿一条裤衩，汗一滴滴掉在键盘上，后背早已黏乎乎的。标题一个一个地磨，句子一句一句地改，字一个一个地过。6月1日，计财司第32期简报刊发《江苏泰州引导社会资本，扩大有效投资，以重大项目建设增强农业农村发展新动能》。拿到大红文头的简报时，即便上面文字早已烂熟于心，心里依然是暖暖的。

挂职回来后，我轮岗到办公室主任。在审核文稿时，常发现各种错误，便在领导支持下建立发文双审核和文稿错情通报制度。从语言表述到标点符号，从行文格式到错字别字，纠正各类错误上千处。朱小银处长说这是创新，我说机关干部如果连普通公文都写不好，不能说是水平差，只能说是没有责任心。蒋局和胡局都说过，工作忙不是出错的理由，事情越多越要认真。文稿纠错是一件很辛苦的事，用了吃奶的力，有时还不讨好。尽管很难，我和竺小敏一直坚持着，每天都要校对数十份文稿，纠正了若干错情。当然，最辛苦的，还是小敏。有段时间，我想过放弃，但放弃就意味着失职。把关文稿用力在暗处，也没有成绩可言，但我们愿做文稿的"护航员"，甘愿在自己的赛道上勇往直前。

　　写这篇文章时，手头正在编辑《2023年农业农村工作巡礼》，我、姚阳、小敏共同负责。第二稿、第三稿的校核是交给小敏的。错别字在她面前纷纷现出原形，印象最深的是"独挡一面"中，"挡"应该是"当"。一个篱笆三个桩，一个好汉三个帮，小敏确实是位不可多得的好帮手。

　　值得自豪的是，在农业农村部2020年度公文质量建设评比活动中，乡村产业发展司与发展规划、科教、种植业、渔业渔政等司局一起，荣获公文质量先进单位。荣誉来之不易，更当戒骄戒躁，加倍努力捍卫。文以载道，文以辅政，机关离不开"文来文往"。我曾在综合处工作10年，深知文字工作不易，在规范性、严谨性、逻辑性上不应出现闪失。很多时候，要逐字推、逐句读、反复斟酌推敲。腰酸、眼花、疲劳、颈椎疼，只能起身走两步，坐下来还得继续。

　　居家办公的那段日子，时光是短暂的，也是漫长的；是安静的，也是孤独的；是黑白的，也是艰难的。在遥远的北方，在脚步急促的城市中，我一个人做饭，一个人出行，一个人读书，我就那样一个人坚强地生活。

　　有时候也要感谢自己，一个人走了那么远的路。

走过卢沟桥

有的桥在水上。有的桥在路上。有的桥一直在人们心上，比如卢沟桥。

11 月中旬的周末，清晨 6 点左右赶到地铁站，先乘坐 6 号线转 10 号线再换 9 号线，之后又换乘 309 公交车经西道口、抗战雕塑园，最终到达丰台区卢沟新桥站，步行 5 分钟抵达卢沟桥。

卢沟桥，始建于 1189 年，地处京都咽喉，是兵家必争之地。桥长 266.5 米，宽 7.5 米，距今 830 多年，是北京现存最古老的石拱桥，1961 年成为第一批全国重点文物保护单位。七七事变中，第 29 军 37 师 219 团奋起还击日本侵略者的枪声，依稀还在耳边回响。

站在卢沟石桥前，久远的沧桑感扑面而来，两排石狮柱栏伸向历史深处，桥首处的石书扉页记录着七七事变始末。

卢沟桥的桥面呈弧形，两端较低，中间隆起，桥墩、拱券、望柱、栏板、抱鼓石、华表，均由天然石英砂岩及大理石砌成，桥面则由天然花岗岩巨型条石铺成。桥下河床上，铺着鹅卵石和石英砂，桥体坚实稳固。桥墩南面顺水，形似流线型船尾，以分散水流对券洞的冲力，很像婺源的状元桥。大理石护栏由 281 根望柱和 279 块栏板交替组成，南侧望柱 141 根、栏板 140 块，北侧望柱、栏板各少一块。

每根望柱顶端均雕有一只石狮，尽管历经风雨战火，石狮早已褪色破损，但 501 个石狮依然活灵活现，或站或卧，或盼或思，憨态可掬，千姿百态，栩栩如生。

桥东北侧有一座碑亭，立有乾隆亲笔题写的"卢沟晓月"。每当黎明傍晚，明月倒映于永定河溪水中，更显明媚皎洁。从金朝金章宗年间开始，卢沟晓月便被称作"燕京八景"之一。1698 年重修卢沟桥时，康熙令在桥西立碑，后来乾隆亲笔题写"卢沟晓月"。桥西南侧立有一块石碑，"古渡千秋"四个金色大字熠熠生辉。

卢沟桥，正对着宛平县城。宛平城始建于明崇祯十一年（1638 年），东西长 640 米，南北宽 320 米，是华北地区保存完整的两开门卫城。拱形城门一块石碑上刻有"宛平城"三个字，上方两侧的砖缝间有石灰修补痕迹，那是日军攻城时留下的弹坑。作为卫城，起初城内并无大街小巷、市场、钟鼓楼，只有东西两座城门——顺治门、永昌门。

宛平城内，建有中国人民抗日战争纪念馆。进馆参观，一封家书给我留下的印象极深。这是中国军队开赴抗日前线，与日军正面作战的图片展，标题为"敌军一日不退出国境，川军则一日誓不还乡"。其中，有一封父亲写给儿子的信："国难当头，日寇狰狞，国家兴亡，匹夫有责。本欲服役，奈过年龄，幸吾有子，自觉请缨。赠旗一面，时刻随身，伤时拭血，死后裹身，勇往直前，勿忘本分。"

只见那信笺中间，写了一个大大的"死"字，右边还有一句话，"孩子，我不愿你在我近前尽孝，只愿你在民族份上尽忠"。千钧一发的国难之时，父子同心，同仇敌忾，浴血疆场，这是何等的视死如归，这是何等的壮怀激烈，这又是何等的家国情怀！

朋友圈的文字，得到不少好友点赞。办公室智斌主任说，期待我能写一写北京的桥。他这不经意的一说，倒让我多了几份关注。今天，就来说说北京的桥。

首先是数不胜数的过街天桥。第一座便是 1982 年建成的西单商场天桥。据说当年在西单、东单、王府井，市民过马路要与一万多辆机动车、自行车交叉，时常发生交通事故。北京市政府通过努力，率先建成了崇文门、建国门、朝外大街等一批过街天桥，解决了群众出行难题。

过街天桥种类较多，如一字形、叉字形、之字形、回字形、非字形。一字形天桥多为直上直下型，但在空间局促的街区，也有"S"形和"Z"形。玉渊潭公园东侧三里河南北路上，有一座"C"形天桥，恰似一条银色绸带，与东三环中路农展馆南侧的天桥很像。过街天桥没有遮阳棚，盛夏时从天桥上过街，会晒掉一层皮。5 月下旬的一天，骑车经过南锣鼓巷，偶遇东城区府学胡同的文丞相祠，路过张自忠路 3 号，"三一八"惨案发生地、清陆军部和海军部旧址、段祺瑞执政路旧址。下午 4 点经过三里屯，已汗流浃背，看到一位盲人坐在天桥上拉着二胡。太阳火辣，他却气定神闲，胡声悠扬，独自吟唱，那份淡定着实让人钦佩。

朝阳区东四奥林匹克社区体育文化中心门口，有一座"X"形天桥，红绿灯支柱立在马路中央。西城区阜成门的过街天桥是回字形，四面通达，十分顺畅。海淀区中国农大西校区公交站的过街天桥是非字形，东西两侧各有南北四条封闭梯桥，将行人与飞驰的车流完美隔开。

从东三环最南端向北，依次为十里河桥、华威桥、潘家园桥、劲松桥、双井桥、国贸桥、光华桥、京广桥、呼家楼桥、长虹桥、农展桥、亮马桥、三元桥等。三环路全长48.26千米，立交桥、跨河桥、过街天桥共有130多座，多如牛毛的立交桥，串联起方便快捷、忙碌有序的立体交通网。

长虹桥位于农业农村部西侧、三里屯东侧。20世纪80年代，三里屯还是个小村庄，路边满是拉客的小中巴，驾驶员在车上抽烟，女售票员扯着嗓子揽客。三环路启动建设后，路边摊、小巴士和无证经营的门店先后被取缔，环境逐步好转。

亮马桥在长虹桥北，中间隔着农业展览馆。说到亮马桥，先说亮马河，一条东直门外的小河。相传清朝来京客商进城前都要在此洗涤尘垢，将马拴在河边柳树上，晾干水渍进城以图吉利，此河也称"晾马河"。曾经的亮马河水源充足，牧草丰盛，明永乐年间皇家御马苑就设在这里。亮马桥也称燕莎桥，旨在表彰为建桥出资的燕莎集团，1992年落成的燕莎友谊商场是全国第一家中外合资零售企业。如今的亮马河，河道清澈如镜，两岸亭台柳荫。市民们在这里读书、野餐、遛狗，怡然自乐。

向北是三元桥，10号线与首都机场线的换乘站，1984年建成时荣获北京市第一个国家银质奖。据说三元桥因附近三元庵而得名。天官赐福、地官消灾、水官解祸，天官、地官、水官合称"三元大帝"。

把目光转向东四环四惠立交桥，四环路、建国路、京通快速路、通惠河北路相交于此，一次去百子湾供电所交电费途经这里。去时一路顺畅，返程出了状况。除几条向北高架，只剩一条向东便道，旁边有块提示牌"自行车优先"。这时，一位外卖小哥骑到前面左拐，我赶紧跟了上去。骑行数十米发现三四个岔道，路口也无指示，迷路后询问路人，又原路返回，从前一个岔路口右拐，进入一条下坡路。一阵寒意袭来，刚才还淌汗，这会儿已是冷风飕飕，赶紧穿好外套，暗黑的甬道逼仄潮湿，心里确有点慌。下坡，上坡，足有两百多米，头顶是轰轰的车流。好不容易骑到路口，询问工勤人员，让我右拐再左拐。待驶上建国路，看到中国樽，才放下心。后来得知，从A1到10C，四惠桥共有几十个路口，不迷路才怪。在四惠桥附近，还有国贸桥、百子湾桥、慈云寺桥、大望桥、光辉桥、大郊亭桥、红领巾桥、窑洼桥、高碑店桥、四方桥、厚俸桥、广渠门桥等。

接着来说说"世界第九大奇迹立交桥"——西直门立交桥。该桥位于北二环与西二环转弯处，紧邻北京北站和嘉茂娱乐购物中心，总投资2.1亿元，立交三层，很是壮观。上了桥，左拐、右拐、禁拐、直行等上百个交通标志，瞬间能让司机眩晕。外地司机经常上得去却下不来。尤其是从西直门外大街通往西二环向南的方向，不能右转，必须先直行，再转五六个弯才能进入二环路。西直门桥绝对是驾驶员的噩梦，就连导航也经常崩溃。至今，这段"肠梗阻"也是难以攻克的世界级难题。

颐和园昆明湖长堤上的玉带桥，形如穹宇飘带。玉带桥单孔净跨11.38米，矢高7.5米，玉石琢成，白石栏板。在西堤六桥中，玉带桥是唯一的高拱石桥，也是乾隆从昆明湖前往玉泉山的必经通道。桥身用汉白玉和青白石砌成，桥栏望柱上，仙鹤飞渡，雕工精细，生动逼真，神工天成。

十七孔桥，连接昆明湖与南湖岛。桥身长150米，17个桥洞，形如长虹卧波，又似柳叶弯眉。桥上石雕精美，544只狮子神态各异，桥头刻有石雕异兽。两端桥额均为乾隆手书，分别是"灵鼍偃月""修蝀凌波"。十七孔桥仿佛瞬间飞虹跃湖，且有金脊神兽终身守候。春秋时节，微风倩影。于桥上凝望碧波浩渺，绿树金阁，令人心旷神怡，陶然忘归，一座万寿山也跟着昆明湖水荡漾起来。冬至，十七孔桥金光穿洞，"长枪""短炮"聚集于此。当落霞照亮桥洞，美轮美奂间乍现绝美景象，似水火交融，冰炭同炉。那金光，托起十七般吉祥福瑞，也照亮了工匠的万千智慧。

高梁桥位于西直门外偏北方向，建于1292年。忽必烈为满足元大都用水和南粮北运的需要，派都水监郭守敬从昌平白浮泉及西山玉泉引水，转入护城河、积水潭、通惠河。明清时期，河水通过闸口，流向西山园林风景区。桥东北建有绮虹堂码头，桥西南建有船坞，两岸垂柳成荫，风光秀丽。当年，高梁桥畔遍布稻田荷池，如诗如画。来此纳凉、遛鸟、品茶、卧歇、垂钓者，不计其数，河边也是小贩云集，人头攒动。从这里坐船至白石桥，五六里水路，夹岸高柳，风景秀丽。

高梁桥又称"高亮桥"，源于高亮赶水的传说。相传，朱棣和刘伯温选都北京，当时北京是一片苦海，刘伯温便命龙王把水搬走。北京城建成，龙王悄悄把城中井水抽干，放入水袋，和龙母一起推着小车逃出西直门。刘伯温派大将高亮快马北追。快赶上龙王时，高亮向水袋猛戳一枪，只听到山崩地裂的巨响，顿时洪水滚滚，白浪滔天。高亮调马跑到城门时，一个浪头把高亮连人带马冲进水中。为了保住水源，高亮牺牲了性命。人们于是修起一座白色小石桥纪念他，取名"高亮桥"。

白石古桥建于元朝，河道是元明清三朝御用旅游专线，两岸建有寺院、行宫。6号线便有白石桥南站。在白石桥北，忽必烈为八思巴建造了宏大的仁王寺，殿宇170多间，寺中建塔藏有八思巴舍利。明朝朱棣在仁王寺废墟中建成真觉寺，也就是今天的石刻博物馆。白石桥西，建有昭应宫，旁边是郭守敬兴修水利留下的蓄水湖，便是今日之紫竹湖。

北京的古桥数量众多，新建的桥梁不计其数。日复一日，年复一年，它们在无声的时光里讲述着历史，与我们共同见证岁月变迁，一起守望伟大的中国特色社会主义新时代。

总有一辆车属于你

首都北京城，交通四通八达。

公交最便宜，一两块钱可以坐很远。据说京城走得最远的936路公交车，100多个站，全程160千米，相当于从泰州到南京。地铁最快，不会堵车，准点到达。也可以找滴滴、青桔，我的专车是哈啰。刚到北京时，习惯坐公交，有时骑哈啰单车，骑一次是1.5元。暑假期间，小贤来京实习，教我买了哈啰单车月票，一个月能节约几十元。

只要不赶时间，找一辆骑上去，脚下虎虎生风。

常遇到坏车，这在北京算是常态。铃儿不响的，链条掉了的，刹车松了的，脚蹬子坏了的，车篮损坏的，发出异响的，车轮变形的，无法识别的，少了坐垫的，二维码被抠的，打开锁推不动的，甚至是没有龙头的……

这中间，我对丢了塑料把手的车记忆犹新。寒冬腊月，如果遇到铁把手外露的单车，那恭喜你"中奖"了。

2021年11月7日，大雪，气温猛降十几度。八点多走出温暖的办公楼，雪花迎面直撞过来。身穿秋衣的我冻得全身颤抖，肌肉紧缩，双腿打晃，能清晰地听到上牙打下牙的声音。门口有辆单车，铁把手。我那天没戴手套，不过顾不了那么多，想着先回宿舍要紧。赶忙抹去雪花扫了码，骑上车狂踩，一种刺骨锥心的冰寒立即从双手直钻全身。在狂风暴雪中，雪花打着眼睛，运动鞋湿了，脸冻得通红，脖子里全是风，身体已经不是自己的了。那天真是太冷了，我差点就被冻晕在北京的寒风中了。

骑车出行掉链条，也麻烦。听陈宁说，有一次他晚餐后骑车回家，单车突然就掉链子了。换作很多人，可能就靠边还车了，陈宁不愧是兵哥哥，退伍不褪色，自己动手装好了链条，只是，手上脸上全被弄得黑乎乎的。不容易，这得给陈宁同志点个大大的赞。

平常出行，如果不赶时间，骑车最惬意。

有时我们是独行客。到京不久，一个周末下午，我骑车从东三环团结湖公园向南，经过 CBD 核心区，向西穿过建筑风格绚丽多彩的使馆区，沿二环向南，再从长安街、天安门向南骑到建国门。那天特别闷热，只带了一瓶矿泉水，出了很多汗，不知道哪来的气力。至今想来都觉得自己傻乎乎的。

有时我们是旅行者。包放在车篮里，外衣系在腰间，迎着轻风，穿过楼影丛丛，掠过小巷胡同，悠闲中颇有几分情趣。周末约朋友吃饭，肩上背着包，两三瓶酒搁在车篮里，顿时减轻不少负担。

有时我们是追风者。有一次挂职干部集体活动，从小巷到大街，我和陈宁、戴宗、黄恺沿着街道，一路弯弯绕绕。其间走错了路，看到了中央电视塔，穿过玉渊潭公园。玉渊潭，可是京城观赏樱花的绝妙去处。

有时我们是后街男孩。周末，挂职兄弟聚到一起，打几把小牌，骑着单车出去吃饭，一字长蛇般排开。那些惬意与幸福，跟着单车，穿过深宫厚墙，流过大街小巷。

想起 2020 年深秋，和冬儿去广州。上午参观东莞虎门销烟纪念馆，下午前往松山湖景区。道路起起伏伏，风景峰回路转，在秋阳里，我们绕湖一周。耳机里，恰好是陈淑桦的《秋日微风》。上坡下坡，沐着暖阳，湖光粼粼，金子般闪亮。我们在坝上小憩，任由午后的阳光在周身流淌。在华为广州总部，小火车一站站驶过，慢慢悠悠，童话一般。树间香蕉，各种花叶，尽显南国风情。十几年不骑车，中途歇了几次，屁股实在吃不消。还车时，两条腿快要废了。后来听说，松山湖是东莞水库，72 平方千米，一圈是 30 千米。如果出发前知道，可能我们连出发的勇气都没有。

人生就是这样，你不去尝试，永远不知道自己有多优秀。很多时候，人就是被逼出来的。经过时间洗涤，有些伤疤，终究会变成我们的盔甲。

北京的深秋，美不胜收。10 月的周末，在前门大街老舍茶馆吃过午饭。彼时，金黄的银杏叶挤挤挨挨，前门大街已是前门金街，深蓝天空里的金色光影溢满眼帘。回程时，我从公交车上下来，连公交亭都是金色的。耳边响起《Serenade》，心中热血沸腾，脚掌便全是力量。蹬一辆单车，在金色海洋中穿越人潮，飞越城市，掠过乡野，从春到秋，跟随音乐狂野的节奏一路向前。此刻，我和单车都是主角。

不过，有时车很难找。那些密密麻麻的单车，总是紧跟着上班族的脚步，晚上在小区门口，早晨在地铁口，春夏秋冬，风雨无阻，洪流一样迁徙。没车也没事，走走呗，权当锻炼了。有时运气不好，走到腿软也找不到车。我和陈宁在北海公园那次便是，艳阳十里，又热又渴，朋友电话一直在催。在北京有一辆车，太重要了。多么痛的领悟啊。于是我便睁大眼睛，在每座公交亭后、每条巷子深处、每个拐弯角处，疯狂地扫描搜索……

下雨天找车的感觉，不妙。北京排水系统不好，路上总有积雨。好几次从地铁口出来，都是大雨，没车，悲催了。咋办？能咋办啊，把包顶在头上，硬着头皮，撒开双腿往前跑呗。到了冬天，温度降至零下，好多车反应迟钝，扫几次码，锁都弹不开，车子它也冷啊，只留下颤抖的我在寒风中凌乱。那就只能打起精神，耐着性子往前走了，心里默默祈求好运，但愿拐角遇到车，就像转角遇到爱。

只有在路上，才能看到风景，才会有各种遇见。

这一年，单车载着我，迎风沐雨、穿霜淋雪，一次次感受大北京的车水马龙与万般风情，国博、军博、水立方、天安门、王府井、德胜门、中华世纪坛、奥体中心……

没有哪辆车，会永远在原地等你，它是行进的、运动的、变化的，你不知道它会出现在哪个路口。但长路漫漫，终会在某个地点、不经意之间遇见那辆等你的车。

如果还未遇到，那就请一直向前。

如果信仰有颜色，那一定是中国红

来京半年，还没去过升旗现场，决定周末成行。忽然想起一句话，当你下定决心准备做一件事的时候，你就应该立即开始，明天是风是雨，与你没有任何关系。

清晨 5:40 起床，6 点出门，天还是黑的，唯有一轮圆月高挂。

顶着夜色走进地铁呼家楼站，寒风中的安检人员睡眼惺忪。我从 10 号线转乘 1 号线，半小时抵达天安门东，出站后便排队安检。两位警卫让我填写个人身份信息，核验身份证，人脸识别。安检人员拉开我的包的拉链，将一张《农民日报》和两页刁铺爱情海田园综合体的材料认真检查了好几遍，确认正常后才放行。

接近 7 点，天空还是灰色的，旁边几十人也在等候。有人在拍视频直播，对着屏幕大声介绍着现场情况。风，吹得耳朵生疼，我不觉拢了拢羽绒服，在原地跺着双脚，镜片的边缘已结上一层薄雾。7:20，天空放亮，长安街上呼啸的车流已被临时管制。中央护栏打开一个通道，防暴车停在大街东西两端，便衣警察与解放军战士已经到岗。

7 点半，远远地看到国旗护卫队迈着整齐的步伐走上金水桥，都是身材挺拔、百里挑一的优秀战士。国旗护卫队共有 66 名解放军战士，第一排是 3 名升旗手和护旗手，第二排是 3 名海陆空战士，后面 60 名战士，每排 4 人，队形整齐而优美。一年四季，春夏秋冬，日出升旗，日落收旗，风雨无阻，雷打不动。

第一排战士护卫国旗，第二排战士腰挂佩刀，后面的 60 名战士肩扛步枪，齐步走上长安街。随着队长一声嘹亮的口令"正步走"，战士们出刀、握刀、举刀、握枪、端枪、举枪，正步前行，动作整齐划一。这段距离是 75 米，战士们正步走过 96 步，寓意着我国 960 万平方千米的国土。

此时，天安门上空，只有雄壮的正步声，一秒一步，一步一秒，"嚓""嚓""嚓""嚓"。清脆，坚实，铿锵，每一步正步都踢出了军威和中国人的尊严！在呼呼的风声中，每一秒，都是最真切的时间……

正步走过长安街，战士们齐步走向升旗区，走上升旗台，将国旗绑好系紧，其他战士列队向国旗行注目礼。短暂的平静后，雄壮的国歌声响彻清晨的天空，鲜艳的五星红旗沿旗杆缓缓升起。那一刻，内心是深受震撼的，那种不约而同的肃穆，那种发自心底的感怀，那种油然而生的自豪，都转化为笔直站立的身姿与翘首注视的目光。旁边，有人轻声哼唱国歌。"起来，不愿做奴隶的人们，把我们的血肉筑成我们新的长城，中华民族到了最危险的时候，每个人被迫着发出最后的吼声，起来！起来！起来！我们万众一心，冒着敌人的炮火，前进！冒着敌人的炮火，前进！前进！前进！进！"

虽然整个过程只有几分钟，但这庄严神圣的时刻，已深深嵌入脑海，挥之不去。以至于挂职回来后，每每在电视上看到天安门升旗，我都会肃然起敬，如同身在现场。

两个月后的一个下午，我又观看了降国旗仪式。猎猎寒风中，依然是威武神勇的国旗护卫队，依然是帅气英俊的护卫队员，依然踢着最阳刚最有力的正步走过天安门。"向国旗敬礼"，护卫队员纷纷举枪行注目礼，国旗在夜幕的风声中缓缓降落。国旗离地两米左右时，护旗手小心翼翼地将国旗收起、绕结，打成折叠状扛在肩上收回。

在我们心中，祖国永远处于最重要的位置，而那面迎风飘扬的五星红旗，更是每个人心中最神圣的存在！

1949 年 6 月 16 日，全国政协专门工作小组向全国征集国旗方案，共收到国内外来稿 2000 件。经反复筛选，全国政协代表评议，毛主席审查，最终在全国政协第一届全体会议上正式确定国旗图案。然而，就是这样一面我们最熟悉不过的旗帜，却有过另一个"不太标准"的样子。那段故事里，涌动着殷红的鲜血和热泪。

1949 年 10 月 1 日，中华人民共和国成立。但在重庆白公馆渣滓洞，依然关押着中共地下党员江竹筠和她的战友们。得知新中国成立，她们激动拥抱，泪流满面，决定绣一面五星红旗喜迎解放。可她们没见过红旗，只能一边防备着巡逻特务，一边凭想象连夜缝制了一面红旗。一颗红星绣中央，光芒四射，象征着党。四颗小星在四方，祖国大地共同解放！不幸的是，她们熬到了新中国成立，却没能见到新中国的五星国旗，300 多名中共党员被重庆特务疯狂屠杀，壮烈牺牲……

这个时候，国旗是一种信仰！

1952 年 10 月 1 日，朝鲜战场，被俘志愿军战士为了庆祝祖国生日，自制了一面国旗。做旗子的布，是用掉了胶的雨衣加消毒红药水染成的。五角星，是用黄色的奎宁药丸染成的。在五星红旗升起后的 15 分钟，150 多名战士在敌人的机枪扫射中倒下，献出宝贵的生命……

这个时候，国旗是一种力量！

2008 年，神舟七号成功发射，9 月 27 日航天员出舱行走。全世界的目光都聚焦在中国航天员翟志刚、刘伯明和景海鹏身上。但发生了意外，舱门打不开。如果翟志刚不能出舱，任务就完不成。紧急关头，刘伯明从舱内找到一根金属撬棍递给翟志刚，终于打开舱门。但就在翟志刚准备出舱时，火灾警报突然响起，他们面临生死考验。三名航天员临时决定改变出舱程序，首先向全世界展示五星红旗，以证明中国人来到了太空。翟志刚后来回忆说，当时决定不顾火灾展示五星红旗时，已经做好了牺牲准备……

这个时候，国旗是一种精神！

关于国旗的故事，还有很多很多。

墨西哥洛斯卡沃斯 G20 峰会上，胡锦涛主席在领导人合影结束后，弯腰捡起贴在地板上、用来标示领导人位置的国旗，避免被人踩踏。汶川地震中，映秀镇漩口中学师生在一所废弃学校中复课，没有旗杆，就将升旗仪式改为迎国旗仪式，四个孩子举着国旗的四个角走出来，高唱着国歌。救灾过程中，一名特警从废墟中挖出一面被掩埋的国旗，他掸去尘土，将国旗小心收好带回驻地。2022 年年初，新疆欢送冬奥会健儿出征，博尔塔拉蒙古自治州温泉县的牧民们骑着骏马，高举国旗，在冰天雪地中护送车队，伴随着雄壮的歌声，"我和我的祖国，一刻也不能分割，无论我走到哪里，都流出一首赞歌……"

写下这些故事，眼眶中已有泪水打转。

儿时，老师教导我们，五星红旗是由无数革命烈士的鲜血染成的。知其英勇，更知其沉重，那一抹鲜艳的五星红，始终流淌在我们心头，始终与我们的脉搏一起跳动！

1990 年 10 月 1 日，《中华人民共和国国旗法》正式实施。按照规定，不得升挂或者使用破损、污损、褪色或者不合规格的国旗。每一面更换的国旗，都会被精心保存。据报道，迎接志愿军残骸回国的棺椁上覆盖的，就是在天安门上空飘扬过的国旗！

依然记得，那天北京零下 7℃。清晨有风，站在空旷的长安街边，体感还是很冷的。升旗的时候，我拍着视频，双手冻得发麻，几乎失去知觉。但我一直举着手机，内心也是坚定而温暖的，因为我们脚踩着祖国的大地，因为我们生在一个强大的国度，因为我们的领路人是光荣、伟大、正确的中国共产党。当然，我们还拥有战无不克的中国人民解放军，他们保护着国旗，保护着国家，保护着我们！

离开长安街，步行至天安门东站。进地铁站前，我无意间驻足回望，看到清晨的阳光正照在长安街路南的人民大会堂顶部，也照在长安街路北的天安门城楼上。这时，头顶的天空已是浩瀚的海洋蓝，远处的地平线已然是一片橘红。天就要亮了。

远远望去，人民大会堂的玻璃映射着初升的光芒，绚丽而明亮。长安街路北的天安门城楼，红阁朱鼎，身披霞光，正巍然屹立于世界东方！

不一样的北京年

人生第一次在外过年，就是在北京。

变化来得太快

腊月十七，安排好手头工作，履行了请假手续，购买了返程车票。腊月十八，大寒，大雪，大风。蹭车去做核酸，雪花从天空砸下来。检测点在高楼间的空地上，队伍很长，风肆无忌惮，零下 6 度，手脚已失去知觉。蹭车返程回部里，雪花不断飞进眼里，身上很冷，心却是暖的。

下午，司里开会，为保障冬奥会和全国两会的顺利进行，建议回家过年的同志 3 月中旬再返京。瞬间，我的脑子一片空白。在家待俩月，挂职总共才一年。这时，朝阳区出现确诊病例，行程码已带"星"，联系社区和卫生防疫部门，答复从北京返乡需居家隔离 14 天。懵呆于沙发很久，才拨通妻的电话。她正在做饭，女儿在看电视，她们都盼望我回家，我又何尝不想。为了工作，家人虽不开心，仍表示支持我。

晚上与同事喝了点闷酒，一场鹅毛大雪，埋葬了回家的路。李峰、刘剑、王万勇说要寄些吃的来，我说啥都不缺，这情谊如春风拂面。

10 点多回到宿舍，霜打了一般，抽了几根烟，默默打开行李箱，把衣服挂进柜子。11 点半睡觉，仿佛窗外有声音，夜里醒了好几次，总感觉不踏实。这个星期四是魔幻的，也是黑色的。蒋局得知情况后，说苦了我了，让我保重身体，照顾好自己。我说工作第一，虽苦犹甜。

习近平总书记说，人类面临着百年未遇之大变局，这不仅包括政治格局动荡，也包括经济逆全球化，还有新冠疫情在全球的肆虐蔓延……疫情让我们猝不及防，各种问题会被放大，没有人愿意被逼上考场。疫情中，众多医护人员鞠躬尽瘁，很多家庭失去亲人，一些患者还处在漫长的康复期。疫情说来就来，看似与己无关，砸到谁头上都是一场灾难。相比之下，我们终究是幸运的。新冠疫情，是突发的灾情；隔离、核酸，都是生活的辛酸；行程码、健康码，都是平安的代码；德尔塔、奥密克戎，都是时代的负重；不埋怨，不生气，不固执；每个人都不容易，理解身边每个人，微笑着面对每一天……

挂职一年，有一点体会尤深，那就是世事无常，每天都有不确定的事发生。9月，重庆的全国乡风文明建设会议推迟两次后取消了。11月，广州的全国"一村一品"示范村镇培训班也临时叫停，不少人在登机前止步。

变，是永恒的不变。人生苦短，朝暮更迭，学会面对各种未知变数，允许一切发生，是人生的必修课。

年前的坚守

1月25日，腊月二十三，北方小年。

晚上6点多，谭子辉、刘建华、霍颖都还在办公室，子辉说今天是小年，总感觉应该弄个小年夜饭。叫了雨轲，他年后结婚，这两天回广州，正好送行。人生就是这样，有时还没准备好相识，就要说告别了。其实，他的春节档期早排满了，现在只能一个个解释，言语中有坚强也有无奈。

子辉是临沂人，豪爽热情，毕业于南农，至今依然记得紫金山校区盛夏的树荫里，漏不进一点阳光。当年，若不是母亲身体不好，他就留宁了。雨轲说，在北京喝酒还是头一回，上次送包睿也没喝。我说这是在京的第一顿酒，也是最后一顿。雨轲说婚后想去深圳。我说，世界很大，年轻人多闯荡，总会有自己的一番天地。

我提酒三杯。第一杯缘分酒，大家来自茫茫人海，一起吃饭的概率是九千万分之一，全球60多亿人呢。第二杯送别酒，团结湖，古道边，有机会多走动。我们喜欢一座城市，常常是因为那里有个熟悉的人。第三杯祝福酒，祝雨轲一帆风顺，也敬我们自己，大家都很拼，且行且珍惜。

那晚，大家说了很多，有离愁也有怨言，有喜乐也有无奈。离开时，清晰地记得，桌上仍是满满的菜。

1月27日，腊月二十五，收到局党组的慰问信，有点受之有愧。那封热情洋溢的慰问信，是马齐齐执笔的，让远在北京的我倍感温暖。这位来自安徽砀山的年轻人，为人仗义，文笔甚好，颇具才气与豪情。在他身上，能看到我年轻的模样。晚上，把信和慰问金转给家人，向她们表示慰问。

留了一百给自己，准备除夕去搓个背、干干净净迎新春。

1月28日，腊月二十六，在朋友圈读到陈巡的诗。"大雪已经飘落，隐在深处的思绪开始慢慢挣脱枷锁，那一盏昏黄的孤灯，蹲守在村头，亦如往年，衔着热切。我要回家，是漂泊一年的等待，是无法拒绝那缕炊烟的牵引。日子走到年关，我要回家，是所有游子迫切的归途，是短暂捡拾温情，给岁月打上补丁，描摹那些清澈的步调。"

心，突然被高高地揪起，一丝疼痛从白雪中掠过，再经不起任何波澜。有些思绪开始挣脱牢笼，差点破防。

二东栗子炒货店门口，队已经排到路边。树梢间挂满红灯笼和祝福语，一二条社区的戎春林黑板报社已更新版面，"欢声笑语庆贺冬奥会，满怀豪情喜迎二十大"，"冰雪迎春到，金虎送福来"。因不能回家，便建议妻子和女儿去一趟普陀山，看看风景，多些经历，对孩子总是好的。

1月29日，腊月二十七，上午11点，王司长、吴司长、刁司长、露颖、梁苗还有辛欣，捧着"新春吉祥"来拜年。

王司长给大家发信封，众人瞬间来电。王司长说不是慰问金啊，大家都笑了。吴司长说，大家没能回家过年，提前祝大家新春快乐，并递给我一只"雀语花香"礼盒。刁司长将红色"丹宸春礼"新年福盒递给大家，年味儿一下子升腾起来。大家也一起祝领导们新春快乐，万事如意。

拆开信封，是一封感谢信。

全体干部职工及家属同志们：

律回春晖渐，万象始更新。在这辞旧迎新之际，司领导班子向全体职工及家属表示最诚挚的问候，感谢大家为乡村产业发展做出的辛勤努力，感谢职工家属对乡村产业工作的支持和奉献！时序更替，留下的是奋斗者的足迹。回顾2021，我们在部党组的正确领导下，牢记使命、顽强拼搏，100个产业集群、1109个产业强镇、1442个美丽休闲乡村、1959家国家农业龙头企业、2210个农村创业园区，广袤农村大地留下了我们砥砺奋进的足迹。

新故相推，昭示着奋斗者的意愿，展望2022，让我们继续保持高昂的斗志，聚焦拓展农业多种功能、提升乡村多元价值，团结一心、携手并肩，在乡村振兴主战场再立新功！

衷心祝愿全体职工及家属春节愉快、身体健康、阖家幸福。祝愿乡村产业事业蒸蒸日上，欣欣向荣！

"丹宸春礼"新年福盒，是康熙御笔"福"字和一副春联。"丽日和风春淡荡，花香鸟语物昭苏"，横批"春皆物兴"，故宫文创产品。"雀语花香"礼盒，装有红黑10只口罩。红色喜庆热烈，红梅枝枝，雏燕扑扑。黑色庄严稳重，春花绚烂，雀鸣声声。设计师以故宫藏品黑漆框绣花鸟图围屏和樱花群雀图围屏为灵感，取屏中花鸟画局部，描绘了繁花盛开、群雀起舞之景，仿佛清风袭来，晴日方好。还有两副扑克，"游如画江苏，品苏韵乡情"，宣传了大江苏的美景。

中午，妻发信息说，一家人过年应该一起，我说下决心来吧，赶紧去做核酸。晚上，我到超市买了年货，回宿舍收拾到10点半，单身宿舍即将迎来团圆的年味。

1月30日，腊月二十八，与子辉、建华坚守岗位。午餐很丰盛，剁椒鱼头、粉蒸肉、白菜肉圆、基围虾，还有牛奶、雪碧、橙汁。有人说，要是备点酒就更好了。下午3点，领导让我们早点走，可除了宿舍还能去哪儿，顿感浑身上下没劲儿。5点半去食堂，没饭了，算了，也不想吃饭，便回宿舍打扫收拾，贴好春联福字，静待除夕。

父亲也打来电话，说我还是第一次不回家过年，我说没事，放心吧。父亲说，该买什么抓紧买，千万别省，他和妈妈都舍不得我一个人在外面。他的声音有些哽咽。我说，我这儿什么都有，让妈妈别担心。说完赶紧挂了电话。

夜里醒来，想到王司长的话，经历就是财富。来到遥远的北京，一个人默默前行，独自面对苦辣酸甜。是挂职，也是求学；是壮骨，也是强筋；是生活，也是历练。就像马未都先生所说，一个人最好的状态是什么呢，是眼里写满故事，脸上却不见风霜。一个人要想让人尊重，一定是你经历了很多事，而不是因为你纯洁天真。你一定要经历很多事，能够堂堂正正地站立着，别人才尊重你！

别样除夕

1月31日，腊月二十九，5点39分，Z157进站。6点20分，呼家楼地铁站，妻儿大包小包，风尘仆仆。不知是激动还是手套滑，女儿的箱子被我摔了两次。妻不开心了，数落我几次，担心把女儿的笔记本摔坏。

包里满是鸡鸭鱼肉，还有辣椒酱、西红柿、毛豆米和小青菜，妻这是把家都搬来了。宿舍只有两张凳子，便把餐桌挪到床前。时隔几个月，一家人终于重聚。晚上喝了点酒，突然便有了醉意，收拾时碎了盘子和碗。妻说，一天摔两次，"碎碎平安"。

下午3点半，我挎着肉圆羊肉，左手鸡，右手鹅，一家人去往双榆树西里4号楼304，像回娘家。王军也留在北京过年，一个人。

从团结湖到四通桥东，302公交，三环路一路顺畅。王军系着围裙，招呼我们进屋，房间条桌上摆着草莓、小蜜橘、车厘子，被子叠得方方正正。我正准备打下手，王军说只要剥点蒜头，捣烂做蒜泥就行。女儿在看电视，我走到阳台，一眼便看到那两条寒风中的腊肉，色泽光亮，丰腴肥美。

6点一刻，年夜饭准备就绪，香肠、变蛋、风干肉、椒盐花生米、京酱羊肉丝、爆炒羊肚、肉圆、鱼肉、虾滑火锅……王军拿出53度老白汾说，今晚就喝它，不喝完不许走。谁怕谁啊，我认真喝起酒来，我自己都怕哈。王军说，好，说定了。酒斟了又斟，聊着天南地北，海阔天空。酒到酣处，打电话给华为，这个"土肥王"种得一手好花，经常脸上带着微笑，走路扭着小腰，嘴上哼着小调，颇有几番"醉月频中圣，迷花不事君"的潇洒。又和广银、广勇、陈宁视频，祝福新春。

这时，收到邵国昱局长的祝福。"兄弟好！人间辛苦是三农，鱼米之乡有幸福。乡村振兴虎吟啸，遥望京城忆兄弟！最大的幸福莫过于自己作为人民，心中装着百姓；手中握有真理，脚踏人间正道。我们信心十足、力量十足。感谢您一路以来对我的关注、关心和关注，祝您全家身体健康、阖家幸福、万事如意、虎年吉祥！"正如我在《星河》中所述，才情迸发的邵局，有胸怀，有思想，有激情，以言行写就乡村振兴之路，以痴心换来乡村蝶变。这几年，我们互助共启，共书佳绩，感谢他在除夕还能想到我。我在京遥祝："新征途上新希望，踏平正道成沧桑。恭贺诸事如意，笑口常开，事业大顺，宏图大展！"

王军打电话回家，他儿子接的，有些腼腆，害羞地把电话交给妈妈。他爱人系着围裙，笑着，电话那头是不舍与牵挂。传统佳节，万家灯火，合家团圆，留守北京都是为了工作，那一刻，心里酸酸的。

京城的新年

大年初一，逛个园，看一眼京城春色。

颐和园前身为清漪园，占地 3 平方千米，水面占四分之三，与圆明园毗邻。2005 年信访值班时，曾带 4 岁的女儿来过，与广勇一起。作为山水园林，颐和园借鉴江南园林而建，被誉为皇家园林博物馆。乾隆十五年（1750 年），为孝敬其母崇庆皇太后，乾隆动用 448 万两白银，建成了从清华园到香山长达 20 千米的皇家园林区。咸丰十年（1860 年），清漪园被英法联军焚毁。光绪十四年（1888 年）重建，改称颐和园，作消夏游乐地。光绪二十六年（1900 年），颐和园遭八国联军破坏，珍宝被劫掠一空。军阀混战和国民党统治时期，颐和园又遭破坏，新中国成立后才得以重修。1961 年 3 月，颐和园被公布为第一批全国重点文物保护单位，与承德避暑山庄、苏州拙政园、留园并称"中国四大名园"。

节日的颐和园红灯高挂，祥瑞满园，人山人海，摩肩接踵。昆明湖边，只见溜冰长队拐了弯。我长这么大，没溜过冰。

步登佛香阁。登高使人心旷，临流使人意远。

佛香阁建于万寿山前，仿六和塔而建，塔身宏伟，八面三层四重檐，高居山脊之上。阁高 40 米，内有八根铁梨木大柱直贯顶部，下有 20 米石基。从排云殿进入佛香阁、宝云阁、佛香阁，层层登高，阶升景阔，百里景色尽收。蓝天无云，湖光山色，冰天雪地，万千气象，云紫天香。每月朔望，慈禧均在此烧香礼佛。佛香阁曾被英法联军烧毁，1891 年清朝花费 78 万两白银重建。

出佛香阁，过百米长廊，邂逅清宴石舫，徒步绕湖一周。西堤六桥仿西湖苏堤而建，堤柳成林，百年劲树。一路走过界湖桥、豳风桥、玉带桥、镜桥。练桥与柳桥之间，是景明楼，取自范仲淹《岳阳楼记》中的"春和景明，波澜不惊"。时值六九，萧萧长堤只剩枯干长枝，风更加凌厉。待春风吹遍之时，定又是桃柳芬芳吧。

冰面足有 10 厘米，冰花串串深不见底，洁白无瑕。远处，宽阔的昆明湖正是满湖冰雪。寒风真是天才，不过哈几口气，便吹出满湖冰花，逐浪腾空。我带女儿走上冰面，小心翼翼地踩踏着寒冬浪漫，十七孔桥如一条飞鱼，正在冰河嬉波戏浪。

5 点半出园，落日照远山，雏菊般的色彩，与黑色山峦交相辉映，捧出漫天金光……

大年初二，溜个冰，蹭一下冬奥热度。

几天前，什刹海惊现花样滑冰运动员陈虹伊的身影。离冬奥会开幕还有 3 天，主题曲《一起向未来》已广为传唱。

早早出门，在北大第一医院做完核酸，便赶往什刹海，谁知门票早已售罄。又赶去北海公园，门票 80 元，管它呢，有票就行。漫长而期盼的等待间隙，陪女儿登琼华岛阐福寺，攀上语文课本中出现过的白塔，领略了水中倒映的美丽白塔。买了三份汉堡，勉强应付午餐。

进场已过 1 点，工作人员说，冰层有 17 厘米。找到滑车和铁杆，幸福的滑行开始了。滑车就是铁焊的简易座椅，单双人都有，铁杆往冰面一戳，车就前进了。妻和女儿像冠军一样，在人群中左拐右滑，前后穿插，快如风、疾如电。碧蓝的天空下，一家人在冰面上追逐超越，与众多游客一起遨游欢乐的海洋……

离开时，队伍依然很长。远空蔚蓝一片，山上白塔，山下冰瀑，青砖黛瓦，风景如画。我问女儿开心吗，她说开心。排了三个小时队，值吗？女儿大声喊道，值!

大年初三，爬个山，吸一口新鲜空气。

去香山，坐在双层公交上层第一排。女儿说，高高在上，终于看到大巴的车顶了。从香山公园右麓登山，石阶陡峭，游人如织。山不高，风却寒，一家人爬得气喘吁吁，几次歇脚。

登顶香炉峰，天境开阔，云光如烟，市如渺云。山脚处几团白冰，旁边是黑黢黢的山坳。面对浩瀚的世界，在高山大海面前，我们小如蝼蚁，不值一提，所以，人终究是要敬畏自然的。

香山是郊游的好去处，也曾是清朝皇家园林，景点众多，林木茂盛。尤其是香山寺，历史悠久，特陪女儿进寺游览。香山寺建于唐代，当时有吉安、香山二寺。金代，二寺合一，金章宗赐名大永安寺。元代重修，易名甘露寺。明朝再建，称永安禅寺。乾隆年间，香山寺原址扩建，形成了前街、中寺、后苑的独特寺院格局。整座寺庙倚山而建，错落有致，曾为西山诸寺之冠，也是静宜园二十八景之一。天王殿有一副对联，摘自乾隆

《山阳一曲精庐》，"印心含蕴藉，触目喜澄鲜"，横批"眼界宽"。我等皆凡夫俗子，遇事眼界要宽阔，心胸更要宽广。

又赴双清别墅、来青轩、香山革命纪念馆。

晚饭与王军喝了些酒，回程地铁寥寥数人。国平在群里说，长假过半，很快就上班啦。突然就想起了大家。空荡荡的地铁，酒气与风搅在一起，我写了首打油诗，兄弟们都在诗里。"终是异乡，想念组长；想念军号嘹亮的烟火日常；岁月安宁，美酒香；宗卿安在千里，热忱何处敢安放；秋雁归，雪似银，坚冰融；徐徐春来，登高望远；唯愿昭华太平日方长；尔等共飞凯歌一曲，长风万里锦还乡。"

大年初四，解个馋，买一份可口枣糕。

上午第一件事就是带妻儿到甜水园社区做核酸，人不少，都在寒风里。女儿说想买点五道口枣糕，网上评价很高。我说行。百度之后，发现最近的店在大望路，不到3千米。出了太阳，我们蹬着车，顺风疾行，可店却关了。又检索到东四十条附近有店，5.5千米。骑车肯定不行，西北风太烈。1号线转2号线，终觉得五道口枣糕，东城生意最好的店。尝一口，软而不散，甜而不腻，味道正宗。女儿说再买一份，我说只要你喜欢，买多少都行。

下午收拾行李，稍作休整，晚饭后去北京站。8点45分，妻子和女儿进站，我在检票处向她们挥手告别。回程路上，地铁飞驰，没有暑假送别女儿的泪流满面，心却是空的。一个人走在路上，路灯很亮，影子也在身旁。独在异乡，很多时候需要与寂寞为邻，与自己和解，守住内心的孤单。

大年初五，加个班，逛一下循环商店。

8点来到办公室写东西，走廊空空如也。我天生愚钝，不善言辞，只有在文字的世界里方能游刃有余。食堂的午餐是两荤一素，只要1块钱，平常可都25块呢，难得的"小福利"哦。

沙发午休片刻，写作至3点，步行前往三里屯的"多抓鱼循环商店"。"多抓鱼"是由法文音译而来，意思是"似曾相识"。

商店门口的春联不错，"穷则渔樵耕读自在心田，达则修齐治平流连世事"，横批"笑看风云变"。"多抓鱼"秉承环保理念，以售卖二手书籍、衣服为主，已在多个城市连锁营业。

排队半小时才进店，人很多。店面装修轻快明亮，收银台后墙上的广告有新意："通信变得简单而高效，歌词里不再有红尘、离别和天涯"；"事物便于记录和查找，人们不再依赖记忆、直觉和想象"；"我们是丰富理性轻快的网络居民，偶尔来逛一家二手商店，寻找旧日里的贫乏、随意和缓慢"。

在手工摊位，几款时尚手结不错，便拍给女儿看，她说想要"冰墩墩"。我问到哪买，女儿说冬奥会特许商店好像买不到。我说可能过些日子就不紧张了，女儿说行。经过图书区，图书区旁边是二手服装区，都是经过清洁、消毒和翻新的品牌服装。一组数字，让我接受了一次环保教育：

每生产1条牛仔裤，约需7500升水，接近一个人10年的饮水量。而生产一件白色棉衬衫，约需2500升水。时装业是世界上第二大污染体，危害仅次于石油化工行业，时装业的碳排放量占全球10%，比全世界所有的航班、海运加起来都多。每循环一件二手衣服，可减少80%的碳排放……

"多抓鱼"给出了忠实建议：时尚易逝，风格永存。买少一点，买好一点，重质不重量。晚上躺在被窝里，在抖音上刷到"冰墩墩"的走俏，我决定第二天去买，给女儿一个惊喜。

大年初六，排队，等一个小冰墩墩。

7点出门，淡蓝的天空下，钥匙扣与中国樽一东一西，肩披黎明幔纱，头顶几缕红霞。7点半，我兴致勃勃赶到王府井大街工美大厦冬奥特许商店。还是来晚了，几百人的队伍已经快看不着尾了，悲催，在北京，永远有人比你更早。

街上没有阳光，寒风呼啸而过，只能站着，不敢离开队伍。时间一分一秒地过去，挨到8点半，脚趾发麻，只能在原地不停地跺脚。这时，陈晓光打来电话问我在干吗，我说在排队买雪容融，他说他也想要，我说可以，只要能买到。不觉在寒风中站到9点半，想小便，要命，快憋不住了，再憋就要出人命了。便请前面的女孩看住位置，然后拼命跑进百货大楼的二楼卫生间，那一刻只感到，商场里太暖和了。

回到大街上，站到寒风里，又熬了半小时，有人拎着冰墩墩毛绒玩具走过来，队伍顿时兴奋起来。那人说，没货啦，就100只。大家不信，咱这上千人排队呢，不行就调货啊。10点半，工作人员走过来说，冰墩墩已售馨，只剩茶杯、邮票和衣服。我瞬间泄气。3个多小时的队，是白排了。后来看到微博评论：不起眼的冰墩墩、雪容融秒空，一墩难求、洛阳纸贵；人们对冰墩墩日益增长的需要与缺货之间的矛盾，是冬奥会初期的主要矛盾；尽快落实一户一墩、全员墩墩、应墩尽墩、共同墩墩的目标……看来，空手而归的不止我一个。

在百货大楼地下二层，和平菓局让人回到20世纪七八十年代的北京胡同儿。穿越时空往里走，书店、理发室、录像厅、爆米花、卖煤的、卖布的，儿时的记忆扑面而来，恍若隔世。这世界变化太快。

晚饭在唐诗楼，文化氛围浓郁。走廊地砖上盖着32枚红篆印章，涵盖二十四节气八大传统佳节。走廊两侧挂满唐诗山水画，诗文浸润于水墨之间。包厢以人命名——李白、王勃、王昌龄、杜牧、李商隐、崔颢、柳宗元等，墙壁题有"长风万里，青云之志，龙城飞将，十年一觉，暖玉生烟，白云千载，偶似山林客"，意境美妙，诗意丛生。走廊拐弯处玄关上贴满春联，还有"虎步龙行""瑞虎迎春""虎报佳音""金虎纳福""虎兆丰年"等。大堂经理说都是服务员写的，厉害。

正月十二下午，陈宁、广银乘高铁抵京。王军在双榆树京东餐厅给他们接风，分别也就不到一个月，却感觉久别重逢。席间，得知第二天下雪，王军向我们推荐了宣武区大观园。

8点出门，先是坐半个多小时的地铁。出站，一路泥泞，我顶着暴雪，蹬着单车，艰难前进。陈宁早早地打了车。雪花漫天飞舞，密不透风，嚣张之极。我到达不久，陈宁也冒雪赶到。

大观园中，白雪红巾，纸伞廊桥，虬枝浴雪，雪映繁华。历经三年拍摄、堪称影视经典的87版《红楼梦》，就曾在这里和河北正定的宁荣二府取景。

怡红院门前悬挂"怡红快绿"匾额。受电视剧误导，人们总认为怡红院乃古代青楼。其实，怡红院是贾宝玉住所，初名"红香绿玉"。元宵省亲时，元春不喜爱"香玉"一词，故改名"怡红快绿"，后称"怡红院"，宝玉也被称为"怡红公子"。

雪中潇湘馆，竹透玲珑，有凤来仪，冰清玉洁。"宝鼎茶闲烟尚绿，幽窗棋罢指犹凉。"一个"凉"字，道不尽黛玉悠悠愁情。馆后一方池塘为薄冰所覆，沿北侧青石小径走近西北厢房，擦去石凳积雪落座。取出背包里的红苹果置于石桌，鲜红的果身半入雪中，白雪、绿竹、红苹果，陈宁随即赶来抓拍这美妙瞬间……

在这里，读到南宋道川禅师的一句诗，甚是喜欢。"竹密不妨流水过，山高岂碍白云飞。"无形之水可以穿过密林，不定之云能够跨越险峰，唯有自信坚定，定能战胜千难万险。读着禅师的诗，受益匪浅，感谢遇见。

在元春的省亲别墅顾恩思义殿前，高耸的玉石坊上写着"国恩家庆，云影波光"。进殿，只见崇阁巍峨，青松拂檐，玉栏绕砌，金辉兽面，彩焕螭头，气魄华美。在栊翠庵，院中红梅含苞待放，蜡梅早已开过。梅须逊雪三分白，雪却输梅一段香。试想当年，漫天银花，暗香浮动，妙月收集无根落雪，以煮春茶，与宝玉、黛玉品茗作诗……

中午 11 点，从西门坐车去西单，鹅毛大雪，已如风暴。在大悦城七楼锦府盐帮，薛飞、王军、广银都到了，餐桌佳肴满，窗外雪正酣。

老舍茶馆

正月初二傍晚，从北海公园站挤上 5 路公交，经正阳门，赶往前门东路刘老根大舞台老根山庄。俞学义兄长和其夫人刘月梅已在包间，王军也到了，餐后，我们一起赶往老舍茶馆。

前门大街灯光璀璨，人流如织，叫卖不断。穿过大栅栏玉石牌楼，看到瑞蚨祥、同仁堂、中国电影诞生地"大观楼"、三庆园、内联升一串老字号。大街右拐，北京坊正在修缮，正阳门前，箭楼威武，后面是毛主席纪念堂，斜对面的全国人大机关办公楼灯火通明，与人民大会堂隔街相望。复行数十步，便是老舍茶馆。10 月下旬曾来过这里，那天我沿街骑着车，金黄的银杏叶堆堆叠叠，一枝枝争相攀入碧空，装点着满城秋色。

老舍茶馆的三楼是演出大厅，我们在二排落座。只见两侧弯月屏风与玄关之间有一副对联：喜气盈楼，大碗新茶，一派祥和振京风；盛情满座，百年老舍，几经奋斗兴名馆。服务员端来 6 杯盖碗茶，杯身镶花烫字，再来小食一份，瓜子、西梅、萨其玛。酌一口芬芳馥郁的茉莉花茶，酒气即刻消了三分。

演出在一曲悠扬的《前门情思大碗茶》中拉开帷幕。锣声起，一位花脸胖财神手捧金元宝向大家祝贺新春，又朝四方撒下糖果糕点，观众热切欢呼起来，女儿很是幸运，接福不少。

第一个节目是京韵大鼓，一曲《重整河山待后生》深情高亢。"千里刀光影，仇恨燃九城。月圆之夜人不归，花香之地无和平。一腔无声血，万缕慈母情。为雪国耻身先去，重整河山待后生。"回想旧中国，山河破碎，家仇国恨燃九州，为雪国耻，多少英雄先辈慷慨赴死。这么多年过去，林汝为先生的词，依然让人热血贲张。

稍后，两位女演员表演含灯大鼓，用牙齿咬住灯架，以口腔唇齿发声，依然字正腔圆、刚柔并济。随后，三位胖乎乎的虎妞手持空竹登场，一身黑色短裙蝶衣，红蓝镶边，头顶三尺雉鸡翎，脚蹬绣花金靴袜。在《俏花旦》悠扬喜庆、欢快铿锵的韵律中，胖虎妞左右穿插，或蹦或跳，小小空竹上下飞转，不禁令人眼花缭乱。然后是茶艺表演。白衣少女持青锋宝剑，黑衣少年掌长嘴茶壶，随音乐翩舞。金剑穿空，银壶绕颈，剑壶合璧，长嘴壶在手中飞跃，茶杯在剑锋端坐，茶水飞流入盏，点滴不漏……

接下来是戏曲《拾金镯》、传统摔跤艺术、口技、双簧。见到俩绝活儿。一是川剧变脸，变换之快、脸谱之多、动作之疾，让人折服。就在你面前表演，你却看不出任何破绽，只能拍手称赞。一是古彩戏法"落活"，表演者一跃一翻之间，装着活鱼的鱼缸便——从大袍中"落"地……

10个节目，90分钟，意犹未尽。演出结束，伙计们站在楼梯处齐声恭送宾客："新年快乐，万事如意，来日方长，常来常往！"

演出大厅左侧是展厅。老舍茶馆创建于1988年时仅500平方米，如今营业面积已达3300平方米，成为汇聚老北京野茶馆、书茶馆、清音桌、餐茶馆、清茶馆、大茶馆六大传统茶馆形式的京味民俗文化体验空间。多国政要名人曾在此留下足迹，老布什、基辛格博士、诗琳通、海部俊树、科尔、俄罗斯前总理普里马科夫、佩雷斯……这里不仅是华人寻根的精神乐园，也是海外宾朋了解北京民族文化艺术的体验之地，更是开展民间外交、连接中外友谊的桥梁纽带。

离开前，我和俞处、王军在老舍铜像前合影留念。

对于老舍茶馆，著名作家刘一达赞誉其为北京城的一张名片，靓丽大方；佛教界人士称其是都市的一朵莲花，清雅幽香。在我看来，老舍茶馆不仅汲取历史文化宝库里的养分，内修外炼、兼收并蓄，在文化绿洲中踏歌而行；而且能紧跟波澜壮阔的前进步伐，与时俱进、推陈出新，在守正传承中乘风破浪；更重要的是，还能以平民价格，让传统文化在不经意的欢笑中走向大众……

冬奥会的 *N* 个瞬间

2月4日，时值立春，北京迎来第24届冬季奥林匹克运动会。这一天，高朋满座；这一天，举国欢庆；这一天，世界瞩目。至此，北京成了世界唯一举办过夏季和冬季奥运会的"双奥之城"。

此前，部里曾组织大家观看冬奥赛事，因未考虑春节留京，便没报名。后因疫情变化，我虽留京过年，却也错过了一次千载难逢的观赛机会。人生就是这样，总有着太多不确定因素，失去，或者得到，是早已写好的剧本，并不会随主观意愿改变。

断断续续看了些冬奥赛事，以及台前幕后花絮，有些片段印象深刻。

第一个瞬间，冬奥会主火炬点火，这是一个创新的瞬间。2008年北京奥运会，李宁飞身点燃熊熊火炬。2022年冬奥会，迪妮格尔·衣拉木江携手赵嘉文，在由参赛国家名字组成的冰花版图中央，点燃了一支小火炬。如此别出心裁，出乎太多人预料，艳惊四座。没有炫目的高科技，没有轰轰烈烈的大场面，点火方式回归了自然与本真。从熊熊火炬到点点微火，这转变本身就是一次大胆尝试，也让人不得不由衷敬佩张艺谋先生。简单的点火方式，体现了简约、安全、精彩，也展现了国家自信。

第二个瞬间，迷路的孩子回家，这是一个温暖的瞬间。祖国统一，一"鸽"也不能少。从1840年鸦片战争开始，近代中国饱受外国列强侵略，灾难让无数中华儿女丧生、让无数家庭粉碎，国家蒙辱、人民蒙难、文明蒙尘。国破山河在，城春草木深。

国不安，家何全？960万平方千米的中国大地，曾经战火纷飞，饿殍满地，国家与民族陷入了巨大的痛苦之中。伟大的中国共产党人为了寻找救国真理，前仆后继，抛头颅，弃家庭，拼尽全力，流尽热血，最终带领人民赢得抗日战争和民族解放战争的胜利，建立新中国。然后是伟大的抗美援朝战争，立国之战稳住大国阵脚。开展社会主义建设，推进改革开放，承办2008年奥运和2022年冬奥会，带领中华民族走向伟大复兴。可以说，没有伟大的中国共产党，就没有今天繁荣强大的新中国。

第三个瞬间，一名武警战士的热泪，这是一个坚守的瞬间。当晚，冬奥会开幕式表演正如火如荼，他的值勤岗位偏居一隅，应该是一个几乎没人会关注的角落。但他依然警容威严，身姿挺拔，黝黑的脸庞上写满坚毅。他看不到现场，他无法目睹那永恒的瞬间，但他听得到。可能听到了国歌奏响，可能听到了习近平主席的宣布，也可能听到了如潮欢呼，他的眼里流下一滴眼泪，顺着脸颊缓缓滑落。

后来，一位有心的媒体人找到了这位中国人民解放军仪仗大队战士，他叫闫振。在接受新华社的独家采访时，闫振说："当我站在场上的那一刻，内心最大的感受就是自豪。作为旗组的一员，我们升起的，不仅仅是一面旗帜，更是国家的尊严、民族的骄傲。在冉冉升起的旗帜背后，是一个强大的中国，那一刻，我感觉胸腔更有力量了！"闫振，说得真好。这滴热泪，代表了所有中国人民内心的荣耀与骄傲。

这是一份清澈的爱，足以照耀高山雪原与万里晴空。就像在喀喇昆仑加勒万河谷英勇牺牲的陈祥榕烈士，在日记中写下的"清澈的爱，只为中国"。就像诗人艾青在《我爱这土地》中写下的"为什么我的眼里常含泪水？因为我对这土地爱得深沉"……

在这里，还要记录一个难忘的瞬间。

2022年2月18日，冬奥会花样滑冰女子单人滑决赛，三位俄罗斯女孩的故事牵动着亿万人的心。谢尔巴科娃获得冠军，却孤单地一个人坐着，没有人来祝贺。特鲁索娃获得银牌，哭着说，不想滑冰了。曾经的夺冠热门选手瓦利耶娃，比赛出现严重失误，只获得第四名，情绪几乎崩溃。而我要说的这个瞬间，就是瓦利耶娃在比赛结束后情绪失控、泪流满面的瞬间。那一刻，我也从心里为她难过，为她鸣不平。我相信，无数看过这次比赛的人都在为她点赞鼓劲。网络上为她配的歌《破碎的人请听》，很温暖，也很煽情。"其实破碎的人没关系，我也曾经很像你，在那片荒地，孤身一人挨到如今……"

这个15岁女孩瓦利耶娃，人们亲切地称她"K宝"。

据媒体报道，因为某些原因，K宝如果夺冠，颁奖仪式将被取消。面对不公平对待，为了国家荣誉，最后出场的K宝选择了故意摔倒，四次在全世界面前摔倒。比赛结束，K宝走下赛场。裁判员正在计分，她已经伤心痛哭。她的教练追问她为什么要放弃："在那个阿克塞尔三周跳以后，我就看出你放弃了，为什么？你为什么停止抗争？"15岁的K宝懂事地说："这下至少可以不用担心没有颁奖典礼了。"两人的对话，证实了 K 宝的放弃并非教练技术安排，而是她一个人的决定！

曾在 4 个月内 11 次打破世界纪录，至今仍然是 9 项世界纪录保持者，K宝有着绝对的夺冠实力。

网上有人这样调侃这次比赛，"在女子花滑自由滑比赛中，K 宝摔倒四次，相当于马龙发球四次不过网，相当于科比扣篮四次不进球，相当于 C罗点球四次不进球，相当于博尔特起跑四次扑倒，相当于奥沙利文开球四次不沾球……"

K 宝的四次摔倒无疑是一种英雄壮举。K 宝从北京回国后，受到了人们英雄般的欢迎，俄罗斯体育部为瓦利耶娃颁发了国家功勋奖章。北方有佳人，绝世而独立。对一个 15 岁的女孩来说，没有顾及青春，没有顾及个人，她以一己之力，扛得住涅槃之痛，更配得上重生之美。输掉一场比赛，换来国家的荣誉，赢得人民的尊重，K 宝是勇敢的战神，是无敌的英雄。

2022 年 4 月 8 日，党中央在人民大会堂召开冬奥会、冬残奥会总结表彰大会，隆重庆祝中国体育健儿的骄人成绩。在中国残联挂职的陈宁，有幸盛装出席，现场聆听习近平总书记的重要讲话。这让我们羡慕不已。陈宁说，亲眼看到党和国家领导人从如潮的掌声中走来，心情还是很激动的，当时距离总书记不过百米。我说，这一天是你人生的巅峰时刻。

表彰大会上，习近平总书记说，历经 7 年艰辛努力，冬奥会、冬残奥会成功举办，举国关注，举世瞩目。中国人民同各国人民一道，克服各种困难挑战，共创载入史册的奥运盛会，再一次共享奥林匹克荣光。总书记的话很温暖，他提到了谷爱凌，说她喜欢吃馅饼；谈到外国运动员回国时，在飞机上流下感动的眼泪；谈到很多奥运会服务保障人员说，再多苦再多困难嚼嚼也就咽了；还提到一位残疾人说，我看不清世界，但我想让世界看到我……

在这次表彰大会上，习近平总书记提出了北京冬奥精神，"胸怀大局、自信开放、迎难而上、追求卓越、共创未来"。这不仅是奥运精神，也是中国精神，值得深思、勤学、笃行。圆梦冬奥会，一起向未来。只要我们紧密地团结在以习近平同志为核心的党中央周围，发扬冬奥精神，以更加坚定的自信、更加果敢的勇气，向着第二个百年奋斗目标奋进，我们就一定能够实现中华民族伟大复兴的中国梦。

这个美丽的中国梦，不会太远！

壮志凌云

在我们头顶，是深邃的天空。无数日夜，总有人翱翔蓝天，隐匿云海，为我们守护生活安宁。

1月初的周末午后，去中国航空博物馆。那是三九第一天，风不大，温度却在零下，小河已结坚冰。乘地铁、公交经过两小时换乘，抵达山峦隐约的昌平区小汤山镇。沿大道步行 1.2 千米，天空很蓝，太阳能路灯杆上顶着"八一"标识。"不忘初心、牢记使命"，"人民空军忠于党"，"传承红色基因、担当强军重任"，杆身的铮铮誓言瞬间让人充满激情。

博物馆大门设计优美，左侧为直指穹宇的火箭发射塔，右侧三排伸展的机翼上书写着"中国航空博物馆"。中国航空博物馆 1989 年 11 月 11 日对外开放，是大型专业航空科技类博物馆，国家级科普和爱国主义教育基地。馆中收藏了飞机、高炮、雷达、导弹等各兵种武器 1.53 万余件，第一架亚音速喷气式歼击机、第一架预警机、第一架电子干扰机，还有各式战机，琳琅满目。

沿大道前行百米，一幅石旗上书写着中共中央总书记、国家主席、中央军委主席习近平的重要指示："加快建设一支空天一体、攻防兼备的强大人民空军。"

右侧是伟人座机展区，4 架执行过党和国家领导人飞行任务的专机，均为国家一级文物。第一架编号 8205，墨绿色里-2，执行过 1956 年毛主席视察广州的专机任务。第二架编号 4202，灰色伊尔-14，执行过 23 次接送毛主席的专机任务，是毛主席生平乘坐最多的飞机，属于 20 世纪 50 年代苏联伊留申设计局设计的双发螺旋桨活塞式轻型运输机。第三架编号 50528，蓝白相间的子爵，曾执行接送周恩来总理参加外事活动的任务，是 20 世纪 40 年代英国维克斯公司建造的世界第一款涡轮螺旋桨客运飞机。这架最美，机身轻盈，线条优美，圆形窗户格调高雅，淡蓝色机身与蓝天白云交相辉映。值得一说的是，1982 年 7 月，这架飞机的机组人员蓝丁寿、张景海等人成功制服劫机歹徒，避免了一起重大外交事件，被中央军委授予"反劫持英雄机组"称号。

第四架编号 B-232，白色伊尔-18，是毛主席的专机，可乘载 110 人，1967 年曾执行运送毛主席从武汉飞往上海的专机任务，也是毛主席一生中最后一次乘坐的飞机。专机犹在，伟人已逝，怀想主席雄才伟略与诗歌豪情，甚是思念。

往前走，是航空广场。左侧是一架白色歼-12 战机，中央是航空发射塔，六架飞机腾空而起，军旗上镶嵌了"矢志强军，逐梦空天"。右侧蓝色砖墙上写满了爱国主义标语，四周停满歼击机、火炮、雷达。再向东步行，便是英雄广场。巨幅英雄墙的主雕"蓝天魂"，刻着三位飞行员的坚毅脸庞，身后石旗上记录着空军大事记。石雕后方，是两面英雄纪念墙，呈翅膀状分布于两侧。拾级而上，石旗如匕首直插云霄，蓝天之下，白云过处，壮美之极，令人动容。石旗下方雕刻着万里长城，上方有一段红色小楷：

左翼举着太阳，右翼擎着月亮，人民空军长空铸剑 60 载，多少红色传奇，英雄篇章。上溯百年，航空先驱冯如入云追梦；85 年前，热血青年立志航空救国呼号天疆；凝眸硝烟将尽的风雪北方，老航校艰苦创业，把一个个陆军英豪托举云海之上。历史终于在 1949 年 11 月 11 日庄严宣告，中国共产党缔造的人民空军诞生，中国革命军队插上了钢铁翅膀。六十载英雄史册，六十载云海路长。年轻的空军，首战飞掠鸭绿江，试刃长天，战绩辉煌。斗转星移，百炼成钢，霹雳编队来如电，神威导弹射天狼，昆仑雷达扶日月，雄鹰试飞银河旁。天降神兵，又攀几座上甘岭；大漠砺剑，几多辛苦问胡杨。更有跨出航天器之英雄，华丽转身，抒怀月上。忠诚战士，为人民披肝沥胆；天之骄子，为祖国蹈火赴汤。对党无限忠诚之今日空军，秣马厉兵，青春激扬，在梦开始之处筑梦，向无际无涯之空天制高点，展翅翱翔！长风吹云了无痕，壮士英明记忆新。数天空之闪闪星尘，注上心头，是多少空军英模开天人，请万朵红霞作证……

转身便是英雄墙。它背靠群山，巍然伫立，写满空军英烈的姓名，这鲜亮的名字啊，让人热血澎湃，心绪难平。7 排整齐的名字，如同数千颗星星，汇聚成一句句鲜红的诗行，那是用生命与鲜血铸成的篇章。

在新中国和人民空军成立前，13 人牺牲；从 1949 年至 2020 年 1 月，70 多年来，在辽阔的蓝天上，共有 1800 多名空军飞行人员为国捐躯。这中间，还有 6 位女英雄，陈志英、潘隽如、徐保安、马杰、赵月、余旭，巾帼不让须眉，呼啸长天犹更美。英雄墙后，有风吹过，青松在微风中沙沙作响，一遍遍诉说着那些英勇的战斗故事。

当时，一位母亲带着双胞胎女儿在广场上参观。这位母亲告诉孩子，这上面的人，每一个都是英雄，并大声读出他们的名字，王自钦、孙宪明、孔祥生、郝国富、胡问国……两个小女孩戴着口罩，扎着小辫，认真凝望着石碑。此时，她们可能并不能理解英雄的含义，但这一刻的记忆，一定会深藏脑海。天空，隆隆的飞机引擎此起彼伏。这些从首都国际机场出发，飞越青山白云的航班，每天给英雄烈士们鸣笛、致敬。

博物馆东北侧，陈列着战斗机、运输机、直升机、特种飞机、地面防空装备和中国人民志愿空军退役飞机，部分装载雷达的卡车已锈蚀斑驳。退役的她们，像一个个老兵，遥望着祖国蓝天，遥望着伟大的中国特色社会主义新时代。

走了不少路，脚有些疼，便在长椅上坐下。头顶的蔚蓝，让人分不清是蓝天还是碧海，寒冬的树枝，像根根金条似的，如同珐琅彩的曼妙掐丝，撑着天空那片冬奥蓝。软软的云絮，也随微风荡出了秋千的摇曳，一缕一缕，一波一波。这个时候可以什么都不想，让呼吸平缓，让思想放空，让灵魂出窍，让自己沉醉在这片浩瀚的澄净与无垠之中……

满怀敬仰之情走向英雄大道，大理石碑上书写着："人民空军历史厚重，英雄辈出，战绩辉煌，使命神圣。" 180 米的英雄大道，以冯如为始，11 组铸铜战斗雕像，再现百年航空精神，定格了伟大历史瞬间。大道顶头的"利剑"主体高 38 米，翼展 15 米，外塑紫铜，总重 70 吨。利剑直指蓝天，象征着空军的至高荣誉。

进入综合展馆，"人民空军忠于党" 7 个红色大字置于厅中，重如泰山。一楼展厅都是镇馆之宝。1930 年，红军俘获的国民党美制"柯塞"式侦察轻型轰炸机"列宁号"最炫酷；1964 年，将第一颗试爆原子弹运送至罗布泊、身线修长的图-16 高亚音速双发中程轰炸机最惊艳；1998 年，执行首飞任务、我国自行研发的歼-10 原型机最抢眼……

二楼是抗美援朝展馆。在那场伟大的战争中，在党的领导下，中国人民志愿军发扬"空中拼刺刀"精神，沉重打击了不可一世的美国空军，书写了以弱胜强、可歌可泣的英雄史诗。一级战斗英雄孙生禄说："为了援救战友，消灭敌人，哪怕是刀山火海，我也敢上！"一级战斗英雄赵宝桐说：

"我们的技术不如敌人，不过我们的勇敢远远超过敌人。"一级战斗英雄王海说："天空那么大，美国人是人，中国人也是人，我就不信我们打不下你来。"一级战斗英雄张积慧说："打仗，要有信心，有了信心，只飞几十小时也敢上天。"一级战斗英雄刘玉堤说："只要在战斗中英勇机智，讲究战术，发挥集体的力量，就一定能够战胜敌人！"聂凤智将军说："我们的空军像一只有力的铁拳，只要伸出去，就一定会把敌人打痛！"

铁鹰空战威敌胆，抗美援朝建奇功。首开击落 F-86 纪录的刘涌新，在 120 米距离将敌机打得凌空爆炸的陶伟，首次击落美军空中王牌的张积慧，首位志愿军空军特等功臣华龙毅，摧不垮的"空中坦克"李永泰，忠于职守的"铁杆僚机"焦景文，豁出命救战友的"空中警卫员"杨振玉，"近、准、狠"的空中神炮手罗沧海，牺牲自己掩护编队的空中勇士范万章，一次击落 4 架喷气式飞机的"云中猛虎"刘玉堤，独自与 10 架美机缠斗、驾着熊熊燃烧的战鹰撞向敌机、光荣牺牲的"空中突击手"孙生禄……

搏击长空心向党，飞行万里不迷航。

前不久，一首《离别开出花》火遍全网。

坐上那朵离家的云霞，飘去无人知晓的天涯，背着妈妈说的那句话，孩子人生其实不复杂……当离别开出花，伸出新长的枝丫，像冬去春又来，等待心雪融化。你每次离开家，带着远方的牵挂，那城市的繁华盖住了月牙。当离别开出花，它生长在悬崖，在最高的山顶，才听得见回答。没什么好害怕，孩子放心去飞吧，在你的身后有个等你的家……

这首李浩瑞作词作曲的歌，如诗如画，激荡人心。后来，这首歌被用作中国第一代飞行员血洒长空、壮烈牺牲等诸多英雄故事的背景音乐，志愿军遗骸迎回祖国怀抱时，配的也是这首歌。少年出征，命许国家，马革裹尸，令人动容。

展馆最后是"新使命、新征程"，中国空军正坚定地向着初步建成现代化空军，全面建成空天一体、攻防兼备、世界一流战略空军的目标迈进。不断开展远洋远海训练，空军轰-6K 首次飞越巴士海峡，轰-6K、苏-27 战机成体系飞越宫古海峡，轰-6K 编队飞越对马海峡进入日本海国际空域训练，在西太平洋宣示中国空军力量。身处和平年代，我们的蓝天上，始终有一群壮志凌云的卫士翱翔于天宇、穿梭于晨曦，为了祖国安宁，为了伟大复兴厉兵秣马、枕戈待旦！

走出航博，华灯初上，红云、铁塔、电线、枝丫、屋脊、粉霞，哪里都是无须渲染的水墨画。头顶，一弯明月皎皎，一架飞机经过，与高压电线五线谱猝不及防地同框了。那一瞬间，恰是清风明月，飞鸿踏雪。突然想起陈巡朋友圈的那些美照，因为忙碌，因为晚起，我们错过了多少摄人心魄的美丽光影……

对很多人而言，每一天都是普通的，每一天也是平凡的。可我们不知道，这看似无奇的每一天，有多少英雄战士在为我们站岗，甚至很多人为祖国为人民奉献出宝贵而年轻的生命。这世上，从来没有什么岁月静好，只是有人默默为我们负重前行，只是我们并不知道。所以，请珍惜身边的每一份阳光风雨，请珍惜生活中的每一刻岁月静好吧！

铁列雄雄似飞鸿

2月19日，七九第七天，雨水。初春时节，南方可能已迎来小雨，而北京依然是零下6度。从秀水园乘坐421路公交转418路，抵达酒仙桥北路的中国铁道博物馆。宽阔的路，仁立的树，一堆堆冰雪正捂着树根。

进入博物馆，眼前是一条横幅"学党史、悟思想、办实事、开新局"。馆内，一排排不同时期、不同类型和制式的列车，有序陈列在高大宽敞的钢架展馆内。时光沉淀，列车无言，一道道雄浑的钢铁弧线凌空而过，如张满的巨弓，蓄势待发。曾经，她们奔驰在祖国万里山河，跨越山和大海，连通起经济发展和改革开放的动脉，架设起东进西出、南来北往的桥梁，扛起了新中国茁壮成长的重任。

机车以蒸汽机为主，型号一应俱全，有前进型101号、0004号，工建型1019号，建设型5001号，KF1型006号，解放型2101号、2121号、4101号，胜利型601号，XL型3370号行李车，C5D型4600287号敞车，NC1型306025号平车，S11型900908号守车等。每辆车均有户籍，即其所属铁路局和机务段。铁路局共有18个，哈尔滨、沈阳、北京、太原、呼和浩特、郑州、武汉、西安、济南、上海、南昌、广铁（集团）公司、南宁、成都、昆明、兰州、乌鲁木齐和青藏铁路公司。机务段则是以城市命名，柳局柳段、哈局哈段、呼局呼段、京局丰段、京局张段、京局洞段、沈局锦段、上局合段、上局杭段、昆局开段……

蒸汽机依靠燃煤提供动力。每台蒸汽机后均有水箱和煤箱，根据牵引力不同，装煤量一般在5吨至15吨之间，水箱容积一般在22千升至45千升，也就是22吨至45吨之间。蒸汽机用水量是用煤量的3倍以上。这些列车部分产自大连、大同和太原等地。不少来自英、美、德、日等国，原装进口，来自苏联的有两辆。

"毛泽东号""朱德号"均为日本制造。"毛泽东号"1941年生产，机车和煤水车全长23.75米，时速80千米。1946年，铁路运力严重不足，为支援解放战争，哈尔滨机务段开展"死车复活"运动，经过 27 个昼夜将这台车修复。经中共东北局批准，正式命名"毛泽东号"，1977 年退役。XL3373、XL3813，是主席专列特殊行李车厢，用于装运主席专车，车厢设置了旋转转盘，方便轿车装卸。"朱德号" 1942 年生产，车长 21.9 米，时速 80 千米。这辆车是 1946 年哈尔滨机务段职工响应毛主席"解放全中国"的号召，利用废旧机车修复的，1977 年退役。

KF1 型 006 号蒸汽机车，1936 年英国沃尔坎机车厂制造，全长 28.41 米，时速 100 千米，客货两用车，曾在粤汉、沪宁、沪杭铁路上使用，1989 年从上海铁路局合肥机务段征集。全世界仅存 2 台，另一台存于英国铁路博物馆。

解放 11 型 3773 号蒸汽机车，1937 年美国制造，全长 20.7 米，时速 80 千米，中型货运机车，1985 年从柳州机务段征集。KD7 型 534 号蒸汽机车，1947 年美国鲍尔温机车工厂制造，全长 20.37 米，时速 90 千米，客货两用。这辆车是二战结束后，联合国救济总署为支援中国战后经济恢复无偿援助的，曾配属于广州和上海铁路部门使用，1987 年从杭州机务段征集。

FD 型 1979 号蒸汽机车，由苏联伏洛希洛夫格勒机车制造厂于 1931 年制造，全长 29 米，时速 85 千米，该机车于 1958 年和 1961 年分两批进口。

步入公务车参观区，票价 10 元，必须一看。

硬卧绿皮"YW60959"，是毛主席的公务车，全长 24.5 米，20 世纪民主德国制造，被誉为"流动的中南海"。套上鞋套，沿垂直铁梯登车，狭长走廊里铺着浅蓝色地毯，右窗装有白蓝两层纱帘。左侧是乘务员室、厨房、卫生间，旁边一节车厢设有两张上下床。卫生间铺着瓷砖，有浴缸、淋浴龙头、脚踏式冲水马桶。连接洗脸池的水管上装着蒸汽压力表，能供应热水。

毛主席卧室里，一张床，一张椅子，办公桌上放着台灯、茶杯、文房四宝。透过玻璃仔细辨认，能够看出简易铁皮书架上整齐摆放着《列宁全集》《斯大林全集》《红楼梦》《论巴黎公社》《鲁迅佚文集》《军事文选》等图书。周总理卧室陈设基本相近，桌上放着《毛泽东选集》等各类图书，还有用毛笔写给毛主席的书信，旁边一副老花镜。

列车尾部是会议室，5 张沙发，3 张木椅，四方桌上铺着中华人民共和国地图。车厢窗明几净，视野开阔，可以想象主席出行视察工作时，窗外飞驰的壮美山河……

毛主席卧室旁是滕代远卧室，一床一桌一凳一橱，同样简朴。老一辈无产阶级革命家滕代远，是彭德怀的老搭档，也是第一任铁道部部长，任职16年。据说，十几年未见面的儿子滕久翔来北京找他，想在北京找一份工作，但滕代远不同意。他说，像你这种情况的人成千上万，他们没有像我这样当部长的爹，他们要换工作找谁呢。滕代远不允许儿子打着自己的旗号找当地政府帮忙，随后只是给了儿子一些回家的路费。滕代远的另外4个孩子，也是自食其力，都没有得到父亲格外关照。

艰辛的戎马生涯，长期的忘我工作，加之"文化大革命"迫害，滕代远60岁左右患上了肺气肿、心脏病和脑血管等疾病。不久，病情恶化，不能说话。弥留之际，夫人林一带着孩子们来医院探视。见到家人，滕代远说着一些含混不清的话语。他吃力地比画着双手，家人以为要交代遗嘱，便把笔送到他手里。滕代远用颤抖的手，在纸上缓缓写下"服务"两个字。小儿子久昕手捧纸条，默念三遍，轻声对父亲说："您让我们坚持为人民服务，我们会这样做的，爸爸您放心吧！"滕代远会心地点了点头，心脏永远停止了跳动……

铁路要畅通，安全不放松。展馆一角介绍了列车调速系统，包含减速顶、停车顶和加速顶，主要以液压油和氮气为介质，对车辆进行制动调速。经过40多年发展，我国研发出系列减速产品和多种控制检测技术，被广泛应用于铁路、冶金、电力、矿山等站场，多项产品和技术处于国际领先水平。此外，馆内还陈列着臂板信号机、高柱色灯信号机等固定式视觉信号设备。

参观快结束时，看到一个诗意的名字"水鹤"。一只巨大的水龙亭亭玉立，三米高的注水口，像极了汲水的仙鹤。水鹤，一般设置在机务段整备线灰坑两端，以及车站到发线、给水站上下行线路两端。水鹤由基座、中间管、输水管、可悬臂转动的横向管、漏斗等部分组成。从轨面至注水口，水鹤高度约4.5米，是蒸汽动力时代的"加油站"。

在这里，要赞美铁路工人。他们战酷暑、斗严寒，工作在人迹罕至的荒郊野岭，一镐一锹维护着铁路安全。普通的职业，平凡的岗位，如山的责任，共和国丰碑上永远镌刻着铁路工人的功绩。

最后，是陈列铁路债券、股票的展柜。例如，1905年，清政府发行的英文版河南铁路5厘国债券；1923年，中华民国发行的法文版、荷兰版陇秦豫海铁路8厘息债券；1930年，中华民国发行的面值40元的收回广东粤汉铁路公债券；1924年，比利时发行的法文股票；1929年、1940年，日本南满洲铁道株式会社发行的铁路股票。

回望历史，发黄的资料凭证背后，是一个落后就要挨打的旧社会，是一段受尽侵略的屈辱史。

离开铁道博物馆时，阳光灿烂，晴空万里。铁道博物馆门口，五座机车整齐列队于博物馆前，一条条轨道正向着遥远的前方延伸，那必定是一条光明大道，而在铁轨上飞驰的，正是我们快速发展、日益富强、奔向民族复兴的新中国。

2024年春运。一场暴雪突袭中东部地区，高铁受电弓摩擦着巨大的火花，只能勉强艰难前行，无数旅客滞留高铁站。谁也没想到，一场风雪竟然让高铁趴窝，让高速交通几近瘫痪。千钧一发之时，不知是谁请来了蒸汽发动机。风雪之中，一辆辆冒着蒸汽的绿皮火车头拉着长长的高铁，在铁轨上飞驰。网友们形象地说，孩子回不了家，关键时刻还得是爸爸去领，别忘了，教会你走路的，永远是你父亲。

高铁上是年轻的儿女，绿皮火车上是年迈的父母。高铁是理想，绿皮火车是归途。高铁是中国速度，绿皮火车是中国温度。高铁很快，快到你记不清邻座人的样子；绿皮火车很慢，慢到你可以听一个人讲完他的一生。高铁是朝九晚五的奔波，绿皮火车是人间烟火的寄托。

然而，在生命中，高铁与绿皮火车同样不可或缺。

天上的西藏

9月中旬，随领导组织东部地区农业龙头企业去西藏开展产销对接，详细行程安排足有满满七页。藏缘青稞酒业、屋脊之宝、朗县辣椒、天佑德青稞酒、达堆龙古荣巴热糌粑、诺贡合作社，这些来自天空的文字，散发出高原特有的气息。

初到拉萨

9月11日上午，我们从首都机场起飞，历经四个多小时的航程。中途喝了两杯咖啡，飞行过程中推背感强烈，CA8397航班比计划提前了半小时抵达贡嘎机场。下午一点，我慢悠悠走出机舱，一步三停留，并无明显高反症状，心中不免窃喜。玻璃廊道外，机场在群山之间，蓝天从厚实的云层间挤出来。

张敏处长已在机场等候多时，她微笑着为我们献上洁白的哈达，并打好花结，一股来自高原的温暖传遍全身。司机将行李绑在后备箱的氧气瓶上，在整个西藏行程中，虽缺过氧、喘过大气，但最终还是依靠自身体质克服了高反。

我们都是第一次进藏，张处热情地给我们讲述当地的农业产业和风土人情。一路山峰连绵，轻风习习，山上植被并不茂盛，云絮就在眼前。车进市区，张敏指着左前方说，那就是布达拉宫。远远眺望，已能清晰地看到布达拉宫的轮廓，内心不觉澎湃起来。布达拉宫对面的高山上，写着四个红色大字——祖国万岁。谈笑间，车抵圣安酒店，这里离自治区农业农村厅和拉萨农业农村局仅百米之遥。房间宽敞整洁，只是床头多了一只粗壮的蓝色氧气瓶。

稍作休整，才处和我便去看望泰州援藏干部范琦与何明两位领导。车过拉萨市区，路很宽，一路商铺不断，霓虹闪烁。司机说，西藏人口300

万，拉萨 70 万左右。这些年，国家很支持西藏的发展，西藏新建了很多市政、民生工程，拉萨面貌日新月异，商业发展也不错。才处说，关键还是党的政策好，社会主义制度好。

范琦是我们局领导班子中最年轻的，其时他已援藏两年。能在拉萨见上一面，不容易，是那种穿越千山万水后的久别重逢。在曲水，他任县委副书记、常务副县长。感觉他又瘦了。何明依然是帅高个儿，我们都曾在高港工作，后来又都调入市委农工办。这么多年过去，除了微微发福，时光这把"杀猪刀"并未在他身上留下明显痕迹。

援藏干部苦，是真苦。海拔高，缺氧，失眠，心肺负担加重，长期下来会造成肺部膨大，给呼吸系统带来不可逆转的损伤，进藏工作拼的就是身体。我问范局睡眠如何，他说不太好。援藏干部几乎没有休息日，周末经常进村入户，且多是山路。第二天我们下乡调研时，途经那些山路，旁边是滔滔江水、悬崖峭壁，车也在颠簸中奔向前路，心里还是紧张的。援藏最辛苦的还是离家远，照顾不到家庭，家庭重担都压在家人肩上。在西藏工作是一种奉献，需要特别能吃苦、特别能战斗、特别能忍耐、特别能团结、特别能奉献。2020 年 8 月，习近平总书记在中央第七次西藏工作座谈会上谈到，身在高原，要缺氧不缺精神、艰苦不怕吃苦、海拔高境界更高。这是"老西藏精神"的延续，全国各地的援藏干部们正是"老西藏精神"最生动的实践者。

晚上休息时，高反还是有的，后脑勺好像有根筋拉着，揉也不是，捶也不是，捏也不是，一直难以入眠。好不容易熬到天亮，下楼呼吸几口新鲜空气，状况才稍有好转。

市区调研

9 月 12 日。酒店的早餐很丰富，有豆浆、粥、包子，与北京相差无几。我问有没有面条，阿姨说没有，水只能烧到 80 度。一旁的糌粑和酥油茶吸引了我，糌粑搁在金色圆罐中，酥油茶盛在蓝色水壶里。阿姨给我配了一碗，我用汤匙调均匀，浓浓的，很香，像儿时喝过的焦屑。蔬菜有茄子、胡萝卜、大白菜，每斤价格都在 5 元左右，肉价也贵，毕竟从外地运过来，不论是公路、铁路、空运，都超过 1000 千米。

八点出城，车流顺畅，几家企业都在达孜工业园区。西藏屋脊之宝有限公司，生产红景天，以藏红花、西藏虫草为原料，能有效缓解高反。企业负责人陈木全身材瘦小，满头银发。作为科研人员，他十年前与人合伙投资建厂。前几年合伙人因病去世，企业已近停产，急需流动资金。江西禾天下农业集团总经理陈德华对红景天饮料饶有兴致，与陈木全作了详细对接，达成初步合作意向。另外三家企业分别生产牦牛肉制品、青稞面包、青稞酒，对地方产业发展和农牧民增收带动力强。几位负责人表示，产品很畅销，效益也可观，但都面临着劳动者年龄偏大、文化程度低等问题，急盼相关部门培养乡村振兴人才，帮他们解决"成长的烦恼"。

调研中得知企业用地较为紧张，不觉有些诧异。西藏总面积达 122.84 万平方千米，比十个江苏还大，怎么会缺地呢？原来西藏遍地是大山大川，可用土地寸土寸金，且大多已用于保障城市发展与公共事业。如果说新疆是一马平川，西藏就是千山万壑，有人形容贵州是"天无三日晴，地无三尺平"，用"地无三尺平"形容西藏也是可以的。

傍晚回城，途经市区，飘来一阵小雨。宽阔的大道上，灯光璀璨，光影牵引着雨水，星星点点地洒在前挡风玻璃上。每根路灯杆上都挂着明亮的莲花灯、火红的中国结，像极了夜幕下的北京长安街。2021 年是西藏和平解放 70 周年，习近平总书记赴林芝、拉萨等地调研，送去党中央、国务院对西藏的关心和温暖，也对西藏的繁荣稳定发展提出了新要求。在随后的几天调研中，看企业，走乡村，我也切实感受到西藏人民的生活正一天天变好。

拉萨河的水，不紧不慢地流淌着，丰裕的水流穿过市区，孕育着高原的生命。在藏语里，拉萨河称吉曲，意为"快乐河""幸福河"。拉萨河发源于念青唐古拉山脉中段北侧的罗布如拉，全长 500 多千米，流域面积3.18 万平方千米，是雅鲁藏布江的五大支流之一。拉萨河干流呈"S"状，从东北向西南伸展，是世界上海拔最高的河流之一。沿途流经墨竹工卡县、达孜区，穿过自然保护区，流经拉萨，在曲水县汇入雅鲁藏布江。据说拉萨河中，有三头牦牛镇水兽，祈祷风调雨顺。拉萨河流域气候温和，地势平坦，水源充沛，土质肥沃，拥有丰富的高原动植物及地热资源，这里也是西藏主要粮食产区之一。作为拉萨的母亲河，拉萨河养育着百姓，哺育着生灵，亲眼见证着这片土地上发生的巨变。

奔向林芝

9月13日，8点半出发。离开拉萨前，我起了个大早，步行半小时前往大昭寺、小昭寺。

一路商铺林立，多为四层建筑，周身刷着白漆。这种白漆是当地人用白石灰粉掺入牛奶做成的涂料。楼顶多是平顶，窗顶有白色檐帘，随风飘动。窗台上，鲜花似锦，绿叶托着红、黄、粉等各色花朵，甚是喜庆。窗户多为花格，白、黄两色，看上去宏大而震撼。屋顶上，有高高飘扬的五星红旗，也有迎风飞舞的经幡。幡条共有蓝、白、红、绿、黄五色，有的印有佛陀教言和鸟兽图案。当地人虔诚地相信，风吹动经幡，就在念诵经文，自己的祝福就被风送往天堂。

通过安检进入广场，大昭寺正在鲜花如云的晨光中等待着我。寺门上方，分别用汉语和藏文写着"伟大的中国共产党万岁"。大昭寺始建于吐蕃王朝鼎盛时期，由松赞干布建造，拥有1300多年历史，在藏传佛教中的地位至高无上，寺内供奉着文成公主从长安带去的释迦牟尼12岁等身像。门前广场上有《大昭寺广场磕头区域文明行为规范》。看来，文明跪拜、文明祭扫、文明守序，在哪儿都一样重要。因为时间关系，我没有进寺，又匆匆赶往小昭寺。

沿街商店很多，如康珠照相馆、当嘎小卖部、宗吉酸辣粉、宝艺屋、格桑梅朵、藏缘圣宝、缘来石你·摄影、忆藏奇宝，以及销售天珠、蜜蜡、红珊瑚的店铺，让人目不暇接。路灯也特色鲜明，灯罩是转经筒外形，刻着带有美好寓意的藏文。

穿过天桥，走过八廓街，便来到了小昭寺。公元641年，小昭寺由文成公主奠基建成，建筑面积4000平方米，供奉着释迦牟尼8岁等身像，另有诸多珍贵文物。相传文成公主进藏时，由两人用木车运送释迦牟尼佛像到西藏，行至现今的小昭寺处，木车突然陷于沙地，无法前行，侍从便于四面立柱，覆盖白绸供养。博学多才的文成公主决定把释迦牟尼佛像安放于此地，建寺供奉，希以此震慑龙魔，祈求国运昌盛。小昭寺竣工后，松赞干布广设庆筵，为之开光，声势浩大。

历史上，小昭寺几经火灾，几次重建，唯有底层神殿为早期建筑，上面镂刻着莲花、仙草、卷云、珠宝、六字真言等。小昭寺主楼是三层，底层分门庭、经堂、佛殿三部分，周围是转经廊道，廊壁遍绘无量寿佛像。顶层是汉式金瓦，金光闪闪，蔚为壮观。我参观时，寺院正在维修，只能沿转经廊道行走。廊道里早有手持佛珠的信众，念着经文，绕寺环行，神态肃穆。

天空传来飞机的轰鸣，抬头望去，一架飞机正从上空掠过，飞行在小昭寺东北角与民居屋檐形成的"L"形空间里。而在屋顶，恰有一面鲜艳的五星红旗。在国旗的注视下，那架飞机平稳地翱翔，她用三五秒的时间，穿越古今，言说着伟大祖国繁荣富强的时间光影。

于大小二寺，只是匆匆一瞥，但能目睹，已无遗憾。

车出拉萨市区，过大桥，翻大山，经山南市，沿国道349穿过桑日、曲松、加察三个县，去往林芝朗县。山峰在旁，路指远方，云在头顶，触手可及，蓝天已躲入云层之中。一路上，车在飞奔，心也在飞翔。视野中，有开阔的宏大，有悠远的空灵，还有开天辟地的惊艳……

突然，枯黄的草地上出现白色，仔细看竟然是雪，石块上也有。大家兴奋起来。继续行驶，拐过几个弯，便遇见了雪山。9月初，我们都穿着短袖单裤，外面套一件薄外衣，瞬间感觉透心凉。路南边，雪山连绵，冰川依稀可见。草地上，一头牦牛正悠闲着啃着草，犄角上扎着红绸。不远处的草丛里还有一只牦牛角。才处长走过去，将牛角高高地举过头顶，笑得像极了获得牛耳奖赏的斗牛士。继续前行两小时，穿过墨竹工卡县日多乡，途经桑日县增期乡。在一处草地边，车缓缓停下。张敏处长说带我们看一看思金拉措，藏语意为具有威力的百龙神湖。

风很大，很冷，头也晕，此处海拔为4500米。沿着潮湿的草地，一行人向湖边走去，几条溪流在草地石块间蜿蜒，水流清澈，洁如白练。越往高处，风越大。湖边，白云压着峰群，数百条经幡在碧蓝的湖面上飞动，风声猎猎。远望湖面，峰群簇拥，湖形犹如聚宝盆。每年藏历六月十五，历代班禅、达赖喇嘛，以及直贡活佛都要来这里祭拜，向湖中投入金银财宝，以报神湖恩赐，所以思金拉措也被称为西藏的"财神湖"。拍了照，我们原路下坡，晃晃悠悠穿过湿滑的小路，已经全身发冷、打战。在湖边平缓处，有很多玛尼堆。在这里，每一块石头都被赋予了生命。又步行百米返回车里，暖气一下子拥抱过来，身子渐暖，但脑袋依然绷得紧，还有点晕乎。从车后翻出陈全木公司生产的红景天，我和德豪一人喝下一罐，尽管有点凉。

车在奔驰中掠过山林，进入山腰，植被明显好于拉萨。这时，窗外传来哗哗巨响，一条水龙在山谷间闯荡奔流。张敏处长说这就是雅鲁藏布江大峡谷，突然有种惊喜，这不期而来的遇见。雅鲁藏布大峡谷，北起米林县派镇大渡卡村，经排龙乡著名的雅鲁藏布江大拐弯，南至墨脱县巴昔卡村，靠近印度的阿萨姆邦。从墨脱县甘登乡多卡村往上，一直到米林县派镇加拉村，是峡谷无人区。雅鲁藏布大峡谷全长504千米，最深处6009米，平均深度2268米，是世界上最大、最深的峡谷。

　　师傅开车很快，沿山路左拐右转，路边虽有护栏，但百十米高的悬崖还是让人胆寒。雅鲁藏布江狭窄处不过几十米，水流湍急，浊浪排空，如万马奔跃、争涌向前。蓝天下，雅鲁藏布江江畔，白云、青山、绿植、黄石，壮哉、美哉。沿途经过藏木、街需和加查三座水电站，丰沛的水源在这里转化为电能。尽管如此，由于特殊的高原地理和复杂的气候因素，拉萨、山南、阿里等地都缺水，部分地区存在沙化现象。一连几天，几位同志嘴唇皲裂，还流鼻血，都是因为气候干燥。咆哮奔腾的江水，只是给了我们一种错觉。

　　在山南市加查县境内，遇见了雅鲁藏布江大桥，这是川藏铁路拉萨至林芝段的标志性工程，也是一座靓丽、雄伟的景观桥。这座深红色大桥，位于藏木水电站上游库区，全长525米，主拱跨径430米，是世界海拔最高、跨度最大的铁路钢管混凝土拱桥，也是雅江上首座"一跨过江"的铁路桥梁。

　　都说新疆的美景在路上，西藏，同样也是。

遇见朗县

　　经过5个多小时车程，下午2点到达朗县，旦增局长前来接站，后抵达雅江边的凤鸣酒店，约好三点用餐。

　　朗县属于高原丘陵地貌特征，平均海拔3200米，冰川多为5000米以上。县内地貌划分为高山冰蚀（冰碛）、高山流水切割构造、河流阶地堆积及风沙地貌。朗县水资源丰富，属于温暖半湿润气候，湖泊包括拉多藏湖、勃勃朗雪山圣湖。全县耕地面积1.85万亩，草场面积1200平方千米，森林面积376平方千米，林区有高山松、落叶松、巨柏等，野生动物有野牛、黄羊、羚羊等。

午餐很是丰盛，山鸡、菌菇尤其新鲜。服务员斟的酥油茶，那种咸咸的油腻味我有点喝不惯，举杯时，只能微微抿一小口。可服务员眼特尖，见我喝一口就来斟，喝一口就来斟，还不停地推荐说，这个好、这个好，让人防不胜防。

席间，与贡久县长谈到苹果、辣椒、藏鸡、土豆等朗县特产时，县长一瞅桌上没有辣椒便问，来了客人，怎么能没有咱朗县的辣椒呢。旁人说，这个季节有点老了。县长说尽量找些嫩的。几分钟后，服务员便捧来一盘绿生生的辣椒，尖尖细细的，还带着水珠，旁边小碟里搁了盐。县长起身拿起一个辣椒说这个可以，随即蘸上盐收到嘴里，嚼得咯嘣咯嘣的。不错，大家快尝尝。我挑了个最小的，沾上盐，小心翼翼地咬一口。有点甜，像农夫山泉，也不是很辣，味道还行。咬第二口，感觉开始冒汗，热能涌动。县长说，是有点老了，一个月前上市时口感可好啦，甜得很！边说边聊，慢嚼细品。不经意间，我竟然吃到了辣椒把儿。于是，人生第一次生吃辣椒的经历，就留在了朗县。

吃完午饭，没有休息，直接下村调研，三台越野车倚仗着强劲的马力，呼呼直奔大山深处。

山路崎岖，左眼是大山，右眼是雅鲁藏布江，车后尘土飞扬。此时的雅鲁藏布江不再是激昂澎湃、愤世嫉俗的模样，已温顺许多，静静地流向远方。第一站，来到洞嘎镇巴基塘，调研朗县辣椒工厂化育苗及辣椒种植基地建设情况。这个基地占地近百亩，由县财政投资，建成后将有效解决辣椒育苗、种植、销售等问题，促进小辣椒全产业链发展。特殊的土质和气候使洞嘎镇种出来的辣椒口感独特、品质上佳。全镇 8700 亩耕地中，超过一半常年种植辣椒，1000 户农牧民几乎家家都种辣椒。辣椒，已成为带动乡村发展的一条大产业。

第二站，来到诺贡苹果生产合作社。走进果园，踩过草丛，瞬间遇见树枝红彤彤的苹果。即兴作诗一首。"芳草绿葱茏，青山接远空。绵绵山谷地，满树苹果红。"

日照充裕温差大，土质疏松土壤肥，成就了朗县苹果的高糖量、多水分。贡久县长让人摘下一篮苹果，他挑中一只，用力啃下去，牙齿与果肉发出清脆的声响。山东鑫荣懋集团公司的黄总尝了尝，说口感不错，又询问了苹果产量、持续供货等情况。一问，问题来了，老百姓自行种植、即收即卖，消费以本地为主。苹果种植仍处于零散状态，产地初加工和预冷储存措施不足，市场拓展受到多方面因素制约。"酒好也怕巷子深"，看来，朗县苹果要走出大山，走向全国市场，走进老百姓的菜篮子，还有很长一段路要走。

晚餐雷同于午餐，没有面条米饭，只有馒头，吃了八成饱。天还没完全黑，睡觉尚早，便出去走走。酒店四周都是山，三五条街，不见嘈杂，非常安静。黄色的灯光，漆黑的山脊，深蓝的天幕，这是专属于西藏的夜晚，千里未变，万年未改。那一夜，没有前天的头昏脑涨，房间很宽敞，踏踏实实睡了个好觉。

第二天，五点多天就亮了。天空顶着蓝头巾，太阳刚爬上山头，云朵还趴在山脊打瞌睡。安静的小城，没有车流穿梭，没有鸡鸣狗吠，只有雅鲁藏布江打着铿锵有力的号子，日夜不停地奔流。酒店西侧是个丁字路口，路边高炮上写着两行字，"以习近平新时代中国特色社会主义思想为指导，奋力推动新时代西藏长治久安和高质量发展"。雅鲁藏布江江边的小道上，几位老人在散步，五六个民工睡在一块空地上。江面很宽，江水不时冲刷着岸边沙砾，一浪接着一浪。远处山腰间，突然跑出一列火车，五六秒钟，又冲入对面山体，这便是川藏线那林段。高铁开通后，从拉萨到林芝的车程从一天缩短至三小时。正如韩红所唱，"那是一条神奇的天路，把人间的温暖送到边疆，从此山不再高、路不再漫长"……

冲康镇与金东乡

9 月 14 日上午，调研朗县冲康镇。

车出酒店，一头扎进深山，不时穿过村庄。路边院落，三三两两隐于绿柳之中，红檐白窗，石墙小院。

乡间小路有些颠簸，阳光升起，洒满群山。遇见一群绵羊挡住去路，白的黑的黄的，个个扬蹄疾行，挤成一团。张处笑着说，山沟沟里的羊没见过世面，也不知道让个路。沿 306 省道行驶半小时后，车在冲康庄园停下。庄园倚山而建，一排乳白色的建筑与蓝天白云交相辉映，整个白色建筑简朴庄严。古朴的冲康庄园，是十三世达赖喇嘛土登嘉措的出生地。藏语里，冲康意为"诞生的房子"，指灵童出生的地方。冲康庄园修建于 1880 年，总面积 7807 平方米，建筑面积 3310 平方米，2007 年 5 月被确定为自治区级文物保护单位。史料记载，英国入侵西藏期间，土登嘉措力主抵抗，展现出强烈的爱国情怀。

庄园对面是核桃园，百年树龄的核桃树385株，千年树龄的核桃树56株，最老的核桃树已有2600年。据说，不少果树是十三世达赖亲手栽种的。站在树下，古树参天，枝干遒劲，华盖如荫，绿叶葱葱，需要十多人伸臂方能合抱。张敏处长递给我两颗青果，我剥了一颗，果仁已经熟透，不涩，微甘，味道挺好。我说吃了千年仙果，这下要长生不老啦。张处笑着说，女同志吃了还能永葆青春。

吃过午饭，前往金东乡来义村，年轻帅气的朱新涛乡长陪我们同行。因为有不少山路，朱乡长安排我们坐越野车。来义村地处崇山峻岭之间，前段还算顺畅，后段则是湿滑泥泞的山路，也遇到碎石断木流瀑。司机狠踩着油门，两辆越野车铆足了力气往前奔。

车进深山，青山葱郁，山路沿山体蜿蜒向前。小伙子开得很快，随着油门收放，方向盘紧咬着弯道，强大的惯性使劲摔打着我们。我和德豪坐在后排，身体如一条小船在翻涌的巨浪中随波漂移。朱乡长说，改革开放前，藏区生活匮乏，交通极不方便。刚工作时有一次下乡，他从早上走到下午3点，再返回乡里已经11点，腿疼了好几天。现在有了车，进山方便多了。不知翻了几十座山，不知转了几百个弯，也不知撵过了多少烂泥和险滩。回头看，绸带般的盘山公路早被甩在山谷间。

途经一处云雾缭绕的大山，朱乡长告诉我们，那是达波西日冰川。据老人们讲，以前冰川的冰线是在山脚下，最近几十年，冰线退至山腰。眼前的峡谷，俗称人瀑湖，弯弯曲曲，九转十八弯。神奇的是，每年藏历五月至七月，人瀑湖的山泉便会如牛奶一般白。其实这是因为山泉中含有碳酸钙。朱乡长让我们看那些山泉，问像不像藏文字母。据说，当年的高僧正是从这峡谷中得到启发，才有了30个藏文字母的诞生。

又越过一段长长的山路，终于到达金东乡来义村。院子中间，一根旗杆直插云霄，欲与山峰试比高，一面鲜艳夺目的五星红旗，飘扬在蔚蓝如海的天空。

群山巍峨，流云涌动，点点祥云绣锦袍，松涛万壑作琴操，真正是开门见山了。洁白的围墙上，书写着中藏两种文字，"讲党恩、爱核心、讲团结"。村务公开栏里，展示着新农村建设成果，旁边停着几辆白色皮卡。村办公室的一角，是发放给村民的礼物，洗衣机包装盒上贴着写有"庆祝西藏和平解放70周年"的粉色的纸。村里的女支书接待了我们，一位年长的奶奶拎着水瓶，不停地为我们添着酥油茶。这个村共有 42 户 216 人，相当于江苏一个村组的人口规模。来义村是朗县的社会主义新农村建设示范点，由广东省援建，先后投入 5000 多万元，发展方向是打造特色乡间民宿。村内建筑均是统一规划设计，藏式庭院风情浓郁，文化活动中心、卫生室、景观平台、硬质水渠等公共设施一应俱全。村民人均年收入 2 万多元，主要农产品有栗子、毛豆、梨和球芽甘蓝。来义村四季分明，环境优美，2021年被评为中国美丽休闲乡村。

在来义村，至今还流传着一些关于文成公主歌谣，其中一首《敬神》这样唱道："牧民啊，充满感恩，美好食物先敬神。第一位神来自雪山，清晨啊奶茶献给他！第二位神来自草原，中午酥油茶献给他！第三位神来自田地，傍晚啊酸奶献给他，阿吉加萨啊……"相传，文成公主进藏时，不小心把《敬神》的歌本遗忘在了来义村。后来，人们世代传唱。77 岁的白玛曲珍，是文成公主歌谣的县级非物质文化遗产代表性传承人。白玛曲珍的父亲白玛次旺、祖父班久，都是口头传唱人。6 岁开始，白玛曲珍便跟着父亲学习歌谣。目前，朗县相关部门根据她的演唱，已整理出 2000 多首歌谣脚本。

千种版本，千年传颂，万人吟唱。纯美朴实的歌声是对生命的赞美，对生活的热爱，对大地的感恩，还是对大自然的敬畏！

回乡路上，我们问朱乡长山上有没有狼，朱乡长笑着说，那可多了。在山里，经常有狗熊出没。夜里，狗熊会闯到农户家里吃小羊和小牛，猴子会跑到地里偷玉米。现在国家保护野生动物，群众也不上山打野生动物了，至于粮食，任它们去偷吃去，只要不伤人就行。

下午的行程，都在山上，晚上要赶到林芝。一路风尘仆仆，翻山越岭，趟沟过河。泉水溪流，滋养着松涛木场；飞云薄雾，掠过山峦大川；密林峡谷，托举起蓝天白云，还有丛林深处那些动物们，这些共同组成了神秘、辽阔而壮美的西藏。这是高原的圣地，更是祖国的福地！

工布江达县香猪

9 月 15 日，调研藏香猪产业。

林芝素称西域江南，晨起，湿润的空气滋润着心脾。路边开满小花，黄的、粉红的，装点着明媚的九月。阳光照着河床，天很蓝，群山连绵，植被丰茂。一簇簇浮云，悠闲地沿山势流淌，像极了贪玩的孩童。

林芝是藏猪传统产区，每个乡镇都有养殖基地，而又以工布江达县产业体系最为完整。在巴河镇藏猪产业园，我们了解了藏猪产业发展概况。近年来，该县依托藏猪品种及资源优势，以保种为基础，以生态为涵养，以技术为支撑，契合自治区全域旅游市场，积极规划产业布局，将藏猪打造成精品产业，促进产业不断壮大与可持续发展，形成了"原地保护—集中扩繁—规模养殖—质量控制—精深加工—推广销售"全产业链。

在藏香猪原种保护方面，县里投资 2200 多万元在错高乡结巴村建立国家级藏猪遗传资源保护场，年繁育量超过 5000 头。在集中繁育方面，在朱拉乡柳四郎村、扎热村、娘当村建成 3 个标准化藏猪扩繁场，年繁育仔猪 3 万头。在规模养殖方面，江达乡娘盖村、金村、仲莎乡麦巴村标准化养殖基地正在规划建设，"企业+合作社+养殖户"运行模式已经让藏香猪成为带动农牧民增收的支柱产业。在精深加工方面，东元食品、西藏沃野、劲华食品等骨干企业，生产 9 个大类 53 种农畜产品，年发酵藏猪火腿产量可达 5 万条。

在西藏沃野实业有限公司，我们参观藏猪生产加工。藏香猪，又名人参猪，是西藏、川西、云南特有的一种畜种资源。藏香猪以天然野生可食性植物及果实为主食，肉品中脂肪含量低，氨基酸、微量元素含量高，备受食客青睐，每斤售价在 300 元左右。走进加工车间，工人们正在给猪腿清洗、上盐、抹料，然后运到仓库悬挂，控制温度湿度。这些猪腿经过三年发酵才能成功入市。市场上，一条优质猪腿售价 1.5 万元左右。小小一条猪腿让人尝到人间美味，也让群众尝到致富"甜头"，过上富裕生活。

二楼大厅，一条藏香猪腿陈列在展示台上，一位厨师将其一片片切下来。那些肉片薄如蝉翼，颜色微红，肉质鲜嫩，淡咸相适。真正的美味，除了选用上好的食材，更需要时间的洗涤与沉淀。藏香猪的 Logo 设计为一只憨憨的小猪，叫"敢敢"，代表工布江达县干部群众敢于担当、敢于碰硬、敢于创新的优秀品质，也体现了全县在经济持续健康发展过程中凝练出的"爱国爱家、自强不息、敢为人先、无私奉献"的工布江达精神。

接着，我们前往米林县朗多银丰生态农场和巴宜区布久乡朱曲登村参观，其特色产业是苹果、香瓜、葡萄等水果。枝头上密密麻麻的红苹果，映红了碧蓝天。

返回林芝的路上，途经工布地区的母亲河尼洋河，又称"娘曲"，藏语意即"神女的眼泪"。只见尼洋河两岸植被完好，风光旖旎，景色迷人，飞鸟嬉戏。蓝天白云间，青山高耸，湿地葱葱，尼洋河偶遇了雅鲁藏布江。一条雄壮，一条温婉；一边是汹涌奔腾的雅江水，一边是清澈流淌的泥洋河；一个来自喜马拉雅山，一个来自米拉山；一边是穿越尘土的高原黄，一边是晶莹剔透的宝石蓝；她们仿佛彼此已等待千年。这浩瀚的天地间，万物相生，共荣共辉，造就了大千世界的五彩斑斓。多有趣啊，雅鲁藏布江与尼洋河就这么日夜流淌，有说有笑，有拥有抱……

我见青山多妩媚，料青山见我应如是。在不经意的瞬间，偶遇这大美景象，多么神奇的遇见啊。

穿越川藏线

9月16日，调研的最后一天，目的地是160千米外的易贡茶厂。途经国道318，翻越色季拉山，驶过川藏线。

从国道318上山，有点堵，工人正在修建塌陷路基。

沿山路缓缓向前，渐渐顺畅。旅游车、大卡车、摩托车、自行车，丰田、路虎、宝马、长城，一辆辆风驰电掣般驶过。上山的路弯弯曲曲，我们的车是丰田越野，四轮驱动，排量3.0，驾驶员也是老司机了，轻车熟路，丝毫不肯减速。

海拔渐高，山坡上遍布供电铁塔，上山道路逐渐变窄，两边山石多有网兜罩着，以防山石滚落。中途遇到一位瘦黑的徒步者。他吃力地推着一辆小车，几条狗围在车旁，车顶搁着帐篷、被子等生活用品。小车前面有只小笼子，关着两只鸡，不知是他的伙伴还是口粮。随行的林芝市农业农村局李辉处长说，常有从四川甘孜徒步过来的，要走两三个月，一天要走20多千米。山上夜里冷，他们都是白天走路，晚上休息。夜里有狗熊出没，所以他们带着狗，既做伴，也防身。佩服他们，有毅力，为了诗和远方，独来独往，意志坚强地行走在梦想的大路上……

接近十一点，我们到达色季拉山站，海拔4728米。开门下车，有风，明显感到冷。路边标识牌上写着"交通管理网格化、事故防范精细化""距离上海5476千米"，旁边一块标牌上写着"南迦巴瓦峰"。旦增局长指向远处的大山说，那一排卷云下，就是海拔7782米的南迦巴瓦峰，曾被《中国国家地理》评选为"中国最美山峰"。

不得不说我们是幸运的。虽然隔着群山，也有些云层，但南迦巴瓦峰的轮廓清晰可见。连绵的山脊勾勒出一位美女的线条，发髻、鼻子、下巴、脸庞、胸膛、膝盖，完美而神奇。据说，看到南迦巴瓦峰的人会平安喜乐，诸事顺心。藏族同胞相信，大山能够赐予平安。后来，旦增局长找出手机里的照片给我看，灿烂的光线下，南迦巴瓦峰的美是那种磅礴而震撼、神秀而妩媚的美，一朝遇见，终生难忘。

有几分钟，我就那样静静地看着遥远的南迦巴瓦峰，想着曾经的沧海桑田，想着遥远的星辰日月。在她面前，我们是大千世界的凡间过客，也是漠漠天河的匆匆尘埃。人生实苦，悲欢离合，最多不过百年。在浩瀚的大自然面前，又有什么过不去，还有什么放不下呢。

绕着大山前行，感觉走了很久。各种光影，在山峰，也在山谷；在云里，也在蓝天里。各种光影，光怪陆离，像牛羊，像笑脸，像绸缎，像海豚，像手臂和拳头，像奔跑的牦牛。偶遇一片长长的云影，朱乡长说，有点像时光隧道。确实很像。在那样的场景中，人的思绪会变得清澈，如蓬头稚子，如坦荡高山。靠着座椅，眯着眼睛，沐浴在忽明忽暗的光线里，任凭汽车在云海里穿越。

接近茶园，路更窄了，司机放慢速度，跟在一辆大卡车后。突然，"嘭"一声巨响，强大的气流竟然把丰田越野车掀了起来，也炸飞路边的灰土。面对突如其来的爆炸，大家都被吓着了，立即停车查看。原来是大卡车突然爆胎，卡车司机自己也吓得不轻，后面商务车上的同志也都下了车，说感受到明显的冲击波。好在，人都没事，只是虚惊一场。

继续前行十分钟，便到达易贡茶厂。

易贡乡隶属林芝市波密县，面积约7000平方千米，人口1000人，主要种植小麦、青稞、油菜，牧养黄牛、羊、马等。易贡茶场位于铁山脚下，建于1966年，海拔2240米，是西藏唯一的茶场，也是我国海拔最高的茶场。在美丽的易贡河谷及易贡湖四周，有不少狭长的台地，海拔1900~2300米，冬无严寒，夏无酷暑，日照不多，空气湿度大，非常适合茶叶生长。

茶园负责人给我们泡上甘醇的香茶，介绍说茶园常年用高山雪水浇灌，施农家肥。因此，茶叶看上去翠绿油润、嫩香高长，这里的茶叶具有提神醒脑、利尿解毒等功效。1985年以来，易贡茶场生产的珠峰绿茶在多个展销会、博览会获奖。2010年，易贡茶场获得"有机茶生产基地"称号和质量认证，茶场注册了"雪域茶谷"商标。目前，茶场除生产西藏传统的砖茶，还开发了林芝春绿、易贡云雾、雪域银峰等高端产品，远销广东、福建，同时出口到欧美、日本等地。茶民的生活也越来越好，人均年收入已超过两万元。

茶园内，有一座风格独特的将军楼，纪念的是十八军军长张国华。1964年，十八军军长张国华率军经过易贡，修建了该楼。这里既是军部所在地，也是住所。小楼是石木质结构，苏式风格，是林芝规模最大的红色遗迹，也是西藏文物保护单位、林芝市爱国主义教育基地。一楼是作战指挥室，二楼是资料展览室，详细记载了西藏和平解放、经济社会建设及1962年中印边境自卫还击战等重大历史事件。一座小楼，承载着中国人民解放军建设西藏、维护统一的红色历史，也见证了西藏和平发展的足迹。

离开易贡茶场已是下午一点，两点半才吃午饭。路边饭馆的菜很是可口，红烧鸡肉质鲜美，是正宗的散养山鸡。只是对藏药泡的酒不太适应，味道偏怪，难以下咽。

回程遇到修路，一排车停下等待。在山间，这种情况很多，你永远不知道前方会发生什么。路的左边，哗哗的山泉直奔而下，溅出飞腾的水花。修路时间不长，半小时左右，武警便撤卡放行。

晚餐，我们围坐在火锅边，李辉处长特地买了生啤。大家轮流举杯，氛围很好。轮到旦增局长讲话，他慢慢站起身，在大家的期待中，却没说出话。张敏处长说，快坐下，过会儿再说。一轮酒之后，旦增局长再次站立，声音有些颤抖。他说，今天与区上的、部里的领导一起吃饭，心里非常激动。在西藏工作几十年，看到家乡越来越好，群众生活越来越美，真的要感谢党，感谢祖国。他说，在西藏几十年了，只出过一次藏，那就是到广东学习。第一次走出西藏，外面的世界那么好，五彩斑斓，但也十分陌生。他还提到长三角、江浙沪，特别希望有机会能够再次到外地去学习参观，走一走看一看。旦增局长讲完，才处说，一定有机会的，我们考虑明年组织脱贫地区龙头企业赴经济发达地区考察，西藏的同志工作很辛苦，我们会尽力为大家创造机会。大家用力鼓掌。这掌声，既是对学习机会的欢迎和期盼，也是对西藏干部的褒奖和赞美。

饭后，步行回宾馆，林芝街景令人陶醉。街道宽敞，亮化清新，整洁的店面和墙壁上绘着花卉、菱形等图案，纷繁而不累赘，缤纷而不杂乱，美轮美奂，端庄自然。路灯则与长安街一样，清一色的莲花灯。夜幕下的林芝，宛然一座精致瑰丽的江南小城。

一周以来，除了连绵的高山和纯朴的干群，还有一点印象特别深。无论是布达拉宫对面的高山上，还是来义村村部、路旁街边、山腰村口、各单位门口，都悬挂着写有汉文和藏文的宣传横幅。那些充满力量的文字，记载着西藏的巨变，彰显着祖国的强盛，表达着人民的心声。

伟大光荣正确的中国共产党万岁！治国先治边，治边先稳藏！做神圣国土的守护者，美丽家园建设者！加强民族团结，建设美丽西藏！依法治藏，富民兴藏，长期建藏！

……

最后一天返京，因山间天气突变，飞机推迟 4 个小时起飞。下午 1 点登机，加速起飞，突又减速，乘务员解释说飞机突发机械故障。关闭电源后，机舱光线暗了，也特别闷热，只能耐下性子等待。两个多小时后复飞，晚上 9 点降落于首都机场，一次西南远行顺利结束。

典籍里的中国

国家典籍博物馆，位于海淀区中关村南大街33号，低调儒雅，不显山露水，承载千年文脉，馆藏博大精深。

身在其中，你可以沿着字里行间的轴线，徜徉于前朝历代；你可以随着蜿蜒曲折的山峦，走遍祖国河山；你可以踏着激昂文字的鼓点，纵马驰骋北国江南。与典籍同行，你会倍感文化温暖如春；与典籍相伴，你会发现文化瑰宝浩如烟海；与典籍对视，每一页书卷、每一个汉字、每一寸时光、每一个物件，都会让人惊叹称奇、如痴如醉。

国家典籍博物馆是我国首家典籍博物馆，2012年7月挂牌，设有10个展厅，面积达1万平方米。博物馆致力于弘扬中华文化，保护文化遗产，展示中国典籍的丰富内涵和历史价值，让更多人感受、体验文化的魅力。挂职结束前，我专门抽出半天时间进馆，感受中华文化的磅礴力量。

一楼"珠还合浦　历劫重光"展厅，讲述了《永乐大典》的回归和再造，海量级信息另文详谈，在此不作赘述。

二楼1号展厅是中华传统文化典籍陈列展厅，展示了历朝历代在文学、思想、科技等领域具有伟大成就的文化典籍，包含很多海外孤本、存世祖本，艺术与观赏价值极高。第一幅便是"孤篇压全唐"的《春江花月夜》，张若虚所作。全诗由九松园丁邹涛先生书写：

张若虚、贺知章、张旭、包融，乃初唐时期江浙人士，被人们称作"吴中四士"。其中，张若虚、贺知章是著名诗人，张旭是书法家、诗人，包融所传诗作不多。四人性格狂放、浪漫，诗中多有新气情趣，体现了初唐向盛唐的过渡。张若虚传世诗作仅两首，《春江花月夜》借乐府旧题写景写情，写人间离愁别绪，入手擒题，独树一帜。千百年来，无数读者为之倾倒，闻一多称之为"诗中的诗，顶峰上的顶峰"。

往前，是"文梓共采、笔墨同辉"版块，很巧，读到老舍先生在1938年所著《加入中华全国文艺界抗敌协会的入会誓词》的一节。

我是文艺界中的一名小卒，十几年来日日操练在书桌上与小凳之间，笔是枪，把热血洒在纸上。可以自傲的地方，只是我的勤苦，小卒心中没有大将的韬略，可是小卒该作的一切，我确是作到了。以前如是，现在如是，希望将来也如是。在我入墓的那一天，我愿有人赠给我一块短碑，刻上：文艺界尽责的小卒，睡在这里。

一名小卒，躬耕文字，把热血洒在纸上。这不就是我吗？我这一辈子，好像除了文字，其他什么事都做不好，只有在字里行间，我才是真实的、自信的、飞扬的。都快五十了，仍碌碌无为，所谓特长也就这半点文章。如果哪天我离开人世，有人赠给我一块简碑，"一名尽心尽责的文字爱好者睡在这里"，人生足矣。不过想来，石碑是不可能了，人生的归处，不过是一个四四方方的小小骨灰盒。再过二三十年，这世上将再也没有我们曾经来过的痕迹。

接着，是鲁迅先生《为了忘却的记念》的一节。

天气愈冷了，我不知道柔石在那里有被褥不？我们是有的。洋铁碗可曾收到了没有？……但忽然得到一个可靠的消息，说柔石和其他二十三人，已于二月七日夜或八日晨，在龙华警备司令部被枪毙了，他的身上中了十弹。

原来如此……

在一个深夜里，我站在客栈的院子中，周围是堆着的破烂的什物；人们都睡觉了，连我的女人和孩子。我沉重的感觉到我失掉了很好的朋友，中国失掉了很好的青年，我在悲愤中沉静下去了，然而积习却从沉静中抬起头来，凑成了这样的几句：

惯于长夜过春时，挈妇将雏鬓有丝。
梦里依稀慈母泪，城头变幻大王旗。
忍看朋辈成新鬼，怒向刀丛觅小诗。
吟罢低眉无写处，月光如水照缁衣。

这是一段黑暗历史。龙华警备司令部，更是一个流淌着共产党人血泪的地方，太残忍，太沉重，太血腥。

接下来，是戴望舒《灾难的岁月》中的一首《狱中题壁》，作于1942年4月27日。

如果我死在这里，
朋友啊，不要悲伤，
我会永远地生存
在你们的心上。
你们之中的一个死了，
在日本占领地的牢里，
他怀着深深仇恨，
你们应该永远地记忆。
当你们回来，从泥土
掘起他伤损的肢体，
用你们胜利的欢呼，
把他的灵魂高高扬起，

然后把他的白骨放在山峰，

曝着太阳，沐着飘风。

在那暗黑潮湿的土牢，

这曾是他唯一的美梦。

戴望舒生于 1905 年，字朝安，浙江杭州人。抗战爆发后，在香港主编《大公报》文艺副刊，并创办《耕耘》杂志。1941 年日军占领香港，他因宣传革命被捕。抗战胜利后，因从事民主运动被国民党通缉，1949 年从香港返京，次年 2 月病逝。先后出版《望舒诗集》《灾难的岁月》《回了心儿吧》等诗集。原来，戴望舒先生的笔下，并不只有《雨巷》，并不只有诗情画意，并不只有那个撑着油纸伞、丁香一样结着愁怨的姑娘。他更是一位战士，一名勇敢的革命者。

往前走，展示的是中国四大名著，罗贯中的《三国演义》、施耐庵的《水浒传》、吴承恩的《西游记》，以及曹雪芹的《红楼梦》。每部巨著选取一幅场景，一眼千年。

《三国演义》刻画了东汉末年至西晋初年之间近百年的历史风云；《水浒传》描写了北宋末年以宋江为首的梁山好汉的故事；《西游记》讲述了唐僧师徒历经磨难、求取真经的故事；《红楼梦》展现了封建贵族家庭各种错综复杂的矛盾。四大名著结构宏大精致，情节引人入胜，人物栩栩如生，语言丰富多彩，哲理耐人寻味，深深地影响着中国人的思想观念、价值取向，代表着中国古典小说的巅峰，承载着中国传统文化精髓，具有极高的艺术价值和现实意义。

神奇的是，见到了脂砚斋的原文评语。之前只在《百家讲坛》听说过脂砚斋，见到本人评注真迹确是第一次。所以，摘录了不少：

浮生着甚苦奔忙，盛席华筵终散场。

悲喜千般同幻渺，古今一梦尽荒唐。

漫言红袖啼痕重，更有痴情抱恨长。

字字看来皆是血，十年辛苦不寻常。

第一回　甄士隐梦幻识通灵　贾雨村风尘怀闺秀

列位看官，你道此书从何而来说起，根由虽近荒唐，细按则深有趣味。一日，正当嗟悼之际，俄见一僧一道远远而来，生得骨格不凡，丰神迥异，说说笑笑来至峰下，坐于石边高谈快论。先是说些云山雾海神仙玄幻之事。

后便说到人间红尘中荣华富贵。此石听后，不觉打动凡心，心想要到人间去享一享这荣华富贵，但自恨粗蠢，不得已，便口吐人言，向那僧说道："大师，弟子蠢物，不能见礼了。（此处有一批注：竟有人问，口生于何处，其无心肝可笑可恨之极。）适闻二位谈那人世间荣耀繁华，心切慕之。弟子质虽粗蠢，性却稍通，况见二师仙形道体，定非凡品，必有补天济世之材，利物济人之德，如蒙发一点慈心携带弟子得入红尘，在那富贵场中温柔乡里享受几年，自当永佩洪恩，万劫不忘也。"二仙师听毕，齐憨笑道，"善哉，善哉，那红尘中有却有些乐事，但不能永远依恃，况又有'美中不足，好事多磨'八个字紧相连属，瞬息间则又乐极悲生，人非物换，究竟是到头一梦，万境归空，倒不如不去的好。"这石凡心已炽，哪里听得进这话去，乃复求再四。二仙知不可强制，乃叹道："此亦静极思动，无中生有之数了。既如此，我们便携你去受享受享，只是到不得意时，切莫后悔。"石道："自然，自然。"

在中国，与四大名著齐名的当属四大古典名剧。

《西厢记》，元代王实甫的杂剧，讲述了张生与崔莺莺冲破封建礼教，争取婚姻自主的爱情故事，"曲词警人，余香满口"，享誉"杂剧之冠"。《牡丹亭》是明末汤显祖之作，讲述了杜丽娘和柳梦梅生死离合的爱情故事，洋溢着追求个人幸福、呼唤个性解放的浪漫主义理想。《长生殿》是清代洪昇之作，讲述了唐明皇与杨贵妃的爱情故事，情节工巧，语言优美。《桃花扇》是清代孔尚任的传奇剧本，以侯方域、李香君的悲欢离合为主线，展现了明末南京的社会现实，歌颂了对国家忠贞不渝的民族英雄和底层百姓，道出了遗民的亡国之痛。

四段文字旁，配有法国国家图书馆收藏的《风月秋声》（清末绘本）。画面中，月上树梢，小姐端坐于花园假山之后一棵根深叶茂的槐树旁，一位书生正翻越墙头，痴痴凝望着月光下的温婉女子。这应该就是爱情最美的样子吧。

值得一提的是，孔尚任的《桃花扇》是在泰州成稿的。余秋雨说过，昆曲是中国古典戏剧的最高范型，两座高峰屹立其中，一座是《牡丹亭》，一座是《桃花扇》。孔尚任，字聘之，又字季重，号东塘，别号岸堂，自称云亭山人，山东曲阜人，孔子第 64 代孙，诗人，戏曲作家。当年，孔尚任奉旨来泰州治水，尽管恪尽职守，却壮志未酬。"为官不幸戏曲幸"，正是这郁郁不得志的人生苦闷时刻，锻造出他悲天悯人的冷峻情怀，也因此成就了一部戏曲史上的巅峰之作。

桃花萦古韵，竹径护陈庵。泰州东城河畔有一处风景秀丽之园，取名桃园，是为纪念孔尚任而建，植有桃花数千株。桃园中的陈庵最引人瞩目，三进两厢，青砖黛瓦，是典型的泰式民居。孔尚任在泰州三年，寓居陈庵创作《桃花扇》。

继续前行，只见清秀小篆《梅花百咏》。作者韦珪，字德珪，自号梅雪，山阴人，生卒不详。其一生酷爱梅花，曾将其读书处取名为"梅花窝"。《梅花百咏》始作于元至正二年（1342年），这一年，李仲山按治姑苏。韦珪受命吟咏梅花，最初只有26首。后来，韦珪不断将其所闻所见写成咏梅之诗，成为《梅花百咏》。

一曰庭梅。玉立阶阴春正融，清标不与众芳同。
　　　　为花扫雪开东阁，人在光风霁月中。
二曰官梅。公庭凛凛雪霜姿，冻合蜂衙想报迟。
　　　　索笑最宜清白吏，心如明月淡无私。
三曰江梅。花下寒潮漱石矶，朔风卷雪溅苔衣。
　　　　西湖自有书香在，只把吟蓬载月归。
四曰溪梅。夜月滩头浸玉寒，暗香微度石桥边。
　　　　一枝带雪横清浅，不碍中流访戴船。
五曰岭梅。庾关春在万山巅，出处清高节操坚。
　　　　着屐幽寻忘峻险，凭谁持赠白云边。
六曰野梅。不因地僻减清香，春暖孤根到处芳。
　　　　抱蕊荒村甘寂寞，任他桃李在门墙。
七曰早梅。芳信才先露雪葩，小春忽见玉无瑕。
　　　　世人尽说南枝暖，更看枝南第一花。

除此之外，竟还有古梅、忆梅、梦梅、寻梅、问梅、探梅、索梅、观梅、赏梅、友梅、寄梅、评梅、歌梅、别梅、惜梅、折梅、剪梅、浴梅、浸梅、簪梅、妆梅、蟠梅、接梅、移梅、补梅、苔梅、杏梅、蜡梅、竹梅、雪梅、月梅、风梅、烟梅、孤梅、疏梅、老梅、新梅、瘦梅、矮梅、远梅、落梅、宫梅、檐梅、寒梅、咀梅、盆梅、红梅、粉梅、青梅、黄梅、盐梅、千叶梅、鸳鸯梅、绿萼梅、胭脂梅、西湖梅、东阁梅、清江梅、孤山梅、罗浮梅、汉宫梅、廨舍梅、书窗梅、琴屋梅、棋墅梅、钓矶梅、樵径梅、僧舍梅、道院梅、柳营梅、茅舍梅、蔬圃梅、药畦梅、前村梅、照水梅、山中梅、城头梅、水竹梅、水月梅、担上梅、杖头梅、隔帘梅、照镜梅、十月梅、二月梅、未开梅、乍开梅、半开梅、全开梅、水墨梅、画红梅、玉笛梅、纸帐梅。

细数竟真有100首，足见其定定毅力与久久恒心。百梅之中，对《探梅》印象犹深："骑马出门春尚小，花神应喜故人来。名题翠竹知相访，若见春风不用媒。"一个"小"字让春天瞬间便有了五六岁孩童的嬉俏顽皮，妙哉！

下一幅，是李清照与赵明诚的画像，右侧配有一幅故宫博物院收藏的崔错所作的李清照像。画中，李清照头梳发髻，柳眉杏目，面如满月，右手手背撑腮，侧坐于假山石之上，目眺远方，若有所思。

李清照，号易安居士，齐州章丘（今山东济南）人，精通音律与诗词书画。她的词在婉约派中自成一家，后人称之为"易安体"。赵明诚，山东诸城人。二人志趣相投，伉俪情深，共同致力于书画金石的搜集整理。李清照的创作风格，以南渡为界分为两个时期。前期，她的诗词多写天真烂漫的少女情怀和婚后别离的轻愁浅绪。南渡之后，被生活的窘迫裹挟，她的创作风格转为悲凉苦闷、沉重悒郁。

对李清照，我们绝不陌生。她那动天泣地的才情，早已旖旎长河，惊艳时光，浸入尘心。

兴尽晚回舟，误入藕花深处。争渡，争渡，惊起一滩鸥鹭。

蹴罢秋千，起来慵整纤纤手。露浓花瘦，薄汗轻衣透。见客入来，袜划金钗溜。和羞走，倚门回首，却把青梅嗅。

云中谁寄锦书来，雁字回时，月满西楼。

风住尘香花已尽，日晚倦梳头。物是人非事事休，欲语泪先流。闻说双溪春尚好，也拟泛轻舟。只恐双溪舴艋舟，载不动许多愁。

佳节又重阳，玉枕纱厨，半夜凉初透。东篱把酒黄昏后，有暗香盈袖。

生当作人杰，死亦为鬼雄。至今思项羽，不肯过江东。

昨夜雨疏风骤，浓睡不消残酒。试问卷帘人，却道海棠依旧。知否，知否？应是绿肥红瘦。

行走间，不觉来到"三苏与眉山蜀刻本"。苏洵，字明允，自号老泉，精于散文，其文"指事析理，引物托喻"。苏轼，字子瞻，号东坡居士，善诗词书画，开创了豪放派，突破了诗庄词媚、诗尊词卑的传统。苏辙，字子由，晚号颍滨遗老。

见到台北故宫博物院收藏的苏轼手书的《寒食帖》的复制品，穿越千年，这一刻便似与苏轼谋面。

自我来黄州，已过三寒食。年年欲惜春，春去不容惜。今年又苦雨，两月秋萧瑟。卧闻海棠花，泥污燕脂雪。暗中偷负去，夜半真有力。何殊病少年，病起头已白。

春江欲入户，雨势来不已。小屋如渔舟，濛濛水云里。空庖煮寒菜，破灶烧湿苇。那知是寒食，但见乌衔纸。君门深九重，坟墓在万里。也拟哭途穷，死灰吹不起。

"夜半真有力"的典故出自《庄子》，说这个世界上最大的小偷不是那个偷你钱财的人，而是时间，它在你睡觉时就把时间偷走了。连连苦雨下，卧闻海棠花，病起头已白。这个"病"并非生病，而是暗指他的牢狱之灾。

苏轼的字被称为天下行书第三。传说苏轼写字，并不悬腕，而是将手靠在桌子上，往左去的线条就很短，用他自己的话说叫"石压蛤蟆体"，就是石头把癞蛤蟆压死的一种风格。这是自嘲，也是调侃，漂亮的字都让你们去写吧，我来写最丑的字。据说苏轼最喜欢石头，因为石头很丑，在地质运动中总是反复被挤压、扭曲，就像他自己，承受着各种磨难，人生飘忽不定。豁达，任性，自在，美丑，输赢，都是生命的一部分。人生的飞扬与困顿，都可以在书法线条里表达。所以最好的书法里，一定有最矛盾的碰撞，最崎岖的人生。

珍藏于台北故宫博物院的《寒食帖》是苏轼在黄州四年的唯一真迹，留有乾隆御笔"雪堂余韵"，原存于圆明园，英法联军焚烧圆明园时曾被烧过，后被人救出卖到日本。1921年东京大地震，收藏家菊池惺堂家中着火，他冒死冲进火场抢出这张帖子。菊池惺堂说，他根本没有想到，这张帖子虽经熊熊大火却安然无恙，好像有神明在呵护一样。

在《寒食帖》面前，我们当存敬畏之心。

接下来一幅字，是西晋文学家陆机的《辨亡论》。陆机，字士衡，吴郡吴县（今苏州）人，少有奇才，文章盖世，被誉为太康之英，其《平复帖》是古代存世最早的名人书法真迹。《辨亡论》分上下两篇，上篇主颂诸主，下篇扬其先功。此为上篇，黄纸墨书，工楷写就，字体疏朗俊秀。

昔汉氏失御，奸臣窃命，祸基京畿，毒逼宇内，皇纲弛紊，王室遂卑。于是群雄蜂骇，义兵四合。吴武烈皇帝慷慨下国，电发荆南，权略纷纭，忠勇伯世，威稜则夷羿震荡，兵交则丑虏授馘，遂扫清宗祊，蒸禋皇祖……

转过弯，是《文苑英华》，宋朝李昉等人编辑，存130卷。该书从北宋雍熙三年（986年）编纂藏事，至南宋嘉泰四年（1204年）周必大定本梓行，前后经历217年，数易其稿。此书为最早刻本，也是宋代唯一刻本，梓成后进呈内府，庋藏于宋皇家藏书楼缉熙殿。

这里展示的是《文苑英华卷》第291页，收藏的古诗有：张九龄十一首、张子容二首、王维四首、孙逖六首、贺知章一首、孟浩然十一首、杜甫十首、李白五首、张轸一首、蔡希寂一首、綦毋潜一首。其中第一首为张九龄的《初发道中寄远》：

> 日夜乡山远，秋风复此时。
> 旧闻胡马思，今听楚猿悲。
> 念别朝昏苦，怀归岁月迟。
> 壮图空不息，常恐发如丝。

第二首是《自豫章南还江上作》：

> 归去南江水，磷磷见底清。
> 转逢空阔处，聊洗滞留情。
> 浦树遥如待，江鸥近若迎。
> 津途别有趣，况乃濯吾缨。

第三首是《自始兴溪夜上赴岭》：

> 尝蓄名山意，兹为世网牵。
> 征途屡及此，初服已非然。
> 日落青岩际，溪行绿筿边。
> 去舟乘月后，归鸟息人前。
> 数曲迷幽嶂，连圻触暗泉。
> 深林风绪结，遥夜客情悬。
> 非梗胡为泛，无膏亦自煎。
> 不知于役者，相乐在何年。

第四首是《初见湘中有喜》：

> 征鞍穷郢路，归棹入湘流。
>
> 望鸟唯贪疾，闻猿亦罢愁。
>
> 两边枫作岸，数处橘为洲。
>
> 却记从来意，翻疑梦里游。

第五首是《自湘水南行》：

> 落日催行舫，逶迤洲渚间。
>
> 虽云有物役，乘此更休闲。
>
> 暝色生前浦，清晖发近山。
>
> 中流澹容与，唯爱鸟飞还。

张九龄是唐朝韶州曲江（今广东韶关）人，字子寿，唐玄宗开元盛世时的宰相、诗人，著有《曲江集》，被誉为"岭南第一人"。张九龄在仕途上为张说奖掖拔擢。张说是唐中期的政治家、军事家、文学家，曾任太子校书郎，三度出任宰相。传说，张说耳聪目明，心神开悟，事无巨细，过目即知。作为开元盛世最后的名相，张九龄举止优雅，风度不凡，深为时人所敬仰，王维、杜甫都作有颂美他的诗篇。他曾辟孟浩然为荆州府幕僚，提拔王维为右拾遗；杜甫早年也曾想把作品呈献给他，都未能如愿，晚年追忆，犹觉可惜。

张九龄是著名的政治家、文学家，他忠耿尽职，秉公守则，直言敢谏，选贤任能，不徇私枉法，不趋炎附势，敢与恶势力作斗争，为"开元之治"做出了积极贡献。他的五言古诗，素练质朴，诗风清淡，寄托深远，对扫除唐初所沿袭的六朝绮靡诗风贡献尤大。在张九龄之后，唐玄宗对宰相推荐之士，总要追问一句："风度得如九龄否？"

作为"三农"战线的同志，这次参观有幸目睹了后魏贾思勰所著《齐民要术》，线装本，卷页早已泛黄：

耕田第一。凡开荒山泽田，皆七月芟艾之，草干即放火，至春而开。（根朽省功。）其林木大者，刊杀之，叶死不扇，便任耕种。三岁后，根枯茎朽，以火烧之。耕荒毕，以铁齿镉榛再遍耙之。

这一段讲了开垦荒地、焚烧杂草，谈了平田整治、施肥化除、犁耕深翻，还有农田开发建设。专业！

什么是农业"四季歌"？"至五月、六月，拔诸菜先熟者，并须盛裹，亦收子讫。应空闲地种蔓菁、莴苣、萝卜等，看稀稠锄其科。至七月六日、十四日，如有车牛，尽割卖之；如自无车牛，输与人。即取地种秋菜。葱，四月种。萝卜及葵，六月种。蔓菁，七月种。芥，八月种……"美妙！

什么是粮食安全"国之大者"？什么是江山社稷？"夫珠、玉、金、银，饥不可食，寒不可衣。……粟、米、布、帛，……一日不得而饥寒至。是故明君贵五谷而贱金玉。"刘陶曰："民可百年无货，不可一朝有饥，故食为至急。"精辟！

中国以农立国，农耕文明久居世界领先地位，农业典籍亦对世界影响深远。早在战国时代，便出现《神农》《野老》等农学巨著。贾思勰的《齐民要术》系统总结了 6 世纪以前黄河中下游地区农牧业生产、加工制作经验等，对农学发展影响重大。宋代，专科和花竹等谱录类农学著作大量涌现，元《农桑辑要》《农书》、明《农政全书》、清《授时通考》等农书继往开来，对今天的农业生产仍具实用价值。

还看到一幅《雍正耕织图》。夏收季节，雍正下田与农户一起劳作，诗刘云："西成已在望，早作更呼欢。刈穗香生把，盈筐露未干。啄遗鸦欲下，拾滞稚争欢。主伯欣相庆，丰年俯仰宽。"

雍正在位时曾设"一亩园"，每年春耕亲自下田耕种，至乾隆后期，渐渐荒废，嘉庆、道光年间彻底废弃。

中医博大精深，源远流长，我的女儿也学医。没想到，典籍博物馆竟也收藏了中医典籍。《针灸大成·针道源流》曰：

《素问》十二卷，世称黄帝岐伯问答之书，及观其旨意，殆非一时之言，而所撰述，亦非一人之手。刘向指为诸韩公子所著，程子谓出战国之末，而其大略正如《礼记》之萃于汉儒，而与孔子、子思之言并传也。盖灵兰秘典、五常正大、六元正纪等篇，无非阐明阴阳五行生制之理，配象合德，实切于人身。其诸色脉病名、针刺治要，皆推是理以广之，而皇甫谧之《甲乙》、杨上善之《太素》，亦皆本之于此，而微有异同。医家之纲法，无越于是书矣。然按西汉《艺文志》，有《内经》十八卷……

明朝杨继洲的《针灸大成》汇集历代针灸内容，集诸家理论为一体，图文并茂，是一部承上启下的专著，对世界针灸学发展贡献巨大。英国著名科学史家李约瑟对其做出高度评价："那是与《本草纲目》一样的登峰造极之作。"中医药学是中国古代科学的瑰宝，也是打开中华文明宝库的钥匙。中医药学以其独特的理论体系、显著的临床疗效、丰富的养生保健和防病治病方法，为人类文明与中华民族繁衍生息作出了不可磨灭的巨大贡献，是影响世界的中国传统文化遗产。

另外还有《梦溪笔谈》与《天工开物》两部著作。

《梦溪笔谈》是沈括的笔记体综合著作。全书分故事、辩证、乐律等17门，共载609条，总结了自然科学成就与科技发明创造。书中记载的赋税徭役扰民、宋代北方边备利弊、典制礼仪的演变等史实，也极具史料价值。李约瑟评价其为"中国科学史上的坐标"，沈括也被称为"中国科学史中最卓越的人物"。

宋应星的《天工开物》详细记载了中国古代农业、手工业的生产技术和经验，是全世界第一部关于农业、手工业生产的综合性著作，被誉为"17世纪的工艺百科全书"。书中描绘了130多项生产技术和工具，包括机械、砖瓦、陶瓷、硫黄、烛、兵器、火药、纺织、染色、制盐、采煤、榨油等生产技术，并附有中国现知最早的123幅工艺流程图。宋应星，也被李约瑟比拟为"中国的狄德罗"。

最后，看到一栏"方志资政"："治天下者，以史为鉴，治郡国者，以志为鉴。"

存史、资政、育人，一邑之典章文物，皆系于志。地方志纵贯古今，横陈百科，山川疆域、历史沿革、田赋物产、名胜古迹，事无巨细，莫不皆然。纂修方志，是中华民族的优秀传统，能为地方政府提供宝贵的执政智慧和治理经验。

馆内还有甲骨文记忆展厅、字节跳动古籍保护专项基金成果展等，因时间关系没有详览。

最后要说的是典籍修复技术。很多古籍被发现时，已出现破损、矾化、虫蛀、霉烂等情况。典籍修缮，更多还是依靠传统技术，通过针、线、米浆、胶水、剪刀、毛刷、镊子、榔头，以最大限度保护典籍。修补经世巨典，既需大量人力、物力和财力，更需穿针绣花之功夫、镂金刻石之细致，以及对典籍的珍爱呵护之心。如今，古籍修复已成为大学的一个专业。

"结束语"中写道："华章焕彩，翰墨流芳。"

走过典籍博物馆，从《诗经》、楚辞、汉赋，到唐诗、宋词、元曲、明清小说，凤彩鸾章，斐然堂皇，世代相继，如霞鲜锦绣，极尽其美；又如夜幕星辰，璀璨争辉……奇文瑰句洋洋洒洒，可谓灿若星河，才摛蜀锦。从甲骨卜辞、钟鼎金文、碑铭石刻、简册帛书，到书籍手卷，历经三千余年。数量浩繁、内容丰富的典籍，记述了历朝历代在典章制度、财政、军事、哲学、宗教、思想、科技、文学、艺术等方面的伟大成就，蕴含着中华民族宝贵的历史记忆、思想智慧与知识体系，是国家民族生存发展的精神基石。

2014 年 3 月 27 日，习近平主席在联合国教科文组织总部演讲时说："每一种文明都延续着一个国家和民族的精神血脉，既需要薪火相传、代代守护，更需要与时俱进、勇于创新。中国人在实现中国梦的进程中，将按照时代的新进步，推动中华文明创造性转化和创新性发展，激活其生命力，把跨越时空、超越国度、富有永恒魅力、具有当代价值的文化精神弘扬起来，让收藏在博物馆里的文物、陈列在广阔大地上的遗产、书写在古籍里的文字都活起来，让中华文明同世界各国人民创造的丰富多彩的文明一道，为人类提供正确的精神指引和强大的精神动力。"

曾经，典籍文献为中华民族生生不息提供了丰厚的精神文化滋养。而今天，典籍文献更是实现中华民族伟大复兴中国梦的智慧源泉。传承好、保护好、利用好中华优秀典籍，让古籍里的文字"活"起来，让历史文化古为今用，是我们义不容辞的责任。

古北星光

早在 7 月盛夏前往密云区新城子镇遥桥古堡时，便途经古北水镇，当时对于司马台长城的瑰丽只是惊鸿一瞥，遗憾终在 11 月弥补。

初冬，一路向北，群山连绵，古镇一如既往地惊艳。游客服务中心青砖黛瓦，飞檐高墙。"万壑群山锁隘门，溯游潮水又回辕"，横批"京师锁钥"。景区入口处一块巨石上写着：中国长城是世界之最，而司马台长城是中国长城之最。

沿青石小路拾级而上，廊桥亭阁，筑台高墙，参天古树，雕栏轩窗，恰似在江南。秋叶多在上一场大雪中落下，漫天枝丫中，成熟的海棠果小如指头，色泽暗红，甚是惹人喜爱。这满树朱红，像无数的精灵，一下子点亮了整个冬天。

酒店位于小镇东首，倚山而建。陈宁与沈忱同住，我和广银同住。墙上有一副对联，"闲门向山路，深柳读书堂"，出自唐刘眘虚的《阙题》："道由白云尽，春与青溪长。时有落花至，远随流水香。闲门向山路，深柳读书堂。幽映每白日，清辉照衣裳。"图景甚美，崎岖山路向前延伸，直至白云深处，春天的溪水绵延不断，细雨落花，随溪水缓缓漂移，暗香袭人。农家的木门正对着山阶，英俊少年郎正在茂密柳树下读书，阳光悠然穿过柳荫，点点光辉洒满布衣。轻轻吟诵，意境顿生，而最后一句"清辉照衣裳"，让人想起孙玉石先生的"吹灭读书灯，一身都是月"。

正如黄永玉先生所言，读书，让人自带生活的光辉。

中午吃饭时已近 1 点，戴宗点了火锅，陈宁要了瓶司马小烧，55 度，价格不高，过把小瘾，350 毫升的坛型酒瓶设计精美。相传密云有三宝：烧饼、烧肉和烧酒。司马台地区擅长酿酒，以当地红高粱等五谷杂粮为主，传统方法制作，声名远扬，可与当地名酒龙凤大曲媲美。午餐过后，有人去泡温泉，我则去往长城脚下。途经一座石坝，"古北水镇"4 个字镶嵌于坝身，潺潺流水涌过坝顶，落水清脆，宛若银瀑。下坡百余米，便是缆车售票处，因疫情游客并不多。

司马台长城始建于明洪武初年，东至望京楼，西至后川口，以险、奇、特著称，是唯一一段保留明朝原貌的古长城。清帝王去东北祭祖、狩猎，必经司马台。康熙曾在此避暑，乾隆曾在此阅兵，此地也被誉为"锁钥重地"。司马台长城1987年列入《世界遗产名录》，2012年被英国《泰晤士报》评为全球不容错过的25处风景之最。历经400多年风霜，饱受战火摧残，司马台长城始终屹立，她犹如一座丰碑，展示着中华儿女不畏艰险、勇于创造、坚忍不屈、顽强斗争的民族精神。这座从烟火中走来的文明瑰宝，自然也多了几分神奇。闭上双眼，似乎已能想象春天的山花烂漫，盎然生机；盛夏的林木葱茏，远山茵茵；深秋的漫山红遍，层林染金；冬天的银装素裹，雪掩青城……

踩过满地落叶，沿地图前往山腰间的圆通寺。搭上游客车，两站便到圆通寺。踏过重重山门百余台阶，于圆通塔下遥望司马台长城。这时，几架喷气式飞机驶过，飞越群山，掠过古塔，在天际拉出一条笔直的线带，像是致敬历史，也致敬文化。

步出圆通寺，经百年回望宾馆，穿过童玩城，沿街客栈不少，客栈的门牌特色鲜明，百花争艳、飞禽走兽、神仙传说，古色古香的砖雕让人目不暇接、啧啧称赞。店铺的门脸儿也是缤纷多彩，各具特色。如：古早茶，清晨一碗甜浆粥；"谢馥春"香粉店，万缕篦梳店；景泰蓝，伞扇铺，花簪，"聚澜春"茶食铺；"合脚"，宝兴隆鞋庄，专卖各式布鞋；"同顺和"响器铺，这店名，多妙，须是要用耳朵听了。小小一个"响"字，瞬间将店铺里叮叮当当的打击声描述得此起彼伏、清脆悦耳，仿佛对面正有一位老匠人腰系围布、手拿锤凿，在认真而专注地敲打……

麻石小街上，有一家经营丝绸的店铺，门面简朴大方。店铺顶部竖立着"益大丝号"的招牌，两侧用小楷写了4首诗点题。

第一首：春蚕不应老，昼夜常怀丝。何惜微躯尽，缠绵自有时。出自南北朝，作者佚名，无从考证。

第二首：老蚕欲作茧，吐丝净娟娟。周密已变化，去取随人便。出自元代王冕《蚕作茧》。

第三首：蚕生春三月，春桑正含绿。女儿采春桑，歌吹当春曲。出自南北朝民歌《采桑度》。

第四首：雉雊麦苗秀，蚕眠桑叶稀。田夫荷锄至，相见语依依。出自唐代王维《渭川田家》。

四首农诗，讲述了农耕时代的一二三产融合发展，小店的格调瞬间被拉高。

走进"京华烟云"烟斗店，景泰蓝掐丝烟斗，标价 588 元。长短不一、大小不同、材质各异的烟斗鼻烟壶，随烟雾穿越了时空。墙上两张海报，香烟烟盒上写着"PEACOCK"，旁边竖写四行广告语"最新出品，孔雀香烟，质美价廉，快请一试"。

水镇邮局，是一座青砖建筑，别有一番风情。门口有一副对联：代办快寄，南北通邮。大门挂着两块牌子，一块"营业中"，另一块"本区域已消毒"。可爱的是，窗户旁还有一块红色提醒牌："古北水镇·长城主题邮局（Water Town post office），营业时间为周一至周日 10：00—19：30，邮政编码 101508"。看来，这还是座有编制的邮局。

路过一家老字号理发店"芳会"，门廊木柱上挂着小黑板，"理发 48 元，刮脸 40 元，修眉 20 元，采耳 40 元，绞脸+修眉 68 元，植物洗发 30 元（皂角生姜）"。左侧砖墙上贴有一幅画，画中一位仙官手持"利市仙官"条幅，旁书一副对联"进门来长发罗汉，出店去光面菩萨"。右侧砖墙上有一块黑木板，上面写着"芳会理发厅，座位舒适，服务周到。设备清洁，包君满意"。

旁边是一家美艳的风筝店。试想，在宽阔的司马台长城，风筝扶摇直上，飞向蓝天白云，何等壮哉美哉！

在一家梳篦店，精致小巧的玉梳让人爱不释手。我问营业员，梳篦之乡何处？她则笑问，客自常州来？我说不远。小柜里是羊奶皂，有心形、梅花形、蛋糕形等各种形状，颜色有奶白、烟黄、咖啡色，其间细花相缀，色彩明艳，比昭苏手工羊奶皂惊艳了太多。

跨出店门，只见一幅心形面板，木质，上面点缀着各种彩色小红心。南北两侧，书有一副对联"德馨颂千秋，诚信传万代"，两根粗木权托着一根木秤，龙形秤头，秤身约 5 米长，挂着 4 个秤砣，上书红心楷字"称心如意"。在此拍了照片，愿家人好友健康平安。

沿街，还有制作春联和年画的店铺，有卖煎豆腐的、烤肉串的，以及各式果脯、小吃，琳琅满目……

过一座石拱桥，华灯初上，勾勒出小镇的轮廓，廊间水面灯火点点，几位游客正在拍照。一条红色摇橹船悠然穿过桥洞，木桨出水，水纹折射桥身，荡漾成曲折回转的绸带。暮色中，古镇亭台城楼映着万千灯火，远峰隐约，提灯如带。这闪烁的夜光中，仿佛很多年前，如同我从北漠跋涉而来，头顶满天星光，走过迢迢山河……

天色渐暗，酒家难觅，望京街上几处客栈都只有拼桌。便定下雁行客栈。走了一下午，脚生疼，步数早过两万。

缓步前行，有些吃力。步行不远，顺路左拐，在镖局足道馆门口，竟偶遇小温泉。只见池内热气升腾，五六位游客正在泡脚，有说有笑。这才真是，踏破铁鞋无觅处，得来全不费工夫。心头一乐，就差叉着腰仰天大笑了。赶紧放下背包，脱去鞋袜。泉水温度适中，我拎着裤管双脚打水，像在儿时的水凳边，疲劳顿时缓解许多。

这一刻，便是真正的岁月静好，虽是刹那光阴。只是，鹅卵石太凉，不敢久坐。这时，广银、陈宁也闻讯找来，大家会合后，便匆匆去往客栈。

晚餐时，无人机表演和灯光秀开幕。古镇 LOGO、长城英姿、一叶轻舟、圆通塔、司马台长城、"庆祝建党 100 周年"等图景依次在夜空闪亮。城楼上灯光照耀，裙楼旋转间，凤凰飞翔、千帆竞渡。还有美轮美奂的喷泉灯光秀，红樱花枪，幻影霓裳，足以满足你对古镇的所有想象……

餐毕已近 8 点，得抓紧时间赶缆车了，我奔在前头，带领大家穿过小巷，一路直奔司马台长城。对面几辆缆车下山，顶端 4 道灯柱照亮夜幕，如飞碟降临，科幻感爆棚。夜里，高处长城已关闭，我们便沿着三尺小石路去往长城中段。

风不大，夜却寒。夜幕中，左侧护栏挂着马蹄灯，一盏盏顺势而上，照着上山的石板路。那夜正是十月十六，刚过月半。明月高挂，山峰挺拔，山脊如龙，烽火台在夜色中巍然耸立。"月高风定露华清，微波澄不动，冷浸满一星。""山一程，水一程，身向榆关那畔行，夜深千帐灯。风一更，雪一更，聒碎乡心梦不成，故园无此声。"在今夜的司马台长城，冷月边关，故国家园，我们与山路同行，用热血、用坚定，一步步温习着中华儿女的血泪荣光。

星空下，大家摆出最酷的 POSE，留下难忘时刻。

坚固的城墙，坚硬的城砖，斑驳的印迹，历史从未与我如此靠近。我稍稍弯下腰，独自向上攀登了 20 多级台阶，每一步都很认真，也很虔诚。然后转身坐下，静静仰望星空，寻找天空中那颗属于自己的星。

沧海横流，星河飞转，来路坎坷，天宇无言。在伟大的中国共产党的领导下，我们不忘初心，同仇敌忾，众志成城，浴血奋战，走出了一条天翻地覆慨而慷的沧桑正道。960 多万平方千米的土地，哪一寸，没有烈士流淌的热血？对国人而言，我们真的应该庆幸出生在强大的中国，真的需要大声喊出"中国共产党万岁！"

下山的缆车站前，有一面祈愿墙，无数红色祈愿条在风中飘舞。有人希望身体健康，有人盼望爱情长久，有人祈愿家国平安……

把夜空归还篱落，把岁月归还星河。沿着历史的背脊前行，每一个笑脸都是自信，每一份汗水都是坚持，每一步攀登都是信念。青山依旧，篝火狼烟已停休，多美的古北山水，多美的壮丽山河。

条条地道击强虏

4月的最后一天，依然人间最美。白云朵朵，花团锦簇，处处皆景，被蓝天怀抱的北京美得快炸裂了。早8点，乘坐地铁14号线转15号线，与薛飞在俸伯站会合。换乘31路公交抵达顺义区龙湾屯镇，全程65千米。与李国平、朱冰会合后进馆，健康码、行程码、预约码一个都不能少。

焦庄户地道战遗址纪念馆坐落于燕山余脉歪坨山下，建于1964年秋，占地4.86万平方米。1979年被北京市人民政府公布为北京市第二批市级重点文物保护单位，馆内收藏了民兵武器、挖地道工具、缴获的日军武器等各类文物数百件。

"北京焦庄户地道战遗址纪念馆"几个大字，为张爱萍将军题写。门口一副对联"堡垒忆当年屡凭地道击强虏，精神传后代更振天声赴远征"，时刻提醒着人们这里曾是一片英雄的土地。广场中央矗立着一座青绿石雕，毛主席亲笔题写"民兵是胜利之本"，一男一女两位冲锋民兵怒视来犯之敌。石雕侧面，男民兵正在呼喊作战指令，女民兵正在向地面搬运地雷，形象惟妙惟肖，栩栩如生，如同激战就在眼前。

步入大厅，一座长8米、宽3.8米的浮雕，生动再现了焦庄户英雄儿女利用地道抗击侵略者的历史画面。浮雕左上方刻着"奖给焦庄户——人民第一堡垒"，右上方刻着"民兵是胜利之本"。浮雕下方，两行红字热烈而醒目，"红心向党，救国为民的赤子精神；万众一心、众志成城的堡垒精神；凝心聚智、敢为人先的创新精神；艰苦创业、英勇奋斗的奉献精神"。今天，我们已步入中国特色社会主义新时代，全国人民正阔步走在民族复兴的征途上，但时至今日，赤子精神、堡垒精神、创新精神、奉献精神并未过时，永远值得倡导，值得弘扬。

展厅里，《关于开展地道斗争的决定》、村民们开挖地道热火朝天的场景、作战方式介绍和地道展示、民兵使用过的红缨枪、缴获的日军枪支军刀等，一件件珍贵的史料文物，瞬间将我们带回抗日战争年代。

1931 年 1 月，侵华日军直入关内，冀东沦陷。1937 年"七七事变"爆发，日本叫嚣三个月内征服中国。日军无恶不作，疯狂大扫荡，血腥惨案频发，灭绝人性的"治安强化"运动，烧光、杀光、抢光，烧杀奸掠，惨绝人寰。在日军"铁壁合围""纵横梳箆"的清剿战术中，顺义县庞里、焦各庄等地受到日军轰炸侵略，邓子厚的抗日游击队和李作东的青年抗日救国军中，不少队员被杀害，无数群众被杀，甚至连顺义县支队娃娃连 23 名小战士也全被残忍杀害。1942 年，日军包围八路军十团后勤部及丰滦密联合县干部所在地密云水坑，军政干部和战士们英勇抵抗，终因寡不敌众，45 人被捕，县长、供给处长、卫生处长 30 多人壮烈牺牲。正如习近平总书记在庆祝建党 100 周年大会上所讲的那样，这一段被日军侵略的屈辱史，让国家蒙辱，让人民蒙难，让文明蒙尘。

地道战是抗日战争中的一种神奇战术。1943 年，面对日军扫荡，部分群众在家里挖了隐蔽洞，有一次敌人来扫荡，群众就把干部藏在白薯窖里躲过抓捕。区委书记王田，便要求村长马福多挖一些地道，以防不测。但隐蔽洞有弊端，人蹲在洞里，就像蛤蟆，根本不能动，一旦被搜便难以逃脱。马福村长足智多谋，他琢磨着只有把一个个隐蔽洞挖通并连接起来，才能躲避敌人搜捕。说干就干。刚开始，不少群众有想法，有的担心夏天灌水会导致房子倒塌，有的不同意在自己家里挖。马村长就带领党员挨家挨户听取群众意见，党员干部带头先在自己家里挖，终于打消了村民的顾虑。于是，他统筹安排全村劳力——民兵小分队骚扰敌人，分散敌人的注意力；儿童团放哨，不让生人进村；青壮年下地道挖土；老人、妇女装筐运土，逐步形成了早期地道的雏形。

1944 年冬，冀东根据地三通顺联合县政府安排教育科长徐进对地道修建进行指导，设计了单人掩体、陷阱、翻板、射击孔等战斗和生活设施。经过 3 年奋战，焦庄户挖出了近 30 千米纵横交错的地下长城，形成了"能藏、能走、能防、能打"的战斗地道网。为了弥补土枪土炮杀伤力不强的缺陷，马村长带领大家发明了连环雷、斗气雷等 10 多种地雷，把鬼子炸得人仰马翻，有力打击了日军的嚣张气焰。当时有句顺口溜特别形象，"地雷小，威力大，专崩敌人脑袋瓜。只要他瞎马来撞槽，就叫他统统回老家"。

《焦庄户民兵地道歌》更是唱得铿锵有力，"地道好，地道妙，打了敌人钻地道。明里打，暗里挑，消灭敌人最可靠。鬼子气得干瞪眼，抗日军民哈哈笑"。

新中国成立后，毛泽东、邓小平、江泽民、胡锦涛多位中央领导，以及多位开国元帅、将军及中央领导来焦庄户视察，聂荣臻、杨成武、廖汉生、吕正操、迟浩田等领导为纪念馆题词，赞美了那段可歌可泣的抗日战争史：地道战大显神威；村中多猛士智勇忠诚，地下筑长城打防藏走；地道战是人民的智慧，人民的创造，是战胜日本侵略者的坚强堡垒；忘记过去就意味着背叛；人民战争的伟力，战争史上的奇观……

纪念馆北面便是地道战遗址，入口处挂着一副孟广祥创作、胡滨撰写的对联："条条地道重重阵，耿耿忠魂赫赫碑。"逐级走下地道，寒意顿时袭来，朱冰穿着短袖直喊冷。

地道两侧墙壁上有煤油灯，间隔五六米一盏，光线很昏暗。进入地道，便感觉与世隔绝，众多岔口让人晕头转向，不少地方还有陷阱，加厚的塑钢玻璃下，还能看到尖刀。地道内提示牌很多，并有英、日、韩三种译文。有的标明在猝然遇敌时引导群众迅速进入地道；有的写着适合于战斗、警戒封锁路段，能机动灵活地向敌人射击；有的正在修缮加固，暂未对外开放，但借着灯光向里眺望，能看到一些简易木梯、木床；还有些地道没有灯，漆黑一片，伸手不见五指。然而就是在这里，很多共产党员、游击队员和父老乡亲躲过了敌人的屠刀。

每隔一段距离就有单人掩体，在黑暗中藏个民兵，一刀就能送敌人上西天。往前走，墙壁上写有"焦××家猪圈出入口、马××家驴槽出入口、柴棚出入口"等字样，这都是地道出口，还有标注"通往翻板"的地道换气口。

经过一处水井，井口已用铁栅栏盖住，一只吊桶从高空放下，这里曾是村民撤退的通道。扶着墙壁向上走过十几级台阶，透过猪圈、灶台、碾台中的射击孔，能清晰地看到地面。瞄准射击，敌人根本搞不清子弹从哪里来，有多少杀多少，太解恨了。有些仇害是永远也不能忘记的。日本侵略者在中国犯下了多少伤天害理、泯灭人性、罄竹难书的罪行，杀人、放火、抢劫、强奸，方法之残忍、手段之歹毒、野心之狂妄，比豺狼虎豹还要狠毒一万倍……

这笔血海之债，世世代代也不能忘。

在地道中间墙上，看到"通往会议室"的字样。往前几步便找到，其实就是墙壁后一处不到一米的狭长空地，光线更暗，也无桌椅。战斗打响时，仅容三四人站立，指挥战斗，发布作战命令。等我和国平走出"会议室"时，已不见前面队伍，漆黑中不免心慌，只能大声喊话壮胆。尽管有灯光，但绕来绕去，尤其是上下台阶，一不小心就会踏空摔倒。快走好几步才追上队伍，工作人员说左前方有一段原始地道，一定要走一走。拐上左侧台阶，很逼仄，只有1.5米高，弯下身子才能勉强通过。当年，地道仅有几盏煤油灯，光线黑暗，阴冷潮湿，遇到战事还要快速机动，即便如此，也没有影响民兵们打鬼子的革命豪情。他们智勇双全，同仇敌忾，在家门口书写了保家卫国的壮美诗篇。

穿过30米长的原始地道，复行数十步，有光照进来，眼前豁然开朗。北侧是民居，杨树直插蓝天，入口处一副对联振奋人心："抗战当年歌悲壮，兴邦今日铸辉煌。"

中国人民的抗日战争，是在中国共产党主张建立的抗日民族统一战线旗帜下，以国共合作为基础，全国各族人民包括港澳台同胞、海外侨胞共同进行的抵抗日本帝国主义侵略的正义战争。那是一场保家卫国的战争，那是一场事关民族存亡的战争，那是一场永载史册的战争，伟大的中国人民团结一致、英勇奋战，用鲜血和生命捍卫了祖国的统一与尊严。这场战争的胜利，成为中华民族由衰败走向振兴的重大转折点，为中国共产党团结带领全国各族人民实现民族独立、人民解放和新中国成立奠定了重要基础，也为世界反法西斯战争胜利做出了巨大贡献。

从地下到地面，从黑暗到光明，穿越地道的过程，其实就是党带领人民走过的征程。而带领我们沿着中国特色社会主义道路乘风破浪、劈波远航的，正是中华民族的主心骨，正是伟大、光荣、正确的中国共产党！

石破天惊说石刻

"五一"假期，抽空去了北京石刻艺术博物馆。第二天又去了中国工艺美术馆，见识了诸多巧夺天工、瑰丽惊艳、耀眼夺目的奇珍异宝。今天，说一说北京石刻艺术博物馆。

作为唐代以前的北陲重镇、辽金以来的国家都城，尤其是元、明、清三朝的皇城帝都，北京地区有着丰富的石刻文化资源，具有鲜明的时代特点与地方特色。

房山区的周口店遗址、镇江营遗址，平谷区的上宅遗址，昌平区的雪山遗址等旧石器、新石器时代遗址，为我们留下了数以万计的砍砸器、刮削器、石锤、石砧等。元、明、清三朝在 600 多年里又为我们留下了无数石雕、摩崖、碑碣、墓志、帖石。先人们用智慧的双手和一把把雕刀、铁凿，创造了类型多样、制作精美、形制壮伟、内涵厚重的"北京石刻"，在幽燕大地留下了灿烂的中华文明。这些陆续被发现的石刻，集中存放于真觉寺内。

真觉寺始建于明成祖永乐年间，寺内中轴线上的金刚宝座建于明成化九年（1473 年），融合中印建筑风格，是明代雕刻艺术杰作，因金刚宝座上建有五座小塔，也称"五塔寺"。光绪末年，八国联军入侵，昔日雕梁画栋的殿宇被付之一炬，唯剩这座异域风情的金刚宝座塔岿然不动，诉说着慷慨悲怆的历史。1961 年，五塔寺被列入第一批全国重点文物保护单位。1980 年，北京市文物局成立五塔寺文物保管所。1987 年，北京石刻艺术博物馆以五塔寺为中心而建立。

初识五塔寺，是在蒋明青教授的朋友圈。金秋时节，石刻端坐于满树金黄之间，静逸唯美，树树秋色，金碧辉煌，遍透金光。时光过得飞快，直至半年后我才有空前往。北京石刻艺术博物馆，毗邻紫竹院，与动物园北门对望。乘地铁 10 号线到海淀黄庄转 4 号线，从国家图书馆 C 口出，途经首都滑冰馆，步行七八分钟便可到达。石刻艺术博物馆占地 2 万平方米，是一座收藏、研究、展示石刻文化的专题博物馆，共收藏碑碣、墓志、造像、经幢、石雕等石刻 2600 件。

穿过朱红庙门进入寺内，眼前豁然开朗，几棵参天大树分布于广场四周，一位年轻女子正在拍摄瑜伽短视频。绕过玻璃罩保护着的"心珠朗莹殿"须弥座石刻原址，两棵树龄 500 多年的银杏高耸入云，绿荫如盖，留下一片足够后人仰望的空间，金刚宝座就掩映在壮硕的银杏树间。

金刚宝塔，是按照印度佛陀迦耶精舍，也就是释迦牟尼得道处的伽耶山寺建的纪念塔，分为塔座与五塔两个部分。塔座为砖砌拱券结构，6 层，最下层为须弥座，逐层向上往内收进 0.5 米。每层四壁挑出五层短檐，短檐下四周均雕有一排佛龛，每个佛龛中供奉坐佛一尊，共有 500 尊。塔内用砖砌筑而成，外表以汉白玉石铺设。塔座内部为回廊式塔室，内有 44 级石阶，盘旋而上通往顶部平台。宝座南北两面正中，各开券门一座，通入塔室。南面券门之上嵌有石匾额，铭刻"敕建金刚宝座，大明成化九年十一月初二日造"，拱门券面门楣左右对称地雕饰着"六拏具"，即大鹏金翅鸟、龙女、摩羯鱼、带翼狮羊、狮子和象。

从南券门进入方形塔室，中央是一座方形塔心柱，塔室顶部均为拱券式。塔心柱四周设有佛龛，各供佛主一尊，南面是释迦牟尼佛，东面是药师佛，西面是阿弥陀佛，北面是传说中释迦牟尼的老师燃灯佛。这四尊佛像均为趺坐姿势。塔室东西两侧，各有一条拱券通道，沿石阶盘旋而上，通道狭窄。

宝座顶部建有一座琉璃罩亭，下方上圆，两层檐，砖仿木结构，罩亭顶部饰有皇家寺院标志"蟠龙藻井"。玻璃罩亭北侧建有五座密檐式方形小石塔，青石质地，均由上千块石块拼装筑成。中间的塔较高，有 13 层檐，高约 8 米，顶部是铜制覆钵式塔刹，由仰连、相轮、华盖、宝珠组成。塔座南面正中刻有佛足一双，寓意佛祖足迹遍布天下，相传印度高僧带来的五尊金佛就藏在这座塔中。四边小塔稍低，高约 7 米，有 11 层檐，塔顶为石制覆钵式塔刹。五座小塔雕刻精美，朝向东南西北中五个方向，象征"五方佛"。五塔下均有须弥座，檐下四周刻有佛龛及佛像，相传五尊金刚界金佛分别埋于五座石塔之下。

绕塔一周，可见金刚宝座及塔身遍饰佛像雕刻。

金刚宝座采用古朴的"减地平钑"雕刻法，线条精细流畅，极具美学效果。于树下凝望，犹如欣赏一座大型雕刻艺术品，这是中国现存建筑年代最早、雕刻艺术最精美的金刚宝座式塔，是明代建筑艺术和石雕艺术的代表，更是中外建筑艺术完美融合的成功范例。

沿路向北，精美的狮、虎、羊、驼等石兽依次排列，守护着壮美庄严的金刚宝座塔。寺院东北是"铁笔传神"展馆。质朴恢宏的摩崖、荡气回肠的墓志、庄严大气的殿榜、文人骚客的法书帖石栩栩如生，经无数能工巧匠，凿、刻、錾、磨，以刀锋传递笔锋，引领人们徜徉于历史长河。

大厅中央立有三块乳白色石碑。"西山绵亘数百里，峰峦幽秀，诸刹多寄于苍翠中，其规模之宏阔，法律之森严，历晋唐几二千年。则潭柘山之岫云寺，实甲于诸刹。众僧以数百计，皆受教于方丈。为方丈者，非有真学不足阐万法之宗，非享大年不能尽一生之愿。故得其人为难，得其人而又得天，尤□□□，若恒慈上人，可谓兼者与，天性颖悟，真朴少有，□□□。甫十岁不茹荤，剃度于长春寺，诵经念佛，寒暑□□……"短短百余字，千年潭柘的悠久历史、秀美连绵的西山景色尽收其中。

接着，看到一块民国时期的"四行储蓄会"匾额，相当于银行的招牌。石匾为汉白玉材质，1998 年在天安门广场西南工地出土，高 90 厘米，宽 180 厘米，厚 14 厘米。"四行"即盐业银行、金城银行、大陆银行、中南银行的合称，成立于 1922 年，四行储蓄会原址在西交民巷内，运营 5 年后，于 1927 年解体。

这里要说一说中南银行，其创始人乃福建南安的剃头匠黄奕住。只因剃头时把地主的眉毛剃破了，地主认为触了霉头，扬言要让他家破人亡。无奈之下，黄奕住变卖家产，携家人带上 36 块大洋远渡南洋，辗转各地艰难度日。后来，在老华侨魏嘉寿开导下，黄奕住扔了剃头工具，去做货单郎，在街头卖些小吃、咖啡，后来租下一个门面取名"日兴杂货铺"。有一次，杂货铺仓库起火，他家的不少糖被烧焦，有烟味，根本无人问津。就在最难熬的时候，一战爆发，糖价飙升，他赚得人生第一桶金，并成为东南亚四大糖王之一。后来荷兰殖民者让他交纳 30% 的税，黄奕住变卖印度尼西亚的所有财产，毅然回到家乡福建，在鼓浪屿建了三幢别墅，经营水厂、电灯公司、电话公司等。如今，鼓浪屿日兴街上，100 多栋房子都是黄奕住的财产。

1921 年，黄奕住在上海找到《申报》创始人史良才，说想开办一家银行。史良才说，你这乡巴佬能有几个钱，黄奕住说不多，只有 800 万银圆。当时，10 万银圆就能开银行。史良才一听差点惊掉下巴，便介绍他见段祺瑞，进金融圈，拿到发行货币的牌照。这就是黄奕住创办的中南银行，它曾是一条沟通中国与南洋发展的纽带。当年，在中华民国能够自主发行货币的，除了中央银行、交通银行，就是中南银行了。

往前走，一块1998年出土于西城区六铺炕公园工地的石碑引起了我的注意。碑首刻有"千古同慨"，碑中镌刻"雷孙秀英静宜女士之墓"，两侧是雷崇义为妻子所写的挽联。"识一八龄，钦佩你志向坚强，勇气超众，三四年友谊弥切，情笃意诚，彼此携手并肩，如兄如弟如胶漆。心性相符，恩爱缔佳偶，百岁齐眉终就议。婚将半载，羡慕君操持勤俭，贤淑愈人，数月间劳瘁心神，苦耗精血，突然弃我长辞，越思越想越伤悲，肝肠寸裂，幽冥成永诀，两行清泪暗中流。"石碑阴面刻诗一首，"春蚕到死丝方尽，蜡炬成灰泪始干。天长地久终有时，斯恨绵绵无穷期。秀英吾妹，精神永存"，落款为"雷崇义泪一九四八年五一二"。70多年过去，这段经由石刻传达的荣辱与共、刻骨铭心的深情，依然动人心绪，令人扼腕。

尺方千秋，没世之情，慎终追远。墓志，是随葬墓穴中标明墓主身份的一种石刻，以记叙死者姓名、履历、家世生平。由于文末附有韵语，又称墓志铭。墓志形制较为固定，元明以来多为两块方形石板，墓志盖、墓志底分别以篆书大字和楷书小字书刻。

右拐向南，一块北宋仿木石屋呈现在眼前。石雕呈淡黄色，屋檐、滴水槽清晰可见，栩栩如生，乍一看会让人以为是砖体结构呢。伸手抚过，凉丝丝的，如一场夏日骤雨刚滚过屋顶，瞬间浇透厚重的石檐。

让人惊艳的，是一块北宋天圣三年的针灸穴位碑残石。因女儿学中医，我特别观察了这块风蚀雨磨的石刻。

残石高200厘米，宽52厘米，厚27厘米，为北宋名医王惟一所刻。石身分5栏，以平雕缠枝纹相隔界，右边残断。首行"际五"，左侧末书有"伏人长七尺七寸"，系《针灸腧穴斗数篇》刻石的残件，青石质地。这块石刻，原为开封大相国寺针灸石壁堂之物，后为明城墙填充物，20世纪70年代出土于地铁施工现场。从开封到北京，从大堂到城墙，从深埋地下到重见天日，今日这遇见是多么难得。

石碑右侧，列有5座光绪丁未年十一月制作的针灸铜人图刻石，分别是"脏腑明堂图""正人明堂图""侧人明堂图""伏人明堂图"和文字刻石。《铜人针灸图》原载于《针灸大成》等书中，后来因为遗漏缺失，才重新勒石，以作为针法之津梁。看那四座明堂图，穴位星星点点，密密麻麻，从头至脚，遍布全身。文字刻石，则详细记载了铜人针灸图的前因后果、来龙去脉。"医关民命，由来尚矣。黄岐问难，于针砭一科为独详，良以病起仓卒，药力纤缓，或地处偏僻，购药惟艰，而精是术者起沉疴于俄顷，其功效实有捷于药饵者……"

跋文后，记载了编刻及审核人员，"钦加布政使、衔赏戴花翎山东补用道大兴乐铎镜宇氏鉴定、四品衔理藩部主事蒙古祥桂秋蒲氏校正、北京陈云亭双钩勒石"。大臣鉴定，藩部校正，名家刻石，精校细勘，方才造就了四幅明堂石刻图之佳品，让人叹为观止、拍手叫绝。

西北侧展馆内，各朝各代的石雕更是琳琅满目。

一对朱雀石板，来自南北朝。两只朱雀相向对立，舞动双翼，一爪抬起，一爪着地，造型优美，惟妙惟肖。

一块行龙石匾，二龙追逐于花间，八条龙爪腾云驾雾。右侧行龙正回头看着左侧行龙，仿佛喊着快来追我啊，殊不知头顶龙须已被风吹得一斩齐地朝后倒去。一块静谧的石雕，突然变得灵动起来。

一位东汉捧盾石人，造型质朴，雕刻简练，出土于永定河河床。这石人看着便觉似曾相识，对了，神似智利复活节岛上的石人阵，莫非这位是智利石人的远亲？

一尊红砂岩韦驮造像，五代时期，头束战巾，双手持鞭，胸前束裙，袍袖低垂，双腿下部已经残缺。

一座宋代鱼子石天王像，牛眼蒜鼻，方颐大口，高束发，左手屈肘，右手拄腰，身着明光铠，披肩、束腰、护心镜、战袍、护膝齐全，不失威严神武。

一尊元代佛头，面部饱满，柳叶眉，莲花眼，雕工精细，可惜鼻梁和双耳已缺失。

一座五代天宫弥勒造像，佛披袈裟，腰间束带，双足垂地，坐于宝座之上，螺发圆领，面容安详，双耳垂肩，双目微合，嘴角微挑。宝座为镂空雕，四角力士托举，壸门内浮雕伎乐天，2000 年 3 月从天安门管理处征集。

一块"仁善谨恪"横石匾，康熙四十一年岁次壬午五月二十五日，赠予原领侍卫内大臣、一等公、舅舅佟国维。"仁善谨恪"，乃康熙御笔，意即恪守仁爱、善良、谨敬。

一道清代雕云龙石券门，由 7 段石雕组成，石表雕饰 5 条飞龙。居中石雕正面雕龙一条，两侧四石雕二龙戏珠，最下二石雕寿山福海祥云，券门内弧饰有 5 处瓣形花尖。

在金刚宝座塔东西两侧，还设有 8 个露天陈列区。一是综合陈列区，包括雍正书写的石道碑、大型卧式碑、阐述伦理的镶墙碑，以及一块无字碑，各式形制碑刻 31 通。二是功德碑陈列区，明清两代有功之臣歌功颂德的碑刻 12 通，包括为清朝立下汗马功劳的傅恒宗祠碑，形制、雕刻乃碑中精品。三是墓志陈列区，展有从唐至清朝记录北京历史、地理、政治资料的墓志 105 块。四是艺术石刻区，陈列艺术石刻 200 余块，东汉阙柱、阙表为北京第一古刻。五是会馆碑陈列区，展出山西、河南、安徽、浙江等 8 个省的同乡、同业会馆碑 53 块。六是寺观碑陈列区，寺、庙、观、庵的碑刻 14 通。七是石雕陈列区，展陈石雕 69 种。其中一座清代石享堂由 30 余组石雕组成，极为精美。八是耶稣会士碑陈列区，共展出外国传教士墓碑 36 通。

这里，要说一说石享堂。石享堂系和硕肃武亲王爱新觉罗·豪格之子、显懿亲王富绶墓葬石刻，20 世纪 70 年代在朝阳区架松村肃王坟出土。石享堂为汉白玉质地，高 230 厘米，长 340 厘米，宽 340 厘米，面阔三间，进深三间，均以龙柱相隔，共有盘龙柱 12 根，仿木石门 18 扇，檐下飞椽错落，椽头饰有花卉，封护檐饰有如意卷边。须弥座式台基，雕仰覆莲、云龙纹，最下部饰有圭角云纹。整体看去，石享堂厚重高贵，雕饰精绝。

沧海横流，岁月成碑。火成岩、沉积岩、变质岩，本是普石。在人类智慧的加持下，石头被打造成异彩纷呈、类型多种的石刻，成为人类灿烂文化的重要瑰宝。

石为我用，石为文存，石破天惊，造就了这万千石刻。一件件穿越风霜的石刻，带着沉年幽香，不言不语，不惊不扰，依然守候在时间深处，细诉繁华如梦的过往烟云。

烟火人间报刊亭

　　10多年前，很多城市都有报亭，既方便群众，也能解决就业，可谓一举两得。之后在管理中，很多城市的报亭被关停取缔，但北京的报亭一直都在。北京的报亭独处一隅，生生不息，如同生活离不开的柴米油盐，在距离老百姓最近的角落，散发着淡淡的烟火味。

　　路边的报亭，占地五六平方米，或倚院墙，或居树旁。亭主多是中年人，销售报纸杂志、饮料矿泉水、耳机、充电线，部分报亭还售卖香烟。但报亭生意算不上好，亭主一天的营业收入可想而知。即便这样，亭主们依然按时开亭，春夏秋冬一年四季，候鸟一样准时准点。

　　每座报亭都有统一编号和"党报销售点"的字样，为市民提供义务指南、零钱兑换、免费打气等服务，提示板上还有监督服务热线"11185-5-2"。报亭上也有宣传广告，"亭好吃、亭好淘、扫码进亭"，旁边是二维码。零钱兑换和免费打气，是京城独有的。在上海、广州、南京等城市，包括我居住的三线小城，购物出行多是刷卡、微信、支付宝，很少用现金消费。只有菜场还有少量现金交易，连路边小摊的老头老太都用微信收款，那应是他们儿孙的杰作。

　　但在北京，餐饮店、水果店、烟酒店还用现金，坐公交车也投币，还有纸币。以前，身上会常备点现金以防不时之需，但如今已不带现金。之前不久，便尴尬了一次。

　　晚饭后回宿舍，小雨，阴冷，在地下通道口听到一阵悦耳的吉他声，是朴树的《平凡之路》。转过弯，灯光下，一位瘦瘦高高的帅小伙正在弹奏，悠扬的吉他声在通道里回响。一曲听完，看到他身前的小方盒，习惯性去掏口袋，才发现自己身无分文。想起包里有个苹果，便拿出来递给他。小伙子有点犹豫，我说刚洗过，干净的，他笑着接过那个红红的苹果，有点勉强。我转身加快脚步，摸着空空的口袋，心里怦怦跳，直到走出通道，也没好意思回头。若是当时身上有现金，我至少给他十元。

在报亭，我买过矿泉水，2块钱一瓶，用微信扫的。也买过《读者》，一本9块，亭主找了零钱纸币。只是为了换些现金，以防突发情况，也想着照顾一下亭主的生意。营业十几个小时，时间漫漫，多个顾客就多一份信心。无关多大的买卖，无关赚了多少钱，那是一种被需要的感觉、一种存在的价值。如果说报亭的设立、亭主的坚守，是为了温暖城市，那么每位顾客的举手之劳，又何尝不是传递温暖。

在北京，很多市民出行选择自行车。开车，堵；坐公交，慢；坐地铁，贵。算下来，还是自行车最方便。在农业农村部门前的人行道上、各个小区，散落着款式各异的自行车。套着塑料袋的二八大杠、上了链条锁的折叠车、倚在墙边的山地车，各种车型应有尽有，我甚至还看到过凤凰牌自行车，应该几十岁高龄了。面对数量庞大的自行车群，报亭的打气服务自然十分必要。车胎空瘪时，可借报亭的气筒打足气，再跨车骑行。

周末闲来无事，便去三里屯太古里的韬奋书店。书店东面不远的路南，也有一座报刊亭。

亭主30多岁，容貌端庄，打扮得体，一直低头忙着手头的事。可爱的是，旁边还有几只猫，一只全灰，两只雪白，都打理得很干净。那天傍晚，我从书店回宿舍，沿街步行遛弯儿。路过那座报亭时，恰好遇见那只晚休的猫。它头朝东侧卧，静静地躺在《长寿养生报》上，旁边是一摞《足球》《环球银幕》《北京晚报》《北京青年报》《健康时报》。只见它尾巴垂在身后，头耷在一边，一副悠然自得的模样。我停下脚步看它，它毛发整洁，身体壮壮的，周围的车水马龙和阵阵喧嚣似与它无关。我轻轻咳嗽了一声，故意制造些声响，它应该能听见。可它依然沉醉在书香里，对我视而不见，不知真睡还是假寐，这精明的猫。

哦，原来，一只猫也能大隐于市。

呼家楼东北口地铁站旁也有座报亭，我常从那里经过。有一次买报纸，刮风降温，大嫂娴熟地拉开小玻璃窗，给我找零钱。一位大爷走过来，大嫂招呼道，大爷，这么冷的天，您还出来啊！大爷说，在家也是闷着，出来遛遛弯儿。大嫂扯开嗓子喊，哎哟喂，您老可慢着点儿！我离开时，大嫂和大爷还在聊着家长里短。报亭后，是一棵枝高叶茂的香樟，那蓬勃的树冠似曾相识，像极了外婆家门前那棵银杏树……

11月7日，北京迎来初雪。皑皑白雪，朱颜红墙，箭镞般的冰凌，细密飘荡的雪花。这世界每天都在变化，千年不变的，唯有雪花。

第二天午后，雪后放晴，阳光照着大地，城市顿时明亮起来。天蓝蓝的，积雨正在消融。北风吹过，杨树叶纷纷坠落，在十字路口成群飞旋，在报亭四周结伴飞舞。雪后，城市也分了南北，路南为阴，路北为阳。这时，不少报亭已经开门了，除了路南几处阴凉处依然铁锁把门。

　　走过路南报亭，方知寒如坚冰。头上是哗哗的树叶响，脸上是呼呼的扑面风，腿上是紧紧的裤管寒。草坪里还有积雪，不出意外，这将是最后坚守到春天的冰雪。

　　路北则不同，阳光灿灿地照着，一座座报亭沐浴在暖阳中。在农业农村部东侧的红绿灯路口也有一座报亭，不时有树叶飘落下来。老人从亭子里走出来，整理报刊，进进出出，阳光照亮他的后背，便成了一幅触手可及的油彩画。

　　在报亭这个小小的港湾，歇个脚，避个雨，拿瓶水，买张报，拉几句家常，都很方便。春夏秋冬，寒来暑往，报亭就这样不动声色地守在原地，服务着这座大气磅礴、灯火辉煌的城，温暖着川流不息、南来北往的人。

北京的冬天

入冬，渐冷，天依然蔚蓝，找不着轻轻的一片云。

多年前，听过老狼的《北京的冬天》，情歌王子为我们演绎的爱情故事有着淡淡的愁绪。"北京的冬天，当嘴唇变得干裂的时候，有人开始忧愁。想念着过去的朋友，北风吹进来的那一天，候鸟已经飞了很远。我们的爱，变成无休的期待。冰冷的早晨，路上停留着寂寞的阳光，拥挤着的人们，里面有让我伤心的姑娘。匆匆走过的时候，不能发现你的面容，就在路上，幻想我们的重逢。北京的冬天，飘着白雪，这纷飞的季节，让我无法拒绝。想你的冬天，飘着白雪，丢失的从前，让我无法拒绝……"

这样的歌，适合一个人坐在车里，或者喝点酒，在夜色中宣泄年少狂热的情感。而北京真正的冬天，是大气磅礴的。

中午上班，一路向北，风趴在树上打瞌睡，阳光暖暖的。拐过瑞辰国际，便能看到蓝天下的小白楼，蓝白交融，清新自然，和美之极。

在北京，刮风与不刮风，感觉是绝对不一样的。风歇时，迎着光，闭上眼，就是海南。风起时，便是漠河，便是极地。如果没有手套、围巾和帽子，体感温度是很低的。好在北方供暖，屋外狂风四起、落叶纷飞，屋内却温暖如春，一件毛衣即可。年轻小伙子的羽绒服里仅有一件T恤或短袖，在大楼里潇洒地行走，羡煞我们这些怕冷的"南方人"。

风也怕孤单，一醒，便去找树叶，满大街地乱窜。谁都得让着他们，大树也没辙，树叶早掉光了。树干们挺直腰身站成一排，齐刷刷地看向蓝天，光秃秃的枝丫多的是，你们去疯吧，玩吧。早晚时分，霞光映着树梢，便是一幅惊艳的水墨画。走着，看着，便写了一首小诗。

冬天的北京，是个大力士
一下子就把太平洋举过了头顶
每幢高楼，每座公园，每片土地
骑手，行人，小孩

都在海底世界踩着浪花
北京的风，力气也不小
平常像个大家闺秀，不大秀肌肉
但高兴起来也会露两小手
呼呼呼，霍霍霍
能把阳光摔几个跟头

北京的冬天，离春天家不远
俩邻居大冷天就喜欢捉迷藏
一个爬上房头，一个躲在家里头
从门缝里穿来穿去，劲头十足
玩累了就回家，跑进屋里
三五步就能跨过寒冬数九
北京的冬天，也是秋天
不信，你望望那满树的细枝
一根根，一条条，不都是黄金卷儿
那是上个季节种下的苗
里面包裹着希望
那是三月绿油油的麦苗
和黄金九月的稻芒

朋友圈，徐茂文留言"冬奥蓝，赞"。蒋东平局长说我是摄像家，其实他朋友圈的照片比我的美。蒋明青点赞，漂亮的北京。王万勇说，照片和文字一样精彩。沈力说，有点老舍的味道，我说是老徐的味道。陈晓光说，在京城可以激发你的创作灵感。他讲得不错，但绝非是我写出了北京，而是北京滋养了我。

最精彩的评论，来自陈巡。师父作了两处点评，加了两句话。琢磨一番，师父说得更形象，对仗比喻充满诗情画意。我仅用了拟人手法，接续思维没能及时跟上。第一句是在"一下子就把太平洋举过了头顶"之后，若是按照师父的思路，再来一句"天空是清澈的大海，大海是深邃的天空"，该有多出彩。

第二句，"风，你肯定是马儿投的胎，不然的话，你怎么能跑出云的聚散，消散聚集都是那样迅捷。"这句话，瞬间便将风的速度和力量刻画出来，冬天的风一下子就活了。我的"能把阳光摔几个跟头"，仅仅讲了风的力量，却没能体现风速之快。"马儿投的胎"形象逼真，那北风吹起来，搂着树叶跳起探戈再摔几个跟头，便是万骏驰骋了。

不得不佩服陈巡天马行空的想象力。很多词句，如一杯香茗，他能随手端来。那种提炼概括，就是一言蔽之的思无邪，大心胸、大智慧、大视野、大境界。一句话便能栩栩如生。什么是大师？这就是。

留言的还有李君，"东城区的天是晴朗的天，西城区的人民好喜欢，远望通州高声喊，我爱你海淀"。李君曾是诗协会员，常见他在朋友圈做美食、说赛事、发时评、晒新衣，有时调侃嬉笑，有时自问自答。5月，他买杨梅给女儿做饮料，加入新老冰糖，放10斤50度粮食酒，再用冰糖和塑料布封口。女儿不喝，他就留着自己冬天喝，也不知道他究竟是给女儿做饮料，还是悄悄给自己酿了一坛美酒。

有一次，他整来一个奥特曼面具，戴在胖乎乎的小脸上，勒得下巴的肉都快掉下来了，还一本正经祝大家端午安康。后来谈到这事，他说是故意拍的，主要凸显下巴上的肉。我说，那面具确实酷，我也想戴，但要说在朋友圈发，还是不敢。有一次，李君发了一条信息："扮演杰克奥特曼人间体的演员乡秀树去世了，还记得他的五大誓言吗？饿着肚子不能去上学；好天气记得晒衣服；过马路要注意来往车辆；不要依靠别人的力量；不要光着脚在地上玩。"文字间，满满的都是回忆。

读到我的小诗，老乡徐丽也发了条朋友圈。

她说："弟弟的新诗，说把洋举过了头顶，立马将我拉到了《大鱼海棠》《少年派的奇幻漂流》的意境中。为了感受这份美，特意早起去拍了天宫。他在渤海底，我在东海底。"然后，她晒出我的诗截图和家乡的天空。写得不错，北京东面是渤海，江苏以东是东海，生动形象，比喻恰当。

我这短短小文获得大家点赞，绝非文采出众，我尚有自知之明。三千年读史，无非功名利禄。九万里悟道，终归诗酒田园。在忙碌的生活中，人们向往的终究还是美好的事物，比如美景、美文、美人、美食……

食堂 毛衣 印刷术

"三农"事业高质量发展，离不开后勤服务的有力支撑。从幼儿园、理发室、洗衣店、图书馆、小卖部、职工宿舍、机关食堂，到财务、安保、基建、绿化、文印、停车场、办公用房，无处不在的优质服务，充分体现了"后勤不后、服务争先"的初心。多年来，服务局的同志们科学保障部机关运转，用"辛苦指数"换来了大家的"幸福指数"。

温暖的食堂

一楼门厅向东，一条走廊直通食堂，灯光将百米长廊照得透亮，像巴黎时装周 T 台，也像田间的硬质渠。这里每天人来人往，一个个步履匆匆，走路带风。很多时候，久坐的我，会在这里来回走两趟放松身体。

食堂菜肴品种丰富，豪爽大方，不拘小节，洋溢着浓郁的北方风情。

先说早餐。小米粥、二米粥、红豆粥、豆浆、清汤米粉都是不错的。食堂北侧有现场制作小灶的窗口，周一至周五依次是鸡蛋煎饼、小馄饨、杂粮煎饼、东北烤冷面、葱油饼。这当中，小馄饨最受欢迎，排队者数不胜数。每周二早晨，紫菜鸡汤小馄饨的香味就会在梦中呼唤我。7 点刚过，我便在窗口候着，让美味温暖辘辘饥肠，让舌尖感悟远方故乡。后来，因为疫情，食堂关了一个多月。恢复上班第二天，我们便早早赶到食堂等候小馄饨，连斐璐都早早出了门。最后一次吃小馄饨是 6 月 28 日，挂职结束前两天。吃完小馄饨，我对老婆说，下周就吃不到喽。一年太快了。

春节后，现场制作窗口加了广式早餐，瞬间引爆所有人的味蕾。有一道三鲜炒河粉，配菜有洋葱片、胡萝卜丝、火腿丝，再加上绿葱，盛于乳白小碟，精致可人。浇点酱油，拌上辣椒，可谓清新鲜美，香气可人，再来碗燕麦粥，便是天上人间了。

中午时分，就餐大军浩浩荡荡。食堂大厨们每周都得绞尽脑汁变换花样，准备四荤四素，也真是难为他们了。

鸡肉类：新疆大盘鸡、川香椒麻鸡、川香藤椒鸡、福建沙茶鸡、河南道口烧鸡、江西粉蒸鸡、枣庄辣子鸡、三杯鸡、草菇蒸鸡、荷叶糯米蒸鸡、青笋熘鸡片、白果彩椒鸡丁、蚝油鸡丁、酱爆鸡丁、蒜黄炒鸡丝、柱侯滑鸡煲……

鸭肉类：香酥鸭、龙阳扒鸭……

大鹅类：东北酸菜炖大鹅……

牛肉类：红烧牛肉、丰都风味牛肉、酸汤肥牛……

羊肉类：烤肉季羊肉、酸汤羊肉、红焖羊肉、孜然羊肉、葱爆羊肉、豆泡烩羊杂、老北京烩羊杂……

烧肉类：板栗烧肉、梅菜扣肉、东北乱炖、炒五花肉、毛氏红烧肉、干豇豆烧火镰肉、红烧丸子、烧酥肉、南乳烧肉、海带烧肉、雪菜烧肉、酸菜白肉、山西过油肉、豆豉香芋排骨……

疾速小炒类：鲜菇肉片、黑腐竹炒肉片、豉椒肉片、滑熘肉片、葱头炒肉片、京酱肉丝、芫爆肉丝、五彩肉丝、银芽香芹炒肉丝、外婆豇豆炒肉丝、蛋白尖椒炒肉丝、孜然杏鲍菇炒肉丝、秋耳小炒肉、宣威小炒肉、木须肉……

水产鱼虾类：炸鳕鱼排、椒盐大虾、孜然鱿鱼、清炒虾仁、剁椒鲢鱼、豉汁乌江鱼、豉油冰鱼、水煮巴沙鱼、剁椒松花鱼、葱油鲅鳞鱼、日式章鱼丸、虾仁蒸蛋……

家常豆腐类：麻婆豆腐、上汤豆腐、酱烧豆腐、过油豆腐、泡菜豆腐、酸菜冻豆腐、老坛酸菜豆腐、鸡蛋酱香豆腐、东北酱香豆腐、裙带菜炖豆腐……

友情客串类：油淋肚尖、金牌毛血旺、芹菜炒腊肠、香炒猪手……

蔬菜类：清炒油菜、粉条白菜、鸡汁花菜、番茄菜花、豆皮白菜、红烧茄子、彩椒茴香、蜜枣山药、香辣藕片、炝炒海带丝、木耳炒翠瓜、木耳炒盖菜、香菇烧冬瓜、海米烧冬瓜、彩椒西蓝花、鸡汁萝卜丝、腊味萝卜条、蚝油土豆片、酸辣土豆丝、火腿香菇白菜、素炒绿豆芽、清水南瓜汤、素炒西葫芦、海米炒什锦、山药炒秋耳、炝炒莲花白、南乳萝卜、佛手瓜炒鸡蛋、白菜炖豆泡、四季烤麸……

餐前水果，雷打不动"三大件儿"——苹果、蜜橘和香梨，后来又加了黄瓜、小西红柿。奶制品呢，早餐是全脂灭菌纯牛奶，中午是小盒酸奶。

汤食类：银耳汤、红枣汤、醪糟汤圆。

菜肴琳琅满目，色泽诱人，简单作个分析。

孜然羊排入口软糯，口味不错。"烤肉季羊肉"名字奇怪，读起来也拗口。红烧类菜肴，我比较喜欢红烧排骨，色香味俱全，对海带烧肉却不敢恭维。

小炒近20道，啥都可以炒，想咋炒咋炒，小勺一颠，信手拈来，大铲由手，任性由我！食堂的鱼虾永远是我的第一选择，炸鳕鱼排最奢侈，虾仁也不错，水煮巴沙鱼总有股说不出的苦味儿。再说豆腐，中国厨房的看家菜，烹饪方法千变万化，万般皆成诗。至于时蔬，一眼便能看到四季田园。

日复一日，年复一年，辛劳的师傅们为我们备下琳琅菜肴，感谢他们。不过有些菜确需改进，比如"蚝油土豆片""榨菜炒肉丝""焦汁丸子"，乍一看，就是厚土豆片炒薄土豆片、榨菜丝炒肉丝、一群挤在一起摔跤的肉丸子，且色彩极其单一。中国饮食讲究色、香、味俱全，这几道菜稍加点青椒、青菜搭配一下，定会品相更佳。

有三点，要吐个槽，大油、花椒和勾芡，用广银的话说就是"粗、躁、冲"。大油和花椒，应该与北方生活习惯有关。还有，好好的汤里为什么要勾芡，清清爽爽多好？后来才知道北方气温低，勾芡主要是防止汤凉得快。不妨来首打油诗吧。"猪肉里面掺粉条，炒菜里面放花椒。蔬菜蛋花汤里飘，最是鱼虾吃得少。"

食堂周末正常开放，可免去我做饭的烦恼。法定假日，一顿只收一块钱，清晰地记得，正月初六和清明节的中午，我就有幸享受了特价一元餐，惊喜有余，小有激动。

爱心毛衣

元旦过后，一楼门厅展出"恒爱行动——百万家庭亲情一线牵"公益活动的部分爱心织品。相比出钱捐款，实物资助能让人睹物思人、铭记于心。

记得有一次去档案室调阅文件，一位阿姨在戴着眼镜打毛衣。我问给谁打的，她说是捐给西部地区的。再看门厅里近百件毛衣，编织精巧，琳琅满目，手套帽子围巾背心一应俱全。每件织品旁都有一张爱心寄语卡，文字很温馨，如冬日暖阳，弥漫芳香。

张丹梅爱心家庭：愿你三冬暖，愿你春不寒，祝小朋友们过个暖冬。

张海鹏、郭素静爱心家庭：生活充满爱意与温暖，愿你在幸福中前程灿烂。

左林爱心家庭：希望小朋友温暖快乐，健康成长，相信自己，拥抱未来，去勇敢地追逐梦想。

刘丹爱心家庭：希望这件裙子能够陪你度过寒冬，在温暖里好好学习，健康成长。

张晓婉爱心家庭：祝福亲爱的孩子，愿人们的生活永远充满阳光和温暖。

黄璓璐爱心家庭：亲爱的孩子，人要勇于攀高远航，生命之火炫目明亮，愿你像颗种子，勇敢地冲破泥沙，美好的未来总会在奋斗之后给你拥抱。

陈晨爱心家庭：爱心一线牵，一起向未来。

张晓宇爱心家庭：希望这件毛衣为你在寒冷的冬天里带来温暖，祝你充满希望，茁壮成长。加油吧，少年！

胡辉爱心家庭：嗨，亲爱的你，愿你冬日温暖，愿你享受幸福，愿你坚定向前走好路。

杜月霞爱心家庭：温暖过冬，快乐成长。

许海纶爱心家庭：亲爱的孩子，这世界很大，也很美。祝你温暖、幸福、美好、快乐！我在北京等你来。

农科院畜牧兽医研究所冀昌莲家庭：一针一线爱心衣，一丝一缕暖心田，祝小朋友健康快乐成长！

中国兽医药品督察所苏富琴家庭：孩子，冬天也有太阳的，愿你心怀希望，茁壮成长！

种植业管理司李好爱心家庭：愿小小毛衣，送去冬日温暖，每个冬天，有爱相随！2022年，万事如意！

科教司徐琳杰爱心家庭：亲爱的孩子，愿这件毛衣给你带来温暖，也愿你的未来如春日可盼、可期、美好、明媚！衷心祝愿你和家人新年快乐。

国际交流中心李俊家庭：愿小朋友在新的一年，虎虎生威，身体壮壮，学习棒棒！

农村经济研究中心：祝你们像花儿一样，吸取阳光的滋养，健康成长。

农科院：为了美好的明天，努力学习！

社会事业发展中心：愿你的明天无限美丽，无限灿烂，无限迷人。

耕地质量中心：小朋友，天黑有灯，下雨有伞，毛衣温暖你整个冬天。

机关服务局：祝愿小朋友们童年充满欢乐，未来充满阳光，人生充满激情，世界因你们而精彩。

国际合作司：亲爱的小朋友，希望这些小围巾、小帽子陪你过一个温暖的冬天，2022年即将到来，祝你新年快乐、健康成长、学习进步。别急着长大！

市场司一位女士：我们素未谋面，因一件毛衣在茫茫人海中结缘。希望能带给你温暖，带给你希望。

法规司：用毛衣传递温暖，用真情温暖寒冬。踔厉奋发，笃行不怠，不负历史，不负时代。

我们司捐献的毛衣最好看，白毛衣，红黑色帽子，咖啡与黑色相间的围巾。一张粉红心形卡片上写着留言："你好呀，祝你快乐度过每一天，所有梦想都能实现，所有希望都能如愿！"卡片下方画了一个小太阳和卡通恐龙。旁边照片上，吴晓玲司长站在中间，还有刘成曦、戴露颖、王丽明、赵迪娜、刘清、李春艳、蔡力、禤燕庆、曹宇、梁漪、戴国欢。其中，一张卡片字迹工整，不知出自哪家孩子的小手。"给正在看这封信的你：Hi，你过得还好吗？我知道，我们可能不能相见，但我希望你明白困境是一种磨难，当你不能如愿时，一定要做到积极面对，美好的未来总在你奋斗后拥抱你！对了，这条围巾送你，冬天了记得保暖嗷！"

自2014年以来，农业农村部54个司局单位800多位干部职工及家属踊跃参与，提交织品1201件，为新疆和河南洪涝灾区的少年儿童送去祝福。一条温暖路，八年接续行。恒爱活动营造了热心助公益、弘扬好家风、传播正能量的良好氛围，也为促进民族团结做出了贡献。

每一件织品，都是一份爱心。儿时，我们有了新衣裳，夜里做梦都是香的。相信这一针一线的浓浓心意，必将跨越万水千山，温暖每一个孩子的心。

印刷术

4月23日，有幸参加世界读书日系列活动。

上午，一摞摞图书被运至食堂边厅，"书香共享，让书籍在流动中传递"活动悄然拉开帷幕。图书是职工捐赠的，不少同志还在扉页上留下姓名、寄语。好书，与其让它沉睡染尘，不如与更多人分享。工作人员说，文学书籍最受欢迎，传统文化、诗词歌赋、历史故事等，很快被抢阅一空。从中，我选择了《康震品李白》《探秘中东欧》《历史上的十大女性》，而我第一眼相中的《康震说苏东坡》被一位女士捷足先登。我的心瞬间凉透，后悔莫及啊，说时迟、那时快，我只比她晚了 0.00001 秒唉。

下午 2 点，在三楼图书馆阅览室参加古代雕版印刷现场体验活动，这要感谢才处。阅览室墙上挂着两幅字。一幅关于读书："勤奋读书增知识，以书为伴多快乐。"一幅关于修身："木受绳则直，金就砺则利，君子博学而日参省乎己，则知明而行无过矣。"出自《荀子·劝学》。

来自北京偶得雕版印刷工坊的王璐先生，介绍了雕版印刷技术。他既是工坊创始人，也是雕版达人。数年间，他雕刻雕版 4000 多块，复刻数十部（套）古籍善本，雕刻了一万多枚木活字，推动了雕牌印刷技术的传播。央视《典籍里的中国》多次介绍王璐，不少省级博物馆都有他的作品。

印刷术发明于唐朝，比毕昇的活字印刷术早。最初的印刷与农业有关，比如印二十四节气、年历。再后来，印"四书"、"五经"、佛像、佛经、佛印，文化的发展与传播也促进了印刷技术的提升。2009 年，印刷技术被联合国确定为人类非物质文化遗产。王璐请大家观看了《天工开物》片段。

古代印书分写样、雕刻、印刷、装订 4 步，每个阶段又有若干小工序。写样，要求字迹端庄俊秀、力透纸背，反拓至木板上才能清晰地透现出字迹，便于雕刻成版。制作雕版的木材不宜过硬，又不能偏软，主要以松木、樟木、银杏木为主，其中以黄杨木、花梨木为贵。小时候，我们在八仙桌、碗橱、橱柜等木质家具上，都见过栩栩如生的雕工，而雕版恰好是反的，印出来后才是正的。在刷印阶段，选用江西上好的竹纸，安徽徽州上好的松烟墨，所印字迹清晰油亮，书页也更加温朴厚实。纸寿千年，即便稍差的纸，也能保存几百年。当然，刷印包含很多小技巧，稍有不慎，印出来的字就会油墨不均、字迹不清。有些纸张要先喷水汽，纸张方向、刷印力度、提纸速度等，都影响刷印质量。最后是装订，穿针、引线、对齐、打结、熨平、粘贴书目，每一步都有学问。在鲁迅博物馆，便展有鲁迅的修书工具，包括针、线、砂纸、划线仪器和磨书用的石头。

《天工开物》共有上中下三册，18 卷，123 幅图，85754 字，所用雕版不计其数，所费人力、物力更是惊人。与李鸿章、左宗棠、张之洞并称

"晚清四大中兴名臣"的曾国藩，在南京创办金陵印书局，为明末清初的思想家、文学家王船山刊印《王船山遗书》，投入巨资，足见书籍印刷千般不易。一本好书问世，凝聚着无数人的智慧与付出，加上时间沉淀，方能散发书香。今天，即便我们已熟练掌握印刷技术，但也应珍惜书籍。

系上围裙，弯下腰身，王老师给我们作示范。王老师胖胖的，动作稍显吃力。对于衬衣的第一颗纽扣，他说应该扣起来，但那会影响呼吸。大家都笑了。传授完刷印要点，我们便开始动手实践。

磨漆、上漆、刷匀、选纸、喷水、轻晾、放纸、轻按、刷漆、提纸……看起来简单的程序，操作起来一点都不简单。图形不正、墨迹模糊、轻重力度不一，各种问题层出不穷。不少同志实践多次，才对刷印作品露出笑容。

我前后印刷了入党誓词、桃花源记、敦煌飞天、连年有鱼，前三张用宣纸，最后一张用红纸。由于刷漆不均匀，加上毛刷掉毛，前后尝试了好几次。4 张图中，我对"入党誓词"尤为满意，分享至朋友圈，很多领导和朋友留言评论。我知道，所有的点赞颂扬，都是因为伟大的中国共产党。

在路上

6月5日，我搭乘北上列车远赴京城挂职。一个月前，生活还是按部就班的。我们属于小城的上班族，虽不富裕，也算幸福。北上学习是人生际遇，也是生活精彩，更当铭记领导关怀。多年前，曾参与驻京接访工作，南二环永定河边的冰雪仿佛就在眼前，转眼已是20年。

送　行

候车大厅里，蓝白两只皮箱、电脑包、双肩包、三包枕头被褥，还有手提袋，我的行李挤满三个座位。第二天7点半抵京，暂住三里屯桔子酒店。妻提前约了中介，小费是个阳光男孩，笑声咯咯的，白白胖胖的，很招人喜欢。白皙的胖子，总让人感到踏实亲近，比如我。

小费老家在黑龙江，工资七八千，很知足。有一次，坐他的车去买东西，突然便下起大雨。等风驰电掣开到小区门口，他从摩托车座垫下拿出雨伞给我，然后一加油门消失在雨幕之中。

很快定下宿舍，去酒店搬运行李。妻坐在小费车后，肩上手上都是行李，被褥放在摩托车踏板上。下班高峰，拥挤不堪，小费的摩托车艰难地穿过人海。妻穿着最漂亮的那条百褶裙，一双紫色平底鞋没踩准摩托车后蹬，却踩在了滚烫的排气管上。6月初的北京，空气闷热，无风无云，我拖着沉重的皮箱，沿着狭窄的人行道疾行，气喘吁吁，汗流浃背。那一刻，我分明就是"北漂"。

宿舍在一楼，二居室，卫生间不大。小区对面是派出所，步行至单位16分钟。自小区西门进来，一道院墙上题着藏头诗《人生梦》。"团圆本是人生梦，结伴一生自有缘。湖光影随高日动，中流击棹并双肩。路遥方见真情在，北望星斗才知南。社稷万里家天地，区区竖子任登鞍。"作者车宁严。我想，他应该是位温文尔雅的先生吧。

从此，寒来暑往，叶繁叶落，风吹雪飘，此心安处是吾乡。

安顿妥当，与妻同往雍和宫，那里参天大树绿荫如盖，银杏大道美不胜收。在圆明园西洋楼、大水法遗址，震撼依然，民族屈辱不能忘记。在万花阵迷宫，几次迷路重返。遥想中秋之夜，宫女们在此追逐嬉戏，莲灯如流星闪烁于夜色之中。1860 年英法联军火烧圆明园时，万花阵幸存，清朝灭亡后被毁，20 世纪末原址重建。盛夏烈日，大汗淋漓，凉亭座台早已歇满游客，游客个个如同晒蔫了的小青菜。出园途经福海，正是蓝天白云，绿林葱葱，凉风习习。

第三天，妻返程回家，在小区门口的"老牛街爆肚满"，我们只点了一碗水饺。高铁南站候车大厅人声鼎沸，喧嚣不断，想起一个人的"北漂"生活，想到乱糟糟的宿舍，没等妻上车，我便先撤了。几个月后，妻才提及这事。其时，女儿在南京读书，妻独自一人在家，三个人，三座城，彼此各天涯。回想起来，总有一份愧疚在心头。

国 博

暑假，小贤在京实习，早出晚归，很是辛苦。

周末，她去国家博物馆。下午 5 点，我问她参观结束没有，她说快了，看样子心情不错。相对博物馆，女儿更喜欢山水。我一直鼓励她，世界那么大，一定要多走走多看看。

女儿告诉我，刚看过南越王墓，随即又发来一张照片让我猜。只见一男一女像在跳舞，下身像章鱼一样缠绕着，很抽象。我说是不是美人鱼，女儿说是女娲和伏羲，唉，顿感自己太没文化。我说看完早点回来，她冷不丁来了一句，早不了，地铁又不是我开的。这幽默调皮的小丫头。

深夜，女儿发了条朋友圈"好事多磨，文化不灭"，第二天上午我才看到。6 张图片，幽默旁白，把我逗乐了。

一尊公元前 1000 年代表寺洼文化的陶鬲，出土于甘肃临洮寺洼山，有点像酒尊，三只脚胖胖短短的，颈肩部有两只三寸陶耳。女儿写道，"生气了，又会腰，好像穿了灯笼裤"，生动的描写，瞬间让陶鬲变得憨态可掬。

一块出土于四川峨眉山双福乡的石雕，呈现的是东汉时期的石田塘，水田中，两位农夫正俯身劳作。另一侧水塘设有水渠、水闸，既可蓄水灌田，又可养鱼栽莲。在汉代，这是一项重要的水利工程，政府曾设"陂官、湖官"。再看那两位农夫，几乎趴在水田里，汗滴禾下土的艰辛跃然纸上。女儿配上了幽默的对话。一位说："哥，咱俩这样趴着种田，能看得到地吗？"另一位不耐烦地说："就你话多，快干活吧！"

两尊唐代三彩釉陶俑，1957 年出土于西安市土门村。唐代女性大胆夸张，无论初唐的清秀、盛唐的丰满，还是晚唐的随性，无不蕴含着阳光的气质。右边一尊女俑面带微笑，头微侧，鬓发抱面，发髻垂额，身穿绿色交领小袖上衣，蓝色长裙束于胸围上部，足蹬一双翘尖鞋，惟妙惟肖，毫无呆滞之感。左边一位比右边的高出半头，面大如盘，更丰腴。女儿给右边略瘦的女俑加上一句内心独白，"我胖了，我是装的"，仿佛让人一眼看穿这女孩的俏皮与风趣。

接下来的几天，女儿去了军事博物馆、中国美术馆。她说，美术馆的画看不太懂，艺术感太强。

背　影

儿时，我们跟着父辈的背影。然后，我们成了孩子的背影。后来，孩子将背影留给了我。

8 月 18 日晚 8 点，天还没黑，送女儿去北京站。三天前，女儿买了返程票，虽有不舍，但还是尊重她的决定。路上仍有积水。今夏雨水特多，凌晨，雨哗哗地便来了，白日若夏，夜晚如秋。她拎着一只箱子一个挎包，箱子很沉，拉杆有些单薄。

一路走着，有点伤感，可开学时间快到了，宿舍条件也不如家里。地铁 6 号线从呼家楼过东大桥，到朝阳门换 2 号线，四站路共用 20 多分钟。女儿一身灰色运动服，一双粉色运动鞋，肩上挎着包。出站时，又飘起雨点。女儿说来早了吧，还要等一个小时呢。我说要不陪你坐坐，等会儿再进站。可能是回家心切，女儿在前面快走几步，推着箱子便往进站口去了。转眼间，女儿已到进站口，她扭头朝我挥挥手说，走啦，便进了检票口，前后不过几秒。我只能看着女儿消失在拥挤的人群中，心里始终焦虑着。过安检，箱子那么重，她咋拎得上去？后来女儿说箱子不重，我知道她不想让我担心。我挨着检票口一个个追过去，希望看到女儿的身影……

两三分钟后，女儿拍了列车信息表，上面显示泰州 21：39。随即她发来信息，爸爸拜拜。短短 4 个字，狠狠抽打着我的心。女儿在京实习 45 天，虽也尽量让她吃好玩好休息好，但总感觉做得不够，也没能陪她多走些地方。想到这儿，不知怎的，泪水便滚落下来，搞得满脸都是。后来听严雁说，暑假送儿子回泰州时，也是泪流满面。严雁有两个比他还帅气的宝贝儿子，没想到喜欢说笑的他，竟也有一股柔情在胸。

天空飞着雨花，北京站的时钟在夜幕中闪闪发亮，广播里循环播放着"身份证，健康码，核酸检测"……

雨水夹着泪水流进口罩，湿湿的，好在包里有纸。我回复女儿，爸爸会想你的。女儿说，好的，我知道了。突然想起明天是医师节，赶紧给她发了个两百的红包，谢谢宝宝陪了我这么久。不用谢，应该的。女儿的话像个大人。我又说，宝宝健康快乐，爸爸最开心。女儿说，宝宝天天快乐。我发了一只小猪的表情，使劲点点头。

在广场上抽了根烟，独自走向西侧地铁口。保安说，请将包过安检。我的背包孤零零地躺在传动皮带上，在黑暗中穿过那只坚硬的检测箱，我在另一侧等它，像在等待一个同样孤单的人。进了站，定了定神，才走到返程的候车线上。

很多座位空着，只有风自作多情，一个劲地吹向夜归的乘客。耳机里，是瑞秋·普拉滕的《Long Ranger》，很切场的音乐。风很大，轰隆隆的地铁声将我淹没，还有泪水和鼻涕，如同海浪一波波扑过来。出站，没有单车，风夹杂着雨水打在身上。步行几分钟找到车，擦去座上的水，包里有伞，却没打，只想淋点雨。慢悠悠地蹬着车，路灯照着昏暗的街道，熟悉的超市小店，都曾与女儿一起走过……

那晚，与王生方提及此事。他说，孩子们总有一天会长大，和我们再见。人生长河中，开心的是他们长大，难过的是我们老了。生方说得对，我们这辈子就是注视着孩子长大，目送着他们远行。生方说，我们都是凡人，生活在平凡的世界，但注定要走一段不平凡的人生。我说是的，每个人肩上都有一副担子，这是人生的重担，必须扛着。生方说，人生跌宕，谁也看不到未来，他这辈子的愿望就是有一盏灯，有一个人，每天等他一起吃饭，可这个愿望可能一辈子都实现不了，也许太普通，也许太不普通。我说，你变了，变成哲学家了。

这些年，生方吃过太多生活的苦。生方问，他该相信上天还是相信自己。我说，当然是相信你自己，做好每一天就足够了。生方开心地说，我相信你。我说，我也相信你！

回到空荡荡的宿舍，女儿床头柜上的小白兔头箍已有灰渍，还缠有头发。我用温水泡了洗衣液，轻轻清洗了五六遍，小心拧干，挂在房门后的晾衣架上，一股清香扑面而来……

第二天，女儿说家里客厅好大，有沙发坐，一副美美的样子，还不忘调侃我一句，爸爸你羡慕我吗？

第三天，我从北中医第三附属医院返程，刘广勇局长让我发点新作，便将此文发过去。广勇读后，说我是位好父亲，女儿的背影，父亲的爱，纯粹而原生。我知道，他也是。

生　日

国庆节后，领导准备去泰州调研，我拟定日程安排。翻看日历，突然发现前一天恰好是妻生日，便计划提前半天回去给她个惊喜。9 点多下班时，一轮明月高挂，圆润如盘，月光皎洁。妻打电话时，我提及正在宿舍收拾东西，她问了一句，也没多想。

下午，车至天津，我打电话给妻。妻说中午已把冬衣寄给小贤，外面下雨，笑着说我们结婚下雨，小贤满月下雨，又说过生日下雨有好运。我说今天下雨有什么好运呢，她说不知道。我问她晚上吃什么，她说随便。我说要不去饭店吧，她说不去花那个冤枉钱。我们都是工薪阶层，刚结婚时，生活十分拮据。好在有妻打理家务，生活过得也算体面。

我说，要不我回去陪你过生日吧。她说好啊。因为疫情，我三个月没回家了。那段时间，我们经常为一些琐事吵架，刀来剑往，互为敌人，彼此僵持。妻睡眠不好，我不在家，她 5 点就醒了，一个人在家洗衣服洗被子，打扫卫生，养金鱼，还自制神器去天德湖公园捞浮萍。这一年，一家人天南地北，南京、北京、泰州，各有赛道，彼此奔跑。

列车飞驰，不觉已经 3 点，我打电话给妻，说上车了。妻不信，我便拍了一段视频，妻惊呆了，问是不是真回家了。我说是的，回来给你过生日，妻说不是明天才回来吗。高铁很快，微信电话那头听不太清，只有列车摩擦铁轨的声音……

在火车站停车场，沿着蜿蜒的车流，迎着密集的大雨，我们久别重逢。刘兄、小钱已在酒店，取出蛋糕，点燃蜡烛，帮妻戴上生日帽。妻闭上眼睛，双手合十许愿，很开心。对挂职干部而言，独自奔波异乡只是一端，家庭也在背后默默付出。远在千里，我们只能遥遥眺望。

探　亲

11月下旬，北京下了第一场雪，气温陡降，妻给我发来冬衣，将整个冬天都打包寄给了我。

12月上旬，妻来北京。在叶惠莲女士的邀请下，我们参加了冯巩的生日宴会，与叶总、潘军谈及农文旅项目。一桌海鲜火锅，一句"泰州人好得没得命"，依次合影留念，冯先生的热情、幽默与好酒量，让我们瞬间感受到他的明星魅力。接下来几天，妻独自前往雍和宫、国家博物馆，又赴景山公园、北海公园，独登香山，攀上香炉峰，观京城辽阔，会净空祥云。直到周末，我才有空陪她去了宋庆龄故居、什刹海、烟袋斜街、鲁迅公园和千年潭柘寺。

俞学义兄长和夫人刘月梅会长，特意请姜堰老乡肖庆国陪我们去怀柔、雁栖湖、古北水镇、司马台长城，一路领略祖国大好河山。南有普陀，北有红螺。京北千年巨刹红螺寺，又称护国资福禅寺，寺名是弘一法师手书，其意为造一方净土、结万众善缘。拾级而上，在山门右侧祈福处，捐资撞钟5次，寓意五子登科，平安顺吉。在三圣殿，见到一副对联，"世间烦恼皆今尽，菩萨功德无有边"。这平凡的烟火人世间，芸芸众生皆有烦。三千年读史，不过功名利禄。九万里悟道，终归诗酒田园。人生短短三万天，有什么放不下。何不做个闲人，对一张琴，烫一壶酒，看一溪云……

古北水镇，兼具江南灵秀与塞北俊美，山水奇峰，玉桥石街，雕梁画栋，让人惊艳。眺望山峦，壮阔如背，从四面八方拱卫京城。始建于明朝洪武初年的司马台长城，更是神奇的存在。前有鸳鸯湖，坐拥万里山，山势险峻、峰抵云霄。妻说对面的山脊看上去更高，肖庆国说也不一定，不是说嘛，一山更比一山高。

说话间，石阶渐陡，步履维艰。青砖城道，千峰万壑，山腰蜿蜒，山河壮美。砖道两边城墙脚下的丛林中，远方群山背阴处，都还有积雪。蓝天如洗，寒凉如水，天地有大美而不言。从 6 号钟楼至 7 号钟楼，地势如旗，渐次升高，须手脚并用。迈着小步，喘着大气，还喊了几句号子，方才来到钟楼最高处。极目远眺，犹如登顶东岳，一览众山小，极目楚天阔。天地之间，排空山势乱戈矛，山上长城城上楼。正是中华大地的大好河山，莽莽苍苍，辽阔如海……

离开时已华灯初上，肖主任买了奶茶。一轮明月，一汪深蓝，一片烁光，夜幕中的古镇宛若童话。

周日，10 点半出门，我拎着皮箱走下台阶，妻俏皮地朝宿舍挥挥手，拜拜，下次再见。我笑着说欢迎下次再来。步行前往水碓路口南，在人民日报社对面等 9 路车，风有点大。2019 年冬，我参加全国社会治理高峰论坛，也在这里等过车。路东高楼投下阴影，那寒风，是从前年冬天吹来的。

在前门刘老根饭店，俞处与段局正在喝茶，陈宁、广银、王军也到了。锣鼓声中，宴席开始，音乐奏响，服务员抬着花轿载鱼而入，齐声高诵："上有天，下有地，鱼儿出现是福气。鱼头美，鱼尾香，大鱼给您送吉祥。咚，一声锣鼓，接着唱。大鱼上台，祝您四季发财。鱼嘴一张，祝您吃遍四方。鱼眼一瞪，祝您步步高升！"下午一点半赶往高铁南站，候车检票，妻走进廊道朝我挥手，我挥手目送她的身影远去。尽管晚点 5 分钟出发，但还是准点抵泰，乘 K3 安返。

匆匆六日，一路风景。妻在京期间，学义兄长、陈宁、王军、广银分别做东，余心念念不忘。

元旦前一天，从抖音学到制作新年祝福小视频的方法。精心挑选编排了照片，选定朴树的《平凡之路》作为配乐，又打上新年快乐的字幕，前后忙碌一个多小时。跨年夜当晚，我设置了闹钟，掐点，在 23 点 59 分，给妻子女儿发了视频……

落　日

元旦后，从北京回家。列车以300多千米的时速，狂奔于万里平原，高压线在车窗中飞速疾行。一轮夕阳镶嵌于云彩之间，霞光枝影倒映于连绵汉河，浮光掠影，美不胜收。

这落日向晚的浪漫，不应该只有我一个人看。

日子过得很快，在京挂职已过半，日月如梭。其实，时间比梭子快，如夏日微风，稍纵即逝，又如双鬓白发，让人防不胜防。人生就是这样，所有风光绚烂，那些少年容颜，终会在时间面前落败。时间很慢，一分一秒；时间又很快，一月一年；然后便是一生一世。很多时候，我们争不过岁月，跑不过时间，唯有以自己喜欢的方式面对每个日出日落。

蒋勋先生曾说，一位画家想画下夕阳最美的瞬间，可那景色每一秒都在变化，咋画得下来呢？我看向窗外，夕阳缓缓下沉，隐入浅灰暗红交织的云层。在夕阳落下的地方，云彩从两边升起来，那是夕阳溅起的浪花，像双臂、像帆船，也像振翅的雄鹰。于是，那幅画便刻在心里了。

3月末，南方已是桃红柳绿燕子来。北京的春天来得稍晚，但柳枝已一身新绿。妻说，枝头黄了又绿了，等绿荫葱葱的时候，你就回家了。读着这行字，不禁哽咽。我说是的。因为疫情，清明节也没能回家，也就只能独在异乡为异客了。

周末，步行去办公室，发了条朋友圈。"这个时候，家乡应是燕子轻飞、绿水人家绕了吧。想家。"蒋局鼓励说，相信北京挂职能成为你一生中一次宝贵历练、一次全面提升。一个人在外，保重身体。缪局说，思乡念乡，早日还乡，学成归来大展宏图。很多朋友点赞。袁冬说，对家乡、家庭的牵念和挚爱，根植于骨血最深处，好男人。陈晓光说，清明时节，乡愁尤甚，致敬奋斗在北京的你。

一年疫情反反复复，我们离不了京，出不了差，回不了家，只能扎根原地，振作精神给自己鼓气……

一年遇见，两两相望，三生有幸。时光如箭，突突向前。在市委组织部、市驻京办的坚强领导下，我顺利完成挂职工作任务。这段旅程，已然让生命之河涟漪波动，已然让人生之路芬芳葳蕤。行文至此，感谢所有帮助、指导、引领、启发过我的人，祝你们平安、健康、顺利。

告别农业农村部

2022 年 7 月 1 日，星期五，挂职最后一天。

9 点左右，向领导逐一辞行。在王锋司长办公室，我告之即将离京。王司长才高八斗、帅气硬朗，笑着说对我照顾不周，挂职是很好的平台，以后要加强联系。在吴小玲司长办公室，这位视野广阔、水平高超、为人低调的领导，微笑着答应有空会去泰州，并送给我祝福。

挨个处室告别、感谢、感叹、邀请。在食堂吃最后一顿晚饭时，遇到发展规划司陈囿淞处长，聊了很多。依然记得，那晚的饭菜有红烧鸭、韭菜水饺、红豆粥，吃得挺饱。

回到办公室刚过 7 点，窗外小雨，独我一人。想起 2021 年 6 月 7 日第一天来的情景，一年就这么过去了，时光飞逝。

打扫卫生，收拾资料，该处理的处理，该带走的带走。打来清水，把桌子擦了一遍又一遍，直至一尘不染。将黑色电话机与红色心形收纳盒排在一起，红与黑，简洁而美丽。收拾完毕，一个人靠在椅子上，静静坐着，回想着来时路。

人生路很长，每段路有每段路的风景，但每段路都有要拐弯的时候。思考片刻，晚上 8 点整，我在工作群里发了一条辞行信息：

尊敬的各位领导，各位同事：

日月如梭，光阴荏苒，转眼就要说再见了。

这一年，向领导学习，与同事共进，为自己鼓劲，一步步走过的路，倍感坚实温暖。王司长说过，"严管就是厚爱，干活就是培养"，珍惜机遇，埋头钻研，每一段披星戴月爬坡过坎的路，终将繁花满地。

这一年，疫情反反复复，出京难、出差难、回家难，每个人都不容易。邀请领导赴泰调研，一直未能如愿，那就留个念想吧。人生或许就是这样，太多的不确定，教会我们应学会珍惜眼前拥有的一切。

这一年，领略了各位领导的虚怀若谷与渊博学识，感悟了首都的大气厚重与文化积淀，邂逅了首都的季节变换与幽巷霏雨。不负京城好时光，这段珍贵的经历，必将成为我今后阔步前行的丰厚营养！

这一年，追赶过凌晨的地铁，仰望过深夜的繁星，痴迷于文化的瀚海，沉醉于湛蓝的天空。我把这一切装进脑海，裹于心房，捎回家乡，塞进生命的行李箱，任随她牵引我信马由缰。

首都很大，北京很好，相见时难别亦难。

泰州不远，初心不忘，画图恰似归家梦。

水是眼波横，山是眉峰聚，若到江南赶上春，千万与春住。所谓诗和远方，泰州就是那个并不遥远的地方。

衷心感谢尊敬的王司长、吴司长、刁司长、邵司长、刘司长，以及各位处长、同事的关心帮助，卫华在此一并谢过，也诚挚邀请各位来美丽的水乡泰州做客！

恭祝各位领导同事身体健康，笑口常开，诸事顺意！就此别过，后会有期！

很快，王锋司长回复，非常感谢卫华同志对司里工作的鼎力支持！祝工作生活中一切顺利！欢迎常回来看看。

接着，吴晓玲司长、邵建成司长、陈建光巡视员、才新义、曹宇、戴露颖、刘晓军、刘云、鹏飞、刘清、国欢、子辉、霍颖等发来祝福信息，并希望我常回北京。

当时，我正拎着三袋书走出农业农村部大门，便停下脚步回复："谢谢各位领导。天空飘着小雨，心中很是不舍，分别是为了再见。花径不曾缘客扫，蓬门永远为君开。我在烟雨江南、水城泰州等候各位！"

回头看了一眼熟悉的路、熟悉的意杨树、熟悉的共享单车，还有亮着灯的食堂，心中很是不舍。

数声风笛离亭晚，君向潇湘我向秦。夜空中的雨，在灯光下飞扬，一阵紧似一阵打在脸上。眼泪太不争气，不知怎的，一下子流出来，争抢着打湿脸颊。春夏秋冬，一年时光，起早贪黑，披星戴月，这里是我的"大学"，也是我的"故乡"。

在贵州省农业农村厅挂职的邵司长，欢迎我到贵州考察指导。

休闲处褚巡说，卫华，感谢你对北疆推介活动的支持，羡慕你诗意的文笔，期待江南相逢！那是 2021 年盛夏，跟褚巡去昭苏，见识了大好江山。

我回复，山海不远，期待再见！

刘晓军处长说，非常感谢您对特产处工作的鼎力支持。我曾在业务上多次向晓军请教，他的低调、他的渊博、他的笑脸如花，我一直深深记着。

李春艳处长说，感谢您对农村双创工作提出的宝贵建议。李处知识面宽，擅长统计调查，我曾在一次大暴雨中跟她去调研。

肖寒博士说，来时迎客松，去时垂杨柳。再见有来时，自有好前程。谢谢徐处，诸事顺利！

斐璐，这位家在内蒙古呼和浩特、全身上下充满了侠义情怀的女孩，给我发了一段长长的话。

徐处，转眼间一年四季又入夏，尽管我秋日才来司里，但我们早就相识在夏季，在7082办公室。这间办公室就像北京的地铁，地铁里的人忙忙碌碌、来去匆匆，怀着求知若渴的"三农"梦，一路前行。当然它也很奇妙，在秩序森严的环境下，这间办公室是挂职借调的他乡人最温暖、最热情的落脚点，舒心治愈又清凉。在这里，您虽然是领导，但更像前辈，感谢您对我的鼓励和帮助，感谢您对我工作的鼎力支持，感谢您那么多早晨辛苦打的水……

在您身上，我学到了很多为人处世的好经验，还有语言的艺术，真心谢谢您！以后在听到泰州这个名字的时候、看到白羽毛读书公众号更新的时候、吃到鸡汤小馄饨的时候、喝着安吉白茶的时候，应该都会想到您。想到2022年初冬，大家在地图上指点江山，从大豆供给聊到稳产保供，讨论如火如荼、心潮澎湃；想到7082晚上9点也不灭的灯光，您手握激情，笔下生花，留下美文数篇。您是我们心中的挂职天花板，向您学习。

您说，只有在路上，才能看到风景，才会有各种遇见。时光荏苒，今天，您就要换乘"泰州线"踏上新征程了。心有不舍，难说再见。祝福您在泰州的明天风光旖旎，愿您身体健康，所愿皆得。为下一张合照，愿相见在不远的未来。也热烈欢迎您有机会到我们规划院加工所莅临指导！

……

回首这一年，有幸与张桃林部长等领导一起观看"永远跟党走"建党百年歌咏大会，有幸与乡村产业发展司领导一起收看建党百年庆祝大会盛况。

这一年，有幸走进中国共产党历史展览馆、北大红楼早期中国共产党革命活动纪念馆、国家博物馆、军事博物馆、航空博物馆、首都博物馆、鲁迅博物馆、宋庆龄故居、故宫、科技博物馆、工艺美术博物馆、典籍博物馆、自然博物馆、铁道博物馆、电影博物馆、香山革命纪念馆，在浩瀚如云的历史长河中，回味璀璨的中华文明，回望伟大的觉醒年代，回首屈辱的奋战历程，回顾艰辛的复兴大业。那一刻，作为一名中国人的豪情直抵云天。

这一年，有幸走进圆明园，唏嘘旧中国的积贫积弱；走过五四大街，感悟爱国青年的澎湃脉搏；走上风雨卢沟桥，目睹宛平县城墙上的深凹弹坑；走进中国人民抗日战争革命纪念馆，感受手足同胞遭受的深重灾难；走向李大钊先生的墓碑，聆听鲁迅的呐喊，还有东交民巷的屈辱、潭柘寺的战火、八国联军题字处的悲愤。民族灾难，生灵涂炭，像一场疾风骤雨荡涤着我们的灵魂。百年血泪，万众赴死，九九归一，才有了今天的平安幸福。那一刻，作为一名共产党员，深知我辈更需接续奋斗……

时光知味，岁月留香，转眼离开农业农村部已经两年多。2023 年 5 月初夏，去北京出过一趟差，真的像回家一样。平常，听到北京的报道、看到朋友圈信息、看到蔚蓝的天际，以及听到团结湖、麦子店等熟悉的名字，总会不自觉地想到北京，心里便多了一份牵挂。

人生就是这样。当你怀念一座城市时，即便在寒冬，就算远隔千里，那里吹过的风也是温暖的。

守望田园　　感悟人生

——二十四节气中的自然与诗意

[**立春**] 公历2月4日左右，当太阳到达黄经315°，东风送暖，大地解冻，蛰虫苏醒。北方依然寒冷，白雪却嫌春色晚，故穿庭树作飞花。

立春一到，农人起跳。立春一年端，种地早盘算。立春雨水到，早起晚睡觉。打春莫欢喜，还有冷空气。春不打，天不暖；九不交，天不寒。立春的雪，站不住脚。春打五九尾，穷人噘了嘴；春打六九头，穷人如得牛。

一年之计在于春，一日之计在于晨。春天寓意美好祈愿。尽管春寒料峭，转暖尚早，但只要哨声吹响，便唯有在自己的赛道上勇往直前。

人生就像种田，只有勤耕细耘，持之以恒，心中的春天才能真正立起来。

[**雨水**] 公历2月19日左右，当太阳到达黄经330°，雨水落，万物生。春雨潇潇，生机处处。一庭春雨瓢儿菜，满架秋风扁豆花。

要得雨水望年丰，人间辛苦是三农。此刻，北方寒尚凛，南方春盎然。云色来去轻还重，喜盼雨水洗春容。溪头正雨不肯归，忙乘细丝理荒田。在时间的自留地里，不长庄稼就会长野草，只要一直长着庄稼，就不怕熬不过荒年。

此时，该着手清沟理墒了。要确保雨止田干，沟无积水，并根据气温变化开展春季化除。

[**惊蛰**] 公历3月5日左右，当太阳到达黄经345°，好一个"惊蛰"的"惊"。瞬间生动的一惊一讶之间，阳气升、春雷动、万物生。

时至惊蛰，一阵催花雨，数声惊蛰雷。田家闲时无几日，耕种从今当勤起。惊蛰犁头动，春分地气通。惊蛰一到，百虫醒觉，惊而出走，充填肚皮。众生如蚁，也当惊而奋起。

何为惊？惊不足，而收心；惊短板，而绷弦；惊悬距，而负重。朝雨飘飘，轻雷隐隐，这轻雷，更像出征之战鼓，催人警醒，催人坚定，催人上进。

愿诸君：沐春雨，迎春风，大步流星向前冲。

[春分] 公历 3 月 20 日左右，当太阳到达黄经 0°（春分点），春分像一位婉约羞涩的姑娘，一双玉手，一把剪刀，便将玲珑时光裁剪出最美的模样。

春分麦起身，水肥要紧跟。庄稼就像发育期的孩子，该上的营养都得上。春分之时，昼夜平分，寒暑平衡。此时，杨柳爆青，莺飞草长，小麦拔节，油菜花香。在如约而至的春天里，我们，都曾在心纵情歌唱。

"分"即平分，一半一半。万事不能求圆满，有错过，有失去，才是人生。一半追求，一半放下；一半争取，一半随缘；一半原谅，一半感恩。是为人生之智。

天气转暖，春耕备耕，渐入佳境。雉雊麦苗秀，蚕眠桑叶稀。田夫荷锄至，相见语依依。对农人而言，一分耕耘才有一分收获，于我们又何尝不是。

[清明] 公历 4 月 4 日左右，当太阳到达黄经 15°，花已开，春已至，气更清，景愈明，万物显。梨花风起正清明。

陌上生春花，清明思故人。芳草青青亦是新老更替。人生就是传承与延续，所以清明的主题词是怀念。不忘祖先，铭记来路；缅怀亲人，热爱生命；常思困苦，珍惜安康。人们通过清明祭扫，抚今怀古，慎终追远。

一年之计在于春，一年美景在春耕。

清明时节，麦长三节。清明前后，种瓜点豆。懵里懵懂，清明浸种。清明东风动，麦苗喜融融。清明谷雨三月过，整理水田早插禾。清明门前插杨柳，高粱种到田当头。

2017—2023 年，泰州粮食单产连续七年全省第一。粮食安全丰产丰收，喊不来等不来，从来都是汗水飞扬、迎难而上、真刀实枪干出来。从古至今，各行各业都是一个理。

[谷雨] 公历 4 月 19 日左右，当太阳到达黄经 30°，谷生于雨，土膏脉动，此时播谷，得水而生。

谷雨前后一场雨，胜过秀才中了举。所以，从谷雨到立夏，少说闲话，挖渠做闸，棉麻要下，农人种啥也不差。人间最美四月天，殊不知，谷雨也是收获季。不信，你看那漫山遍坡阡陌之上，谷雨茶，满把抓；谷雨花，满天涯；谷雨的春拌鲜掉了牙……

遇见四月，一切欣若初生。雨贵如油，随风入夜，润物无声，夜雨朝晴。春雨的使命就是焕发盎然春光。都说春光美，但春光却很短。我们应化作春雨，于无声之处，在孤独的狂欢中，躬耕于自己的田野，与谷物同生共长，用坚持的雨水浇灌出最美的果实。

[立夏] 公历 5 月 5 日左右，当太阳到达黄经 45°，斗指东南，五月维新，万物至此，循序长大，故名立夏。

春未尽，夏初临，这眉目清晰的五月，这不失其时的季节，这流光掠影的岁月。

挥别暮春，遇见初夏，仍是红紫万千。蔷薇粉，樱桃红，青果涩，芭蕉绿，初夏雨，小麦黄。立夏插田尚有功，芒种再忙两头空。小麦扬花，扁豆分权，大水过坝，快种黄瓜，先种黍子后种麻，该下的种子都得下。

夏虫初鸣忙栽秧，新绿绽放诗成行，一场阳光与热闹交织的盛夏就在眼前。

别忘了"夏"字有个"目"，夏天是要用眼睛看的。五月是四月的姐，是刚诞生的夏天。在这遍地葱郁、满树绚烂的时光里，不妨走出去看看喜欢的风景，去经历山与大海，去遇见生命中的流光溢彩。

[小满] 公历 5 月 20 日左右，当太阳到达黄经 60°，人生小满胜万全，又喜逢幸福"5·20"。

小妞梳小辫儿，小满迎小燕儿。布谷声声，阳光融融，雨水潇潇，花叶灼灼，万物蓬勃，小得盈满。田野姑娘叉着腰，挺着肚，踱着步，正一天天孕育着盛夏的果实。

夏晴空，意盎然。麦进小满，青黄不管。小满天赶天，芒种刻赶刻。小满不光场，麦在土里扬。小满不栽秧，来年闹饥荒。小满种芝麻，节节都开花。枣发芽，种棉花，惜时光，种希望……

人生宽窄，生活细碎，琐事冗杂。行走于凡尘世间，尽力而为，于心无愧，珍惜每一份不约而至的小甜蜜、小开心、小涟漪、小确幸，便是人生好时光。

花未全开月半圆，春山微醉尽余欢。何须多虑盈亏事，但愿人生如小满。

二十四节气有小暑大暑、小寒大寒，有小满，却无"大满"。人生期许是小满，"小"中亦然有清欢。水满则溢，月圆则亏，亢龙有悔。大满，很满，就过了。

[芒种] 公历6月5日左右，当太阳到达黄经75°，农人忙着耕种，忙着播种，忙有所得，忙有所期。

粮稳天下安，初夏入诗篇。绿树晴日夏荫浓，芒种不种诸事空。乡间五月闲人少，才了蚕桑又插田。小满初过上簇迟，落山肥茧白如脂。种密移疏绿毯平，行间清浅縠纹生；谁知细细青青草，中有丰年击壤声。

大忙，栽秧，骄阳，喊工的队长，父母满是杂尘的衣裳，是我们回不去的故乡。在时光的另一端，金叠麦浪一如从前，那浪花洒满麦场，也飘扬在我们心上。

人生如麦，一生滔滔。一收一种之间，伴岁月缓缓向前。有梦想，有活忙，不迷茫，就是人生最好的时光。

[夏至] 公历6月21日左右，当太阳到达黄经90°，便步入一年中白天最长的日子。

公元前7世纪，先人以土圭测日影确定夏至。这一天，夏至一脚跨到了北回归线。

孟夏时刻，新野葱绿。绿树阴浓夏日长，青叶美荷入池塘。举目盛夏皆泱泱，夏木阴阴正宜人。昼晷已云极，宵漏自此长。夏至给了我们最长的时间，开启属于自己的行程。

晴日，干风，酷热，尘土，大雨，虫害，夏种夏忙的日子里，农人没有节假日。衣沾不足惜，但使愿无违。他们默默下田劳作，不在泥里，就在水里。他们脚步很轻，生怕打扰了炎公子和热姑娘的狂欢。

干农业其实就六个字：天帮忙，人勤奋。浩瀚广阔的田野里，有闲情，有闲趣，却养不了闲人。

[**小暑**] 公历 7 月 6 日左右，太阳到达黄经 105°，绿荫繁密，万物竞荣，倏忽暖风至，因循小暑来。

仲夏日中，草木欲焦；田家惜工，把锄东皋。人在屋里热得跳，稻在田里哈哈笑；铺上热得不能躺，田里只见庄稼长。暑热高温中，自有生活百味。疏影辨蝉曲，风晚听蛙鸣，雨过觅彩虹，沟渠戏龙虾，阶庭生青苔，墙角斗蟋蟀，乘傍晚沿荷塘小跑一段，轻汗淋淋，岂不快哉。

这调皮的小暑，曾抢走整个冬天的温度，以及干木柴火的气息，藏蓄怀中半年之久。夏天不是秋天喊走的，是被她自己融化掉的。

四季匆匆，时间飞逝，人生不过数十盛夏。红日西沉，晚云流变，只是瞬间光阴；旭日东升，朝霞似锦，终归世事无常。应学会珍惜当下，洒脱尽兴，勇敢向前。就像盛夏里的稻谷，拥抱每一朵热浪，享受每一缕阳光。

[**大暑**] 公历 7 月 22 日左右，当太阳到达黄经 120°，她已攀至盛夏山巅，香汗淋漓。

时暑不出门，亦无宾客至。这太阳如草裙少女，热浪滚滚，热情似火，热力四射。

时人不识农人苦，将谓田中谷自生。大暑前后，衣衫湿透。白鹭在天，青秧在野，稗子在抢肥，玉米在疯长，大豆在结荚，青蛙王子们一遍遍呼唤着爱情：孤寡孤寡、孤寡孤寡……农人们揩一把汗，又埋下头，把烈日骄阳幻化成生长的力量。扎根在地里，农人就是魔法师。

纷纷红紫潇然去，奇云深处夏已深。小暑大暑，日蒸夜煮。长夏是狂热的也是寂寞的，是冷峻的也是深情的。清早微风，碧落红云。斑驳树影，悠扬蝉鸣。钓鱼摘瓜，捕萤捉虾。蜂虫在野，日夜鸣吟。只是已有很久没见过萤火虫了。

越过小暑与大暑，前面还有秋老虎。很多时候，生活需要流汗，人生需要酷暑。就像只有在大暑，紫薇才会绽放。

[**立秋**] 公历 8 月 7 日左右，当太阳到达黄经 135°，烁火之下，禾谷熟，即为秋。

才感盛夏，忽而已秋。不记得从何时起，漫长的夏天也变得短暂，在某个栾树花开的清晨，一个转身就走了，像我们的青春。

黑豆不怕羞，五月开花结到秋；红薯不怕羞，初夏一直栽到秋；鲫鱼不怕羞，稀稀拉拉产到秋。立秋三场雨，秕稻变成米；立秋雨淋淋，遍地是黄金；立秋到大忙，绣女也下床。

因为成熟，因为丰收，秋天注定大气磅礴，容纳百川。君不见，碧玉秋词九万重，句句晴柔写长空。秋天的美文，早挤满季节的大道，浸透岁月的典籍。

风吹过的晨曦中，雨走过的屋檐下，云飘过的田野里，月驻足的阁楼上，处处生静好，方寸皆诗情。走进秋天，会遇见最好的自己。很多时候，人生就是一场遇见。

[处暑] 公历 8 月 22 日左右，当太阳到达黄经 150°，离离暑云散，袅袅凉风起。

处暑是秋天的小脾气，是盛夏的片尾曲，是烈日的卸妆台，也是儿女在父母面前的小任性。

8 月处暑，荞麦是大地的女主角。荞麦花也叫爱情花，花语为恋人。在乡村田野，荞麦花或白或红，给喧嚣世界带来爱情的美好。荞麦可以做成荞面饼，酿成荞麦酒，荞麦壳还可以灌枕头，满满都是季节的馈赠。

农民不怕苦，就怕节令误。处暑不浇苗，至老无好稻；处暑不耘田，误了下半年。稻怕处暑风，人怕老来穷。即便热风少雨，玉米、黄豆、花生、山芋、芝麻、丝瓜，仍在迎风生长。不仅是蝉，它们也在努力歌唱。

山河已秋，却还闷热，谁也左右不了冷暖。不妨停下脚步，眺望溪边的小花，欣赏天边的红云，感受热浪，享受流汗，记住每一个温暖瞬间。

[白露] 公历 9 月 7 日左右，当太阳到达黄经 165°，时已入秋。兼葭苍苍，白露为霜，所谓伊人，在水一方。白露如西窗女孩，宛若煦阳，明眸便装，瞬间惊艳了时光。

凉生露，凝为白，白露生。露是地上水，白是天上月。

穷盼没病富盼素，农人盼着过白露。白露一到，芦花出鞘；白露种菜，有吃有卖。白露卸木瓜，寒露摘山楂。眼看白露到，摘下梨儿和红枣；不久是秋分，割了高粱收花生。白露天气晴，谷米白如银；白露雾茫茫，薯谷堆满仓；白露云彩多，来年吃白馍……

白露至，寒始生。荷花垂垂老矣。一年仅剩小半年，再不努力，一年就白忙碌了。还有知了，若不大声嘶叫，这辈子就没时间啦。节气可人，各有风姿，万物成诗，却迅捷如电，转换只在一瞬间。

原野之上，盛夏终被割去，秋天已接管大地。生命苦短如白露，缥缈孤鸿影。人生需要自信，亦需高冷。

[**秋分**] 公历 9 月 22 日左右，当太阳到达黄经 180°，暑去秋来，天地和美，万物丰盛。在党中央、国务院关怀下，亿万农民有了自己的节日——中国农民丰收节。

碧云淡墨，丹桂初香。天高云淡，南有飞雁。风物盎盎，溪流潺潺。秋风清，秋月明，岁月如诗正轻盈。有台风从太平洋赶来，在初秋的螺旋云系中搬来万吨清凉，带来熟悉的田野香。

秋分，是田野的浪漫，是岁月的答案。五谷丰登，就看秋分。秋分四忙，割打晒藏。时光如清溪流淌，一程自有一程的芬芳。粮满仓，鱼跃江，畜兴旺，瓜金黄，果满筐，玉米满金廊，花生红罗妆……丰收，不仅是看得见、摸得着的果实，更是扬在脸上、甜在心上的欣喜。

云天收夏色，木叶动秋声。夏天悄然走远，就像有些告别，从不会说再见。

秋分日，昼夜平。秋色可平分，功过、成败、得失、是非亦如此。人生很多答案都藏在节气里，只是她不言也不语。

[**寒露**] 公历 10 月 8 日左右，当太阳到达黄经 195°，人间突晚，暑退秋安。远树秋花，微雨片云，岁月静好。

寒露过三朝，涉水要寻桥。寒霜不凉早晚凉，穿着鞋子下地忙。寒露没青稻，霜降一齐倒。寒露柿子红，炊烟连远空。好禾不怕寒露风，好粪不怕田底穷。豌豆种在寒露口，种一升来打一斗。千里沃野之上，棉花透白，稻披金黄，扁豆花紫上云端，母亲种下的鸡冠花也已红遍了天。

此刻，天地寒暖相逢，世间阴阳交换。

很多时候，生活就是一片稻田。人们一种就是一年，有些结果早已注定，好坏都无法重来。流年似水决绝而去，在波澜不惊却又不乏褶皱的岁月中，我们当学会坚强，学会不慌不忙。

[**霜降**] 公历 10 月 23 日左右，当太阳到达黄经 210°，履霜，坚冰至。

打一张"霜降"的船票，漂洋过海来看你，也看寒冬。

一到霜降，稻海如浪，千树披黄，唯菊傲霜。白薯半年粮，霜降尽贮藏。霜降不起葱，越长心越空。霜降寒湿重，松山雪正浓。满地秸秆拔个尽，来年少生虫和病。霜降配种清明乳，青草暖香迎小犊。晚秋将尽，残荷凋零，草木祈盼春天，可唯有先活过寒冬，方能等到冰河消融。

人间秋已深，路上风也凉，高秆作物都已收割，田野更加清秀。独出前门望野田，月明荞麦花如雪。

记得儿时读书，霜冻落在睫毛上。在北京香山，林中几片秋枫，经霜叶更红。范成大曾写道："新筑场泥镜面平，家家打稻趁霜晴。笑歌声里轻雷动，一夜连枷响到明。"可这老范田园诗写得好，地却种不好，妻儿经常饿肚子。瞧瞧，诗写再好，文化再高，还得粮食来撑腰！

[立冬] 公历 11 月 7 日左右，当太阳到达黄经 225°，昼短夜长，万物收藏，但在辽阔的田野间，我们不会丢失任何东西。

初冬时分，千里沃田，风吹稻花，山映余晖。深秋先生，成熟而稳重，像层林，像大地，像稻穗，像父辈。

学会看节气，才能种好地。田要冬耕，羊要春生。耕地深一寸，抵上一担粪。立冬种麦正当时，立冬白菜胜羊肉。立冬无雨一冬晴，明年春来花如林。犁耕深翻有三好，保水灭虫又除草。冬前栽树来年看，至少多长一尺半。一年之计也在冬，农田水利莫放松。千万别忘了，还要经常清沟排水，排涝降渍，以应对冰冻灾害。

立，始也；冬，终也。四季轮回，接续而行，这漫不经心的变幻，背后蕴藏着洞察天地的大智慧。人生须臾，不过尔尔，厘清并握紧那些唾手可得的愉悦与幸福，有时比追逐本身更重要。

[小雪] 公历 11 月 22 日左右，当太阳到达黄经 240°，小雪气寒，飞雪将至，劳碌半生的季节才想起给自己化一层淡淡的妆。

大雁来，拔棉柴；地不冻，犁不停。到了小雪节，果树当剪截。小雪铲白菜，大雪铲菠菜。小雪不耕地，大雪不上山。小雪断犁耙，人牛全归家。小雪无雪大雪补，大雪无雪才叫苦。小雪虽冷窝能开，家有树苗尽管栽。从小雪到大雪，白昼越发短了，一日三餐，煮饭不及，炊烟不歇……

东畲南圃，田园之上，唯雪覆之。花雪随风不厌看，一片飞来一片寒。

北风一刀比一刀深刻，大地残留的温暖终被无情掳去，侵入肌骨的寒流从冰河一剑刺来。

玉轻如尘，粮重如山。春耕秋收，又逢小雪，当然要围坐红炉饮上几杯。雪花繁星，可都是上等下酒菜。痛饮或是小酌，人生都需要。

[**大雪**] 公历 12 月 6 日左右，当太阳到达黄经 255°，天使如约而至，白如雪，白如梦，将世界带入美妙的童话世界。

雪多下，麦不差。大雪三白，有益麦菜。大雪天晴，立春雨淋。雪落高山，霜打洼地。大雪刮北风，冬季多霜冻。大雪冬至后，篮装水不漏。三伏时节猪难长，三九时节鱼难养。大雪年年有，不在三九在四九。

北风吹，雪如被。雪是一道墙，也是一种阻挡，能掩盖污垢与陷阱，也能埋葬穰草与泥泞。雪是救赎，更是良药，就像时间能沉淀苦与乐，过滤悲与喜。

园中几枝梅，迎寒独自开。何惧风与雪，暗香幽然来。所谓岁月美好，不过是雪在田，麦在仓，万般温暖在炉膛。

[**冬至**] 公历 12 月 21 日左右，当太阳到达黄经 270°，昼最短，夜最长，白昼终于短成了狗尾巴草，影如老叟。

冬至是头九，两手藏袖口。吃了冬至饭，一年长一线。冬至萝卜夏至姜，年年岁岁保健康。冬至风吹人不怪，来年庄稼长得快。冬至不过，地皮不破；冬至下霜，腊雪在望。夏走十里不黑，冬走十里不亮。冬至有云天生病，冬至无雪一冬晴。

冬至大如年。古时，皇帝会于冬至登高祭天，百姓则会祭奠逝去的父母。阴阳相隔，即便他们已然化作凡尘轻土，但我们心中留有他们永远鲜活的笑。

时至冬至，要积肥造肥，进行农田基础建设。这就是：打铁看火候，种田看气候；打鼓打在点子上，种田种在节气上。春争一日，夏赶一时，秋抢一阵，努力到自己无能为力了，收成自然不会差。

这，又何尝不是人生。

[**小寒**] 公历 1 月 5 日左右，当太阳到达黄经 285°，如大戏落幕前的一声闷锣，宣告着一年又逼近尾声。

腊月有三白，猪狗也吃麦。冬天三场雾，河底踏成路。小寒胜大寒，常见不稀罕。小寒不冷大寒冷，大寒不寒倒春寒。小寒正逢三九中，耳鼻冻得红彤彤。小寒过了是大寒，风寒水冷瘦树干。灰肥备完心才安，保温壮苗又增产。麦一种，手一拱，等着过年挂灯笼。

可不知从哪天起，冰层没那么厚了，雪地没那么硬了，北风没那么烈了，年味没那么浓了，日子越来越暖，我们只剩一个记忆里的冬天。

土地需要氮磷钾的营养，人需要精气神的滋养。与冰雪为伴，与寒风共舞，一个人就是千军万马。人生短暂，看不到沧海洪荒，阅不尽山川海洋，纵然身陷困境，仍应坚守春天的希望。

［大寒］公历1月20日左右，当太阳到达黄经300°，寒气逆极，天寒地冻，冰雪交融，仿佛一瞬间，我们便走过四季。

百姓不念经，节气记得清。二十四节气像24位英姿少年，终其一生写尽山河壮阔。

大寒大寒，无风也寒。进了大寒，杀猪过年。犁田过冬，虫死泥松。大寒见三白，农人衣食足。大寒雪纷纷，打狗不出门。苦寒勿怨天雨雪，大寒白雪定丰年。

冬是四季之老，老是人生之冬。淌过岁月的河流，百米加速般将我们挤向椅背。我们的肉体只是不停流逝的时光，我们不过是每一个孤独的瞬息。

春夏秋冬，步伐匆匆；晨波夕照，青芜红蓼；时序轮替，斗转星移；光阴荏苒，无穷无尽。岁月里写满离别，也浸透喧嚣；时间从来不语，却振聋发聩。

二十四节全过完，打扫院子迎新年。

作为中华民族文化瑰宝，二十四节气将时节变化与自然规律巧妙结合，凝练成农业生产时间表，尽现先人智慧。《吕氏春秋·审时》记载，凡农之道，候之为宝。《孟子》有言，不违农时，谷不可胜食。也就是说，不要违天时、误农时。千年传承中，二十四节气已不仅用于指导农业生产，也成为一种人生哲学。她教导我们顺应自然变化，在繁忙的现代生活中寻求个体与自然、与社会的和谐。

用二十四节气诠释节气、生活与人生，想写出新意、写得活泼，是很不容易的。我也打过退堂鼓。竺小敏鼓励说，每次都再坚持一下就成功了，并发来"底层科员肯定"的微信表情。她这一说，倒让我没有退路啦。

关于二十四节气，周卫彬、徐茂文都曾提到作家苇岸。茂文说，苇岸《大地上的事情》没把二十四节气写完，你有实力，可以接着写。我说一定坚持写完。苇岸于 1998 年 2 月创作《一九九八：二十四节气》，写到《谷雨》，生命戛然而止，仅完成 6 篇。苇岸曾说，要看，要眺望，观察才能引发思考。在短暂的生命里，这位喜欢徒步、喜欢书写大地的作家，为小草的诞生欢呼，为平凡的麻雀叫好，为窗前的黄蜂写墓志铭。他深情不倦地为这个世界留下记忆与祝福。在此，向苇岸先生致敬。

我笔下的二十四节气，讲了农业，也有人生。自谦文采不佳的卢程说，这些文字感悟细腻，文笔出彩。开始时，我只是写了些零散的文字。竺小敏灵机一动，帮我加上"守望田园　感悟人生"的标题。她这生花妙笔，如画龙点睛，瞬间让人眼前一亮。我说太棒了。期间她多次帮助把关文字，严谨细致，推敲质疑，鸡蛋里面挑骨头，非常认真，在此向小敏深表谢意。

后记

让自己奔跑

2021年6月至2022年7月，我在农业农村部乡村产业发展司挂职学习。归零的心态、小学生的姿态，今天再晚也是早的状态，转眼间，一年多时间翩然而过。从南方到北方，从乡村到都市，从地方到部委，纬度的攀升，时空的腾挪，身份的转变，世界为我打开了一扇绚丽而多彩的窗。

远离单位，阔别家乡，一个人站到了队伍的最前面。只能加强学习，独自思考，心无旁骛，把每天当作挂职最后一天来看待，能做的，全力做到最好。耕耘自有收获，两次部长批示，多次简报宣传，各种荣誉表彰，领导给予了高度肯定。

每天清晨上班，从团结湖中路北二条的宿舍步行到办公室，正常16分钟。尽管是八车道，但车流量大，7点已开始拥堵，红绿灯都在30秒以上。我算过，30秒可以步行40米，可以看完一页书，可以回想一段幸福的日子。10秒呢，可以给茶杯续上水，起身伸个懒腰，记下一件最重要的事，如果是博尔特，可能已经"飞"过100米的距离。于是，只要看见绿灯，我便向前跑。多数时候能顺利通过，若是被一个红灯拦下来也没事，下一个可能就过了，努力的人运气不会差。

遥远的北方于我，新鲜而又陌生。闲暇之余便记录下所见所闻，单车、地铁、小诗、感悟，从只言片语开始，只要在文字里，我便会心生羽翼。

挂职回来后，我轮岗到办公室，经常忙得手脚并用、走路带跑，接着电话改材料，有段时间回家吃完饭就在沙发上睡着了。这两年，耳鬓白发丛生，再看镜中的自己已不是当初那个鲜衣怒马的少年。有人说，时间是最无情的小偷，像洪流一样推搡着我们，如果不能在某个角落沉淀，就只能一直随波向前。于是，便给自己定下了一个"小目标"——将挂职故事结集成书。白天工作忙，只能在夜深人静时，打开电脑，翻开记忆，躬耕于自己的田野。尽管很难，尽管腰很疼，但还是一直鼓励自己。就像有一次与竺小敏谈到文稿错情通报时，她说已经第六期了，效果并不好，还要不要弄。我说，哪怕没人看，我们也要坚持。她很认真地说，行，我马上就来整理。今年每逢二十四节气，我都会发一篇"守望田园　感悟人生"的小文，这标题还是竺小敏帮我想的。围绕每个节气说农情，觅诗意，谈人生，亦非易事。每次想放弃时，便想起陈建光巡视员说过的一句话，"有时真的感觉很难，但坚持下来，却也尝尽了快乐"。

让自己奔跑，是一种状态，是一种精气神。生命有长短，人生有宽窄。我们这一辈子并不长，不妨大胆一点，去迎接生命中的各种挑战和困难。这世上从来没有白走的路，那些坚持早起、乘风破浪、跋山涉水的日子，那些凝望高山、仰望星辰、眺望大海的日子，都是闪闪发光、波澜壮阔的遇见。回首驻京时光，我奔跑着、经历着、收获着，激越昂扬，积极向上。那一年，我有幸遇见了人生中最美的时光。

在快餐阅读时代，深知读书之人无几，出书也是费力不讨好的事。好在有几位兄弟鼎力支持，终在年后下定决心，权当写给自己的情书吧。书名拟定《遇见》，一个人只有在路上，才会有各种遇见，遇见风景，遇见人海，遇见最好的自己。说到底，人生就是一场遇见。我们生来平凡，油盐酱醋，烟火日常，生活细碎。如果能在一段旅程中遇见一段脱俗的时光，就应该让自己奔跑，让自己开花，让万物成诗，努力努力再努力。

要感谢的人有很多，首先就是蒋向荣局长，让我有机会走出去，遇见一个全新的世界。夏新山局长在炎炎夏日，将我送至农业农村部，言传身教，语重心长。在京期间，俞学义、刘月梅处处关心帮助，邵国昱、陈松桦、刘荣汉、李云峰、黄长龙、李峰、袁冬给予不少支持。还有刘剑，怕我不习惯北方饮食，给我寄去手抓饼、小笼包、皮蛋瘦肉粥。沈立、刘总更是千里迢迢到宿舍看我。还有燕鑫炜、王万勇，常鼓励我说，人生就是一场酒，人生就是一场遇见，哈哈。

最后，要感谢曹洋先生、周卫彬先生、徐茂文女士，拨冗帮我作序，精彩、精准、如在现场，入木三分。曹洋老师还专门帮我题写书名，在此一并深深谢过。

搁笔于 2024 年 5 月 1 日劳动节晚 11 时